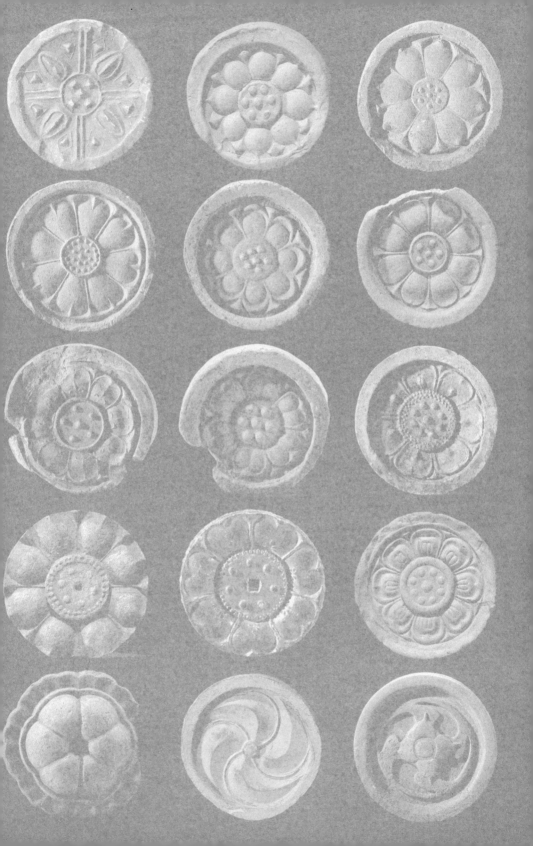

내가 사랑한 백제

일러두기

1. 이 책에 수록된 글은 한글 표기를 원칙으로 하고, 내용상 필요할 때에는 한자를 병기하였습니다.
2. 외국의 인명, 지명 등 외래어 고유명사는 국립국어원의 외래어 표기법을 따랐습니다. 다만, 중국의 사찰·유
   적 등은 독자의 이해를 돕기 위해 한자를 우리말로 읽었습니다.

내가 사랑한 백제

이병호 지음

다섯
수레

나의
백제 예찬

이 책을 펼쳐 든 사람이라면 누구나 '백제'를 안다. 고구려, 신라와 함께 한반도에서 고대국가를 이룬 나라. 오늘날 서울 지역에서 건국했지만 고구려의 침략을 받아 충청남도 공주로 도읍을 옮기고, 다시 한 번 충청남도 부여로 도읍을 옮기며 두 번이나 천도를 단행한 나라. 삼국시대를 열었지만 660년 신라와 당나라 연합군에 의해 가장 먼저 멸망한 나라. 그러나 과연 이런 단편적인 지식만으로 우리가 백제를 안다고 할 수 있을까?

한국 고대사에서 백제는 일반인은 물론 연구자들에게도 그다지 매력적이지 못하다. 우리 역사에서 처음 나라를 세운 '최초의 국가' 고조선이나 가장 넓은 영토를 차지했던 '위대한' 고구려, 삼국을 통일하여 '민족 문화'의 토대를 닦은 신라와 비교할 때 백제는 그다지 내세울 만한 것이 없어 보인다. 언론이 열광하는 최고, 최대, 최초라는 소위 '3최'를 백제사에서는 찾아보기 어려운 것이 사실이다.

백제를 공부하는 사람들은 백제가 문화 강국이었다고 항변하지만 이 또한 선뜻 떠올리기 힘들다. 고구려에는 세계 어느 나라에 내놓아도 손색이 없는 고분벽화가 있고, 신라에는 눈부신 황금의 나라답게 금관을 비롯한 화려한 금속공예품이 남아 있다. 이에 반해 백제는 공주 무령왕릉 말고는 특별히 떠오르는 것이 없고, 생각난다 한들 대부분 깨지거나 부서진 파편들뿐이다. 사정이 이렇다 보니 역사 교사인 아내에게 백제와 관련된 책을 쓰려고 한다 했을 때 "팔리지도 않는 책을 내 주는 출판사가 있느냐"며 잔뜩 핀잔을 들어야 했다.

가장 먼저 망한 나라라는 편견

일반인에게 백제는 삼국 중 가장 먼저 멸망한 나라라는 부정적인 이미지가 강하다. 몇 해 전, 한 언론사에서 백제하면 떠오르는 이미지가 무엇인가를 조사했더니 절대다수가 '의자왕과 삼천궁녀'라고 대답했다고 한다. 의자왕이 삼천궁녀와 주색에 빠져 백제가 망했다는 것은 역사를 지나치게 단순하게 해석한 것임에도 불구하고 어쩌다가 이렇게 왜곡되고 부정적인 이미지가 백제에게 각인되었을까?

낙화암이나 고란사, 백마강 나루터를 둘러본 사람이라면 누구나 '이곳에서 정말 삼천 명이나 되는 사람들이 물에 빠져 죽었을까'라는 의문이 들 것이다. 그렇게 많은 사람이 한꺼번에 죽었다고 보기에는 바위의 경사도 너무 완만하고, 백마강의 수심 또한 너무 얕기 때문에 선뜻 믿기 어렵다. 문헌 사료에서 찾아볼 수 있는 낙화암과 관련된 가장 오래된 기록은 13세기에 쓰인 『삼국유사三國遺事』라는 역사책이다.

일연 스님은 『백제고기百濟古記』라는 책을 인용하여 다음과 같이 말한다. "부여성 북쪽 모퉁이에 큰 바위가 있는데 밑으로 강을 굽어보고 있다. 전해 오는 말에 의자왕이 여러 후궁들과 함께 죽음을 면치 못할 것을 알고 서로 말하기를 '차라리 스스로 목숨을 끊을지언정 다른 사람 손에는 죽을 수 없다'고 하면서, 서로 손을 이끌고 이곳에 이르러 강에 몸을 던졌다고 한다. 그래서 사람들은 '타사암墮死岩(떨어져 죽은 바위)'이라 하는데 이것은 잘못된 속설이다."

『삼국유사』에서 인용한 『백제고기』라는 책이 언제, 누구에 의해 작성되었는지는 알 수 없다. 하지만 이 책은 낙화암 전설이 처음 만들어진 초기의 모습을 보여 주고 있다는 점에서 중요하다. 낙화암 전설이 처음 만들어질 무렵에는 바위에서 투신한 후궁이 장렬하게 죽은 것처럼 묘사되지도 않았고, 삼천궁녀라는 표현도 보이지 않는다. 단지 '여러 후궁들' 정도로 나온다. 그러나 조선 초기가 되면 타사암이 '낙화암'으로 바뀌고, 궁녀 앞에 '삼천'이 붙는 등 변화가 나타난다. 그중 '삼천궁녀'라는 표현은 당나라 시인 백거이의 「장한가長恨歌」라는 시에서 따온 것이다. 백거이는 환락에 빠져 나라를 망친 당나라 현종을 비판하면서 "빼어난 후궁에 미인이 삼천이지만", "삼천궁녀의 기름진 얼굴"과 같은 어구를 처음 사용했다. 조선시대 사대부들은 백제 말기 의자왕의 행적이 양귀비에 빠져 방탕한 생활을 했던 당나라 현종과 같다고 보고 의자왕과 삼천궁녀를 결부시켰던 것이다.

오늘날 부소산 서쪽의 높다란 낭떠러지 바위에는 '낙화암'이라는 글자가 선명하게 새겨져 있고, 그 꼭대기에는 '백화정百花亭'이라는 정자가 세워져 있다. 그리고 낙화암 아래쪽에 있는 고란사라는 절의 건물 벽에는 삼천궁녀가 나당연합군에게 쫓겨 강으로 몸을 던지는 그림이 그려져 있다. 지금도 낙화암을 찾는 관광객들은 '꿈꾸는 백마강'이라는 유행가를 흥얼거리면서 의자왕과 삼천궁녀 이야기가 사실인 양 떠들어 댈 것이다. 하지만 고란사의 벽화는 불과 30여 년 전인 1983년에 그려졌다. 기암괴석 위에 자리한 백화정은 1929년 일제강점기에 일본인들이 만든 부여고적보존회라는 어용 단체에서 건립했다는 사실을 아는 사람도 많지 않다.

설령 의자왕과 삼천궁녀 이야기가 후대에 왜곡된 것이라는 사실을 알아차린 사람이 있다고 해도, 그들은 역사라는 것이 으레 얼마든지 조작이 가능한 허구라고 생각할지도 모른다. 지난 정권에서 한국사 교과서를 마치 조선시대 실록과 같은 정사正史로 착각하고, 제 입맛대로 서술하려고 했던 것처럼 말이다. 하지만 왜곡된 역사는 그 자체로 인정받을 수 없고, 언젠가 밝혀지기 마련이다.

패전국 백제의 역사는 왜곡되고 축소될 수밖에 없고 그래서 현존하는 삼국의 가장 오래된 사료인『삼국사기三國史記』에도 백제에 관한 기록이 가장 소략하고 내용도 빈약하다. 더욱이 삼국 중에서 백제사 연구가 부진했던 것은 어제 오늘의 일이 아니다. 이러한 사료의 부족은 문헌 기록을 중시하는 역사학 연구에서 가장 큰 걸림돌이 되고 있다. 물론 역사는 승자의 기록이므로 삼국 통일 전쟁의 승자였던 신라가 고구려나 백제의 역사를 철저하게 말살시키고, 신라인의 관점에서 쓴 역사서만 남긴 것은 어쩌면 당연하다. 그러나 삼국 간 전쟁에서 승리한 신라가 백제와 의자왕에 대해 부정적으로 묘사했을지라도 그러한 관념이 백제사 전체에 덧입혀져 확대재생산되는 것은 잘못이다. 백제는 고대 삼국의 한 축으로 현대를 살아가는 우리들에게 중요한 의미를 가지고 있기 때문이다.

첫 단추를 잘못 끼운 백제사 연구

백제에 대한 일반인들의 부정적인 평가와 더불어 이 분야 연구를 어렵게 하는 것은 백제사가 야구로 치면 마이너리그에 속한다는 점이다. 마이너리그에서 아무리 뛰어난 활약을 펼쳐도 사람들은 메이저리그 선수만 기억할 뿐이다. 한국사에서 백제는 연구자 숫자도 적고, 사료도 가장 부족한 편이다. 고대사를 전공하는 대학원생은 조선사나 근대사를 공부하는 학생의 절반에도 미치지 못하며 그마저 대부분은 고구려사나 신라사를 전공한다. 특히 2000년대 초반 역사 전쟁으로 불리는 중국의 동북공정 사태 이후에는 고구려사 전공자가 압도적으로 많아졌다. 백제사를 연구하는 학문 후속세대가 사라질지 모른다는 말까지 나올 지경이다. 자신이 전공하는 분야를 이렇게 말할 수밖에 없는 처지가 서글프지만 사실을 부정하기는 어렵다.

물론 역사 연구에서 사료의 부족이나 연구자의 부족은 백제사에만 한정되지는 않는다. 오히려 백제 연구의 더 큰 문제는 그 출발부터 왜곡되어 시작되었다는 점이다. 그다지 인정하고 싶지 않지만 우리나라의 근대적 역사학 연구는 일제강점기 일본인 역사학자들, 소위 식민사학자라 불리는 사람들에 의해 시작되었다. 백제사 연구도 마찬가지로 그들은 백제 역사의 주체적인 전개 과정을 파악하기보다 백제를 일본 고대사 연구의 보조적인 수단이나 일제의 식민 통치를 학문적으로 뒷받침하기 위한 도구로 활용했다.

예를 들어 백제사 전체를 처음으로 정리한 이마니시 류今西龍는 근초고왕 이전의 백제사를 전설의 시대로 치부하고 믿을 수 없다고 하면서, 백제가 임나일본부의 보호와 통제 아래 역사를 전개시켜 나갔다고 주장했다. 임나일본부에 대해『일본서기日本書紀』에서는 일본이 한반도 남부 지역을 군사적으로 정벌한 후 설치한 통치기관으로 백제와 신라, 가야는 모두 이곳의 통제를 받은 것으로 왜곡되어 있다. 이마니시 류의 이러한 역사 인식은 다른 일본인 연구자들에게도 큰 영향을 미쳤다.

그런데 일본의 식민사학자들은 백제사의 후진성과 타율성을 강조하면서도 다른 한편으로는 백제와 일본의 문화 교류를 강조했다. 앞에서 언급한『일본서기』에는 백제의 왕인 박사가 일본에 한자와 천자문을 처음으로 전해 주었다는 기록 또한 남아 있다. 그리고 백제가 유학뿐 아니라 불상과 불사리 등 불교 관련 문물을 적극적으로 일본에 전해 준 것으로 나온다. 일제강점기 부여 지역을 중심으로 진행된 고적 조사 사업에서 출토된 불상이나 금속공예품, 기와와 벽돌은 백제와 일본의 밀접한 관계를 증명하는 구체적인 자료로 선전되었다.

일제가 백제와 일본의 교류를 강조한 것은 백제 문화의 우수성을 말하려는 것이 아니었다. 그들은 백제가 중국의 선진 문물을 일본에 전달해 준 단순 '전달자'이자 '통로'에 불과했다고 보았다. 일본 역사학자들은 백제가 당시 최고 문명국인 중국의 문물을 일본에 소개하고 전달하는 매개자였을 뿐이라고 폄하하면서 일본과 중국이 직접 교류했다는 점을 강조했다. 그들이 백제와 일본의 교류를 강조한 것은 백제를 내선일체內鮮一體의 구체적인 사례로 활용하기 위해서였다. 그뿐이었다. 마이너리그에 속한 백제사 연구는 그 출발부터 잘못되어 있었던 것이다.

백제 연구의 첫 번째 전환, 무령왕릉 발굴

해방 이후 우리 학계의 백제사 연구는 그전보다 연구 성과가 크게 늘어났다. 하지만 일제 식민사학자들에 의해 만들어진 백제사 인식의 틀 자체가 완전히 극복되지는 못했고, 연구 방법도 문헌고증적인 방법론을 탈피하지 못했다. 인접 학문이라 할 수 있는 고고학 발굴 성과를 활용하려는 노력은 여전히 미흡했고, 『일본서기』에 단편적으로 남아 있는 백제의 대외 관계 기사도 거의 연구되지 못했다. 이처럼 부진하던 백제사 연구 분위기를 한순간에 바꾼 획기적인 사건이 바로 공주 무령왕릉의 발굴이다.

무령왕릉 발굴은 우연한 기회에 찾아왔다. 1971년 6월 말, 웅진기의 백제 왕릉이 모여 있는 공주 송산리고분군에서는 본격적인 장마철을 앞두고, 송산리 6호분 내부가 침수되지 않도록 무덤 주위에 배수로를 내는 작업을 시작했다. 공사가 착수된 지 일주일이 지난 7월 5일 오후, 30도를 훌쩍 넘긴 뙤약볕 아래서 배수로를 파던 인부의 삽 끝에 무언가 단단한 물체가 부딪혔다. 흙을 구워 만든 벽돌로, 나중에 알고 보니 무덤 입구에 얹은 부재의 일부였다. 20세기 한국 고고학의 가장 위

대한 발견으로 평가되는 무령왕릉 발굴은 그렇게 시작되었다.

그러나 무령왕릉 발굴은 무덤 입구를 막고 있던 벽돌을 열어젖히고 나서, 도굴꾼이 포대에 물건을 쓸어 담듯 하룻밤에 끝나 버렸다. 참으로 어처구니없는 졸속 발굴이었다. 세기의 발견이라 불리는 엄청난 유적을 불과 하룻밤에 뚝딱 해치웠으니 후세의 날선 비판이 두고두고 이어질 수밖에 없는 노릇이다. 하지만 그때까지 우리나라는 그런 유적을 직접 조사한 경험이 없었다. 또 그런 중요한 유적을 어떻게 발굴해야 하는지 규정이나 매뉴얼도 마련되어 있지 않았다. 말 그대로 당시 우리의 문화 수준을 고스란히 보여 준 낯 뜨거운 사건이었다.

무령왕릉의 발굴 과정이 돌이킬 수 없는 실책이었다고 해도, 기존의 백제 무덤들과 달리 전혀 도굴되지 않은 완전한 상태로 발견되었기 때문에 수많은 부장품이 수습되었다. 삼국시대 고분에서는 거의 확인되지 않은 벽돌무덤이라는 독특한 무덤 구조와 108종 2,900여 점에 이르는 많은 유물들은 연구자들뿐 아니라 일반인들에게 백제사에 대한

공주 무령왕릉 발굴 당시의 모습
무령왕과 왕비를 묻은 무덤이 1,400년의 기나긴 침묵을 깨고 처음으로 모습을 드러냈다. 벽돌로 쌓은 널길 한가운데 무덤을 지키는 돌짐승이 있고, 무덤방에는 썩지 않고 남아 있는 목관과 부장품들이 널려 있었다.

관심을 제고시키고, 백제에 대한 인식을 바꾸는 결정적인 계기가 되었다. 단지 무덤 한 기를 발굴했을 뿐인데 갑자기 백제가 동아시아 문화 교류의 중심축으로 부상한 것이다. 이제 백제사 연구는 새로운 차원으로 올라서 순항할 것처럼 보였다. 무령왕릉이 발굴되고 한동안 웅진기의 정치사나 대외관계사 연구를 비롯해 무덤 구조나 출토 유물 자체에 대한 고고학적, 미술사학적 연구도 활발하게 진행되었다. 하지만 그런 분위기는 채 10년이 가지 못했다.

2011년 무령왕릉 발굴 40주년을 기념하기 위해 개최된 학술 대회에서 그간의 연구를 정리하는 발표가 있었다. 그 발표로 인해 현재 정설로 받아들여지고 있는 대부분의 논문들이 무령왕릉이 발굴되고 10년이 지나지 않아 작성되었다는 사실이 드러났다. 왜 그럴까? 그것은 무령왕릉과 출토품이 가진 국제성에 기인한다.

무령왕릉에는 중국 남조나 일본, 신라, 가야 등 여러 나라와 교류한 흔적이 혼재하기 때문에 이와 관련된 주제의 논문은 단기간에 작성할 수 있었다. 하지만 무령왕릉 전문가라고 해도 한두 편의 논문을 쓰고 나면 그 이상 확대해서 쓸 수 있는 자료가 거의 없었다. 무령왕릉이 아무리 중요하다고 해도 그것 하나만으로 논의를 발전시키기에는 역부족이었다. 백제 고분 중에서 벽돌무덤은 무령왕릉과 송산리 6호분 등 서너 기밖에 되지 않는다. 무덤의 재료나 구조가 극히 예외적이기 때문에 다른 지역이나 시기로 주제를 확대하기가 어려웠다.

유물도 마찬가지였다. 출토품들이 백제에서 자체 생산한 것인지 수입품인지 불분명했고, 이와 비슷한 유물이 다른 곳에서 출토된 사례가 많지 않아 비교 연구에도 한계가 따랐다. 특히 1990년대까지는 중국과의 학술 교류도 거의 없었기 때문에 중국과 관련된 고고학 정보를 거의 접할 수 없었던 점도 뼈아프다. 이런 상황에서 중국과 일본을 시야에 넣고 거시적인 관점에서 백제사를 조망하는 연구를 진행하기에는 어려움이 따랐다.

이제 백제를 어떻게 할 것인가

일제강점기에 시작된 백제사 연구는 해방 이후에도 한동안 침체를 벗어나지 못했다. 1971년 무령왕릉 발굴을 계기로 약간의 전기를 맞는 듯했지만 이를 지속시키는 데 한계가 있었다. 그 뒤 부여 정림사지나 공주 공산성, 익산 미륵사지 등이 계속해서 조사되었지만 일반인은 물론 연구자들의 관심조차 끌지 못했다. 발굴된 유물은 대부분 깨지거나 부서진 파편뿐이었고, 눈으로 직접 확인할 수 있는 지상의 구조물은 거의 남아 있지 않았다. 무덤 하나만 발굴해도 수천 점, 수만 점의 유물이 쏟아져 나오는 경상도 지역의 고분과는 비교조차 할 수 없는 형편이었다.

부여와 공주의 국립박물관에 전시된 유물을 보거나 그 주변의 유적을 둘러보고 나서 백제 문화의 진가를 알아차리는 사람이 몇 명이나 있을까. 큰맘 먹고 현장을 찾는 답사객들은 무덤 몇 기만 옹기종기 모여 있거나 초석 몇 개 뒹구는 건물터를 보면서 백제를 상상할 수밖에 없다. 역사의 현장에 서 있으면서도 오히려 더 많은 것들을 상상해야만 하는 현실. 그것이 바로 백제 유적과 유물이 가진 현주소다.

지금까지 우리가 배워 온 백제사는 정치사나 제도사가 중심이었다. 누가 언제 즉위해서 귀족들과 어떤 갈등을 겪었는지, 귀족이나 관료를 어떻게 편제하고 어떤 행정 기구를 두었는지, 거기에 약간의 전쟁 관련 이야기, 불교나 유교 사상, 다른 나라와의 교류를 말하는 정도였다. 그런 것이 중요하다고 배웠고 시험을 보기 위해 암기했다. 그러나 이제 우리는 좀 더 구체적이고 가시적인 자료들에 대해 이야기할 필요가 있다. 역사 기록에는 남아 있지 않지만 고고학 발굴을 통해서 드러난 구체적인 유물들을 보면서 백제 사람들의 이야기를 끄집어내야 한다.

아무것도 남아 있지 않은 허허벌판에 서서 백제 문화의 독자성이나 국제성을 상상하고 이야기한다는 것이 얼마나 부질없는 일인가? 그렇다고 부족한 볼거리를 채워 줄 상징적인 조형물이나 기념비적인 건물을 복원하자는 말은 결코 아니다. 이제 우리는 뭔가 다른 방법으로 백제를 만나야 한다는 것을 말하고 싶은 것이다. 적어도 기존에 우리가 알고 있는 백제사가 아니라 구체적인 유적이나 유물을 마주하면서 거시적인 시각으로 백제를 관조할 필요가 있다는 말이다. 이제 백제사를 찬란하고 위대한 고대사로 보는 시각에서 벗어나, 나와 같은 곳에서 태어나 몇 세대를 먼저 살다 간 우리 아버지나 할아버지와 나누는 이야기라고 생각해 보면 어떨까.

부여에서 태어난 민족 시인 신동엽은 다음과 같이 읊었다.

백제,
천오백 년, 별로

오랜 세월이 아니다.

우리 할아버지가

그 할아버지를 생각하듯

몇 번 안 가서

백제는

우리 엊그제, 그끄제에

있다.

(신동엽, 「금강」 제5장 중에서)

이 시는 백제의 역사가 우리와 동떨어진 먼 옛날이야기가 아니라 우리네 삶의 이야기라는 것을 정말 멋들어지게 표현하고 있다. 전라도가 고향인 나는 백제의 후손으로 알고 자랐다. 물론 전라도, 그것도 순천 일대는 백제의 본령과 거리가 멀다는 것을 나중에 알게 됐지만, 어린 시절에는 그렇게 믿었다. 그래서 백제를 공부하는 것이 나를 만든 역사에 대한 공부라고 생각했다. 1장과 2장에서 다루게 될 내가 백제를 공부하기까지의 과정이나 그 뒤 백제사에 뜻을 두고 한 사람의 연구자로 첫발을 내딛게 될 때까지의 이야기는 모두 나를 만든 역사에 대한 것이다. 그 과정에서 역사가로서 내가 가진 한계나 문제의식이 조금이나마 공유될 수 있기를 바란다.

우리나라에서 고고학 발굴을 통해 드러난 대부분의 유물들은 최종적으로 국립박물관 수장고에 들어오게 된다. 수장고에 보관되어 있는 자료들을 다시 꺼내 먼지를 털고, 의문을 제기하며, 실체를 알아 가는 과정이 곧 내가 백제를 연구하는 과정이었다. 박물관에서 일하는 나에게 소장품을 조사하고 연구해서 전시하거나 교육하는 모든 행위가 백제를 연구하는 소위 '역사를 한다'는 것이었다. 3장과 4장에서 다룰 부여 정림사지 소조상이나 능산리사지 목간 및 기와에 대한 연구 이야기는 박물관 소장품을 활용해서 새롭게 밝힌 백제사에 대한 이야기가 될 것이다.

백제사의 전개 과정이나 특성은 동아시아의 문화교류사라는 큰 흐름 속에서 파악해야만 제대로 조명할 수 있다. 그런데 지금까지는 백제가 다른 나라에 우수한 선진 문물을 전해 주었다는 내용만 강조되었을 뿐 백제가 어떤 방식으로 기술을 전수하고, 왜 문화의 전파를 중요하게 여겼는지와 같은 맥락이 전혀 설명되지 않았다. 5장의 일제강점기 부여 지역에서 이루어진 절터 발굴 조사와 식민지에서 활동했던 일본인 고고학자들의 이야기, 6장의 신라와 일본 최초의 사원인 흥륜사와 아스카데라 문제 등은 이러한 문제의식을 바탕으로 이루어 낸 산물이다. 이를 통해 백제를 중심으로 행해진 고대 동아시아 문화 교류를 바라보는 좀 더 거시적인 시각과 백제사 연구의 현재적 의미가 조금이라도 전달되었으면 좋겠다.

이 책은 내가 백제의 유적과 유물에 대해 어떻게 의문을 제기하고, 그것을 해결해 갔는지를 소개하는 것으로 '내가 사랑한 백제'를 이야기할 것이다. 하지만 결코 백제만이 훌륭하고 아름답다고 찬양하지는 않았다. 다만 박물관 큐레이터로 일하면서 현장에서 체험하고 느낀 경험을 바탕으로 내가 연구해서 밝힌 백제의 역사와 문화를 공유하려 했다. 그 과정에서 자연스럽게 내가 왜 백제를 공부하는지, 백제의 문화유산이 어떤 의미를 갖는지에 대해서도 이해할 수 있을 것이고 더 나아가 백제가 오히려 나를 사랑하고 있다는 나만의 착각에도 약간은 공감할 수 있을지 모르겠다.

오늘날 한국 고대사 학계는 고조선의 위치 문제나 고구려사의 귀속 문제, 임나일본부의 실체 등과 관련해 첨예한 역사 전쟁을 치르고 있다. 그러한 국내외적 소용돌이 속에서도 백제는 소외되거나 그다지 쓸모없는 것처럼 보인다. 하지만 나는 백제와 관련된 자료를 접할 때마다 항상 간절함과 뜨거운 가슴으로 대했다. 나는 역사라는 것이 기본적으로 사람 사는 이야기이고, 관계에 대한 해석이며, 교훈을 주는 것이어야 한다고 믿고 있다.

이 책은 지금까지 내가 찾아 헤맨 백제사 연구에 대한 기록이자 지금부터 내가 만들어 갈 삶에 대한 약속이다. 나의 백제 이야기가 현재를 함께 살아가는 동시대 사람들에게 조금이나마 공유될 수 있기를 바란다.

| 차 례 |

프롤로그 | 나의 백제 예찬 ... 4

제1부 왜 백제를 공부하는가

제1장 내 역사의 주인이 되는 일

백제의 후손이라 믿었던 시절 ... 27

역사 공부의 새로운 재미 ... 36

백제사 연구의 초석을 쌓다 ... 42

제2장 기와 파편 하나가 가진 의미를 깨닫다

국립박물관 큐레이터로서 첫걸음 ... 55

무엇을 어떻게 연구할 것인가 ... 71

백제의 마지막 수도 사비도성은 어떤 모습이었을까 ... 83

백제 연구가로 거듭나다 ... 97

제2부 유물은 어떻게 역사가 되는가

제3장 새로운 질문으로 새로운 해석을 만든다
_정림사지 소조상 연구

새로운 연구의 단초를 찾다... 109

우연을 가장한 필연, 정림사지 소조상... 116

소조상으로 백제 대표 사찰의 비밀을 밝히다... 129

정림사지 논문을 발표하다... 151

제4장 이야기의 잃어버린 조각을 찾아서
_능산리 목간 연구

박물관에서 일하며 공부한다는 것에 대하여... 169

능산리사지 대표 유물, 백제금동대향로... 176

능산리와 목간... 184

백제 성왕의 죽음과 능산리사지의 성격... 199

목간으로 복원한 능산리사지... 216

제3부 이제 백제를 어떻게 할 것인가

제5장 일본이 탐한 백제사 연구

일제강점기에 실시된 백제 고적 조사 사업 ... 235

나중에 보고하겠다는 무책임한 태도 ... 247

식민정책에 활용된 백제 연구 ... 258

부여신궁 조영 사업과 공개되지 않은 조사 기록들 ... 278

식민지 조선의 일본인 고고학자 ... 287

제6장 동아시아 문화 교류의 중심, 백제

백제를 향한 일본의 짝사랑 … 293

백제 사원의 영향을 받은 신라와 일본 … 306

일본에 건너간 백제의 와박사들 … 326

백제, 일본 최초의 사원을 세워 주다 … 338

격변하는 국제 정세 속의 백제 … 349

에필로그 | 지금까지의 백제, 앞으로의 백제 … 356

후기 … 367

읽을거리 … 370

부록 | 부여 지역의 주요 유적 분포도 … 373

익산 미륵사지

제 1 부

왜 백제를
공부하는가

제 1 장

내 역사의
주인이 되는 일

백제인이 남긴 많은 유물들 가운데 내가 가장 좋아하는 유물 중 하나가 바로 이 호자다. 앞다리를 꼿꼿하게 세우고 상체를 든 채 얼굴을 왼쪽으로 돌려 입을 크게 벌리고 있는 모양이다. 게다가 손잡이까지 달렸다. 호랑이 모양을 한 그릇이라는 뜻의 호자는 휴대용 남성 소변기, 즉 요강이다. 중국의 옛 기록에는 신선이 호랑이의 입을 벌리게 한 뒤 소변을 보았다는 이야기가 전해지는데 그 때문에 호자를 만들었다고 한다. 하지만 부여에서 발견된 이 토기는 호랑이 모양과 거리가 멀다. 동그란 입 바로 위에 보일 듯 말 듯 표현된 작은 눈과 코 그리고 수염은 오히려 물개를 연상시킨다. 이 작은 그릇 하나에서도 백제인의 익살과 해학, 예술적 재능이 엿보인다. (부여 군수리 출토)

백제의 후손이라
믿었던 시절

사람마다 삶의 목표나 의미가 다르지만 나는 삶을 꿈을 실현하는 과정이라고 생각한다. 짧은 인생이지만 꿈을 이루기 위해 부단히 노력하고, 그것을 다시 사회에 '되돌려 주는 삶'이야말로 가장 고귀한 것이라고 믿고 있다. 내 꿈은 사춘기를 지나면서 오직 하나밖에 없었다. 바로 백제를 연구하다가 죽는 것이다. 꿈을 얘기하다 갑자기 죽음을 이야기하는 게 다소 생뚱맞게 들릴지 모르지만 죽을 때까지 한결같이 공부하는 모습을 꿈꾸기 때문에 어쩔 수 없다.

처음에는 단지 역사를 배우는 사람이 되고 싶다고 생각했는데 점차 한국 고대사를 공부하는 것, 그중에서도 백제사를 연구하는 것으로 구체화되었다. 하지만 단순히 백제를 공부해서 박사 학위를 받는다거나 특정 지위에 오르는 것을 목표로 삼지는 않았다. 그저 평생 백제의 역사를 공부하는 행위 자체에 목적을 두었다. 사람이 살다 보면 게으름을 피우고 싶을 때도 있고, 원하는 목표나 자리를 얻지 못할 때도 있기 때문이다. 여전히 나는 죽을 때까지 좋아하는 역사 공부를 계속할 수 있기를 바란다.

내가 백제 연구자로 성장한 과정으로 이야기를 시작하려 한다. 나를 키운 역사다. 역사가를 알아야 그 사람의 글을 좀 더 잘 이해할 수 있지 않겠는가.

역사에 눈을 뜨게 된 첫 번째 사건

학창 시절을 돌아보면 나는 그다지 뛰어난 학생이 아니었다. 아예 공부를 못했다거나 사고뭉치였다는 얘기는 아니다. 그저 주변에서 흔히 볼 수 있는 매우 평범한 아이에 가까웠다. 내 고향은 전라남도 순천시 낙안면 운동리로 마흔 가구 정도가 모여 사는 전형적인 농촌 마을이다. 할아버지 때부터 살기 시작했는데 지금도 그곳에 부모님이 살고 계신다. 부모님께선 슬하에 육 남매를 두셨는데 내 위로 누나가 하나 있고, 아래로 여동생 셋, 막내가 아들이다. 아들이 최소 둘은 있어야 한다는 할머니의 욕심으로 그렇게 많아졌다고 한다. 나는 2차 베이비 붐 세대에 속하지만 그렇다고 해도 육 남매는 흔치 않아, 학교에서 가족 사항을 조사할 때면 항상 얼굴을 붉히곤 했다.

나와 형제들이 다녔던 초등학교는 현재 낙안읍성 민속마을 안에 있다. 아버지 손을 잡고 처음 학교에 갔을 때 교실로 쓴 곳이 조선시대 객사 건물이었는데, 아버지께서도 같은 건물에서 배웠을 만큼 동네 사람들에게는 일상적인 공간이었다. 그러나 그곳에 대해 다시 생각하게 만든 잊을 수 없는 사건이 초등학교 5학년 때 일어났다.

마침 체육 시간이라 운동장에서 농구를 배우고 있었는데 어디선가 까만 양복을 입은 낯선 사람들 한 무더기가 걸어 들어왔다. 교장 선생님과 담임 선생님도 건물 밖까지 나와서 인사를 하시기에 무슨 일인가 싶어 무리를 유심히 살펴보니, 텔레비전에서 종종 봤던 얼굴이 섞여 있었다. 전라남도 도지사 일행이 학교에 온 것이다. 도지사 일행은 곧장 객사에 올라가 이곳저곳을 둘러보다가 이내 다른 곳으로 가 버렸다. 나중에 텔레비전을 보니 이곳이 민속마을로 지정되어 현장 시찰을 나왔다고 했다. 당시에는 민속마을로 지정된 것이 무슨 의미인지 전혀 알지 못했고, 단순히 텔레비전에 나오는 높은 사람을 직접 봐서 신기한 정도였다.

얼마 지나지 않아 갑자기 낙안과 벌교를 오가는 도로에 아스팔트가 깔리기 시작했다. 학교에 가기 위해 매일 오가던 흙먼지 길이 갑자기 아스팔트가 깔린 신작로로 바뀐 것이다. 포장 공사가 끝난 도로 양옆에는 각종 유실수가 심어졌다. 살구나무와 자두나무 같은 것으로 기억한다. 당시만 해도 우리 마을에는 과수원을 하는 집이 거의 없어서 그런 나무들은 구경조차 하기 힘들었다. 고향 집에는 고작 감나무 두 그루가 마당 끝에 서 있을 뿐이었으니까. 나는 학교까지 한 시간씩 걸어 다닐 정도로 버스나 자동차를 탈 일이 없어서 아스팔트가 깔린 것보다 유실수가 도로변에 줄지어 심어진 것에 더 큰 충격을 받았다. 어린 마음에 저 과일나무에 열매가 열리면 나중에 따 먹어야겠다는 생각도 했었다.

그러다가 문득 '저렇게 귀한 과일나무를 길가에 수도 없이 심어 놓은 이유가 뭘까'라는 데까지 생각이 미쳤다. 시간이 얼마 지나지 않아 민속마을로 지정된 것이 결정적 이유임을 깨달았다. '대관절 민속마을이 무엇이길래 내 주변을 이렇게 바꿔 놓을까?' 하는 생각이 들었다. 이 의문이 바로 내가 역사에 관심을 갖게 된 첫 번째 계기였다. 매우 특이한 경험이지만 역사라는 것이 나와 상관없는 옛이야기가 아니라 내 삶과 주변을 얼마든지 바꿀 수 있는 것이라는 사실을 처음으로 깨달은 사건이다.

마을이 민속마을로 지정된 후 객사 주변에 있던 학교의 다른 건물들은 읍성 뒤편으로 옮겨 신축됐고, 객사는 가벽이나 창문을 철거해 예전 모습으로 복원됐다. 그렇지만 여전히 나의 초등학교와 관련된 추억들은 이 객사 건물과 주변 고목들을 배경으로 한다.

내 고향 낙안은 한자로 즐거울 낙樂에 편안할 안安을 쓴다. '즐겁고 편안한 고장'이라는 뜻이다. 그런데 중학교 때 어떤 선생님은 이를 다른 말로 하면 '놀고먹기 좋은 곳'이라고 했다. 낙안 사람들은 게으르고 놀기만 좋아해서 새마을운동이 한창일 때도 남들 다 하는 지붕 개량을 하지 않아 초가집에 살았고 그 때문에 민속마을로 지정된 것이니 이는 결코 자랑할 만한 일이 아니라고 비꼬았다. 놀고먹을 생각하지 말고 공부를 열심히 하라는 취지에서 한 말일 테지만, 마치 부모 세대를 비난하는 것처럼 들려서인지 아직도 잊히지가 않는다.

어쨌든 낙안읍성 민속마을에 한 번이라도 가 본 사람은 알겠지만,

옛 느낌이 고스란히 남아 있는 성벽과 초가집들을 보면 갑자기 조선시대로 들어온 듯한 착각을 하게 되고 아늑하게 자리한 산과 들을 보면 마음의 평안을 얻게 된다. '낙안'이라는 지명이 주는 진정한 의미가 아마 거기 있을 것이다. 적어도 나에게는 그렇다.

자기 역사의 주인이 되라는 가르침

질풍노도의 사춘기 시절을 보내고 고향을 떠나 순천에 있는 고등학교에 진학했다. 중학교까지는 부모님이 해 주시는 따뜻한 밥을 먹고 편하게 학교를 다녔지만, 그때부터는 혼자서 모든 생활을 꾸려 나가야 했다. 다행히 처음에는 한 살 위 누나도 순천에서 고등학교를 다녀서 도움을 받았지만 누나가 취업을 한 뒤로는 스스로 해결해야 했다. 이제 막 열일곱 살 까까머리 학생이 혼자서 밥하고, 빨래하고, 학교 수업까지 따라가야 했으니……. 지금 생각해도 어떻게 그렇게 살았는지 아득하기만 하다.

책상 하나 놓으면 겨우 누울 자리가 있는 단칸방에서 생활하던 고등학교 시절, 내가 가장 좋아하는 과목은 당연히 국사였다. 장래희망란에는 항상 역사학자라고 썼고, 마치 경전을 외우듯 국사책을 반복해서 읽곤 했다. 그렇다고 교과서에 나오는 특정 사건이나 서술에 대해 비판적인 시각을 가지고 의문을 제기하면서 읽는 수준은 전혀 아니었고, 단순히 흥미를 가지고 있는 정도였다. 그럼에도 불구하고 고등학교 국사 수업을 언급할 수밖에 없는 것은 국사 선생님 때문이다.

선생님은 정년을 몇 년 앞둔 나이가 지긋하신 분이었는데 선비처럼 깡마른 체구에 꼬장꼬장한 인상을 풍겼다. 지역 라디오 방송국에서 향토사와 관련된 대담을 수년째 이어 올 정도로 지역에서는 나름 유명한 향토사학자였다. 그런데 선생님은 무슨 이유에서인지 수업 시간에 한 번도 교과서에 나오는 이야기를 하지 않으셨다. 거의 대부분 정신교육, 다시 말하면 잔소리로 일관하셨다. 수업 때마다 너희는 우리나라를 이끌어 가야 할 중요한 사람들이니 더 열심히 공부해야 한다거나 부모님께 효도해야 한다는 잔소리를 늘어놓으셨다. 그리고 마지막에는 항상 "너희는 자기 역사의 주인이 되어야 한다"고 말씀하셨다. 약간 밑도 끝도 없는 결론이었지만 그 말씀은 꽤 오랫동안 뇌리에 남았다.

아마 매일 아침 등교할 때마다 마주치는 정문 글귀의 영향도 있었을 것이다. 내가 다닌 고등학교의 정문에는 '오늘도 세계를 주름잡기 위하여'라는 글귀와 '심오한 사고, 정확한 판단, 과감한 실천'이라는 교훈이 쓰여 있었다. 지방의 조그만 학교에 붙어 있기에는 너무나 거창한 문구지만, 나는 그것을 보며 꿈을 키우고 사명감을 다졌던 것 같다. 듣기 싫은 말도 반복해서 들으면 세뇌가 되지 않던가. 나중에 커서 역사가가 되겠다는 꿈을 가지고 있던 나에게 '역사의 주인'이라는 말은 묘한 매력을 주었다.

또 선생님은 전라도 지역이 과거 백제의 영토였기 때문에 지금도 차별을 받고 있으며 연구되지 않은 백제사를 부흥시켜야 한다는 말씀을 자주 하셨다. 삼국을 통일한 신라와 달리 패전국 백제에 대한 연구는 소홀했고, 전라도 지역이 고려시대 이후부터 노골적으로 차별받아 왔다는 인식 때문일 것이다. 백제사를 더 열심히 연구해야 한다는 이야기는 다른 선생님들도 종종 하셨는데, 지금도 전라도 사람들은 자신들이 진정한 백제의 후손이라고 믿는 경향이 강하다.

그러나 사실 전남 지역, 특히 순천은 백제의 본거지가 아닌 변방이었다. 그 때문에 발굴 조사를 해 보면 백제 관련 자료뿐만 아니라 가야나 신라와 관련된 유물이 섞여 나오는 경우가 많다. 이런 변경 지역에서 오히려 백제사 연구를 강조하는 분위기가 형성된 까닭은 어쩌면 당시의 정치 분위기와 관련 있는지도 모르겠다. 한동안 전라도는 정치적으로 차별받고 있었기 때문에 현실 정치의 불합리에 대한 이유를 역사 속에서 찾으려고 했고, 그래서 백제사 연구의 필요성을 더 강조하지 않았을까 추정해 본다. 마치 오늘날 가야사 연구가 갑자기 활발해지는 것처럼 말이다.

이런 가르침 속에서 자란 나는 선생님의 말씀을 자신이 살고 있는 지역의 역사를 알아야 진정한 주인이 될 수 있다는 말로 받아들였고, 자연스럽게 역사를 공부한다면 반드시 백제를 연구해서 백제사 연구를 재정립시켜야겠다고 다짐하고는 했다.

역사를 제대로 공부하기 위해서

고등학교 시절에는 눈뜨고 일어나면 학교에서 공부만 했다. 3년 동안 순천에서 살았지만 버스 터미널과 서점, 동네 목욕탕 말고는 기억나는 곳이 거의 없다. '내가 왜 이렇게 살지?'라는 회의를 품은 적도 있지만 그때마다 '좋은 대학에서 가서 역사를 공부하기 위해서'라고 스스로를 달래곤 했다. 물론 다른 친구들도 좋은 대학에 가는 것이 중요한 목표였겠지만, 나에게는 '역사를 제대로 공부하기 위해서'라는 좀 더 구체적인 이유가 있었다. 그런데 순탄할 것만 같았던 수험 생활에 위기가 찾아왔다.

3학년으로 올라가기 직전 겨울방학 때의 일이다. 평소와 다름없이 여섯 시에 일어나 학교에 가려고 했는데 눈이 떠지질 않고, 발가락 하나 까딱하기 힘들었다. 어쩔 수 없이 한참을 누워 있다가 겨우 눈을 떠 시계를 보니 11시가 넘은 게 아닌가. 이상한 일이 벌어졌음을 직감했지만 전화기도 없어서 누구에게도 알릴 방법이 없었다. 단 한 번도 수업을 빼먹지 않던 내가 보충수업에 나타나지 않자 걱정한 단짝 친구가 점심시간이 지나서 자취방에 찾아왔다. 다행히 그 친구 덕분에 병원으로 옮겨졌고 일주일 정도 입원했었다. 내 인생에서 처음으로 병원에 입원한 날이다. 지금 생각해 보면 연탄가스 중독이었던 것 같다.

문제는 퇴원 후였다. 규칙적인 생활 리듬이 완전히 깨져 버려서 한 달 이상 제대로 공부를 할 수 없었다. 성적에 예민한 시기여서 스트레스 때문에 원형 탈모증까지 나타났다. 시간이 지나면서 점차 회복했지만 성적은 내가 기대했던 것만큼 오르지 않았다. 결국 입학원서를 쓸 시점에는 어느 대학을 가야 할지 고민할 수밖에 없는 처지가 되었다.

그 당시 내 성적은 서울대의 점수가 낮은 학과에 겨우 진학할 정도는 됐지만 사학 계열을 지원하기에는 합격을 장담할 수 없었다. 만약 재수를 할 형편이 됐다면 오랫동안 꿈꿔 왔던 대로 서울대에 원서를 냈겠지만 그럴 욕심을 부릴 형편이 아니었다. 당시 바로 아래 여동생이 고등학교 진학을 해야 했는데, 내가 대학에 가기 때문에 인문계 진학을 포기하고 실업계를 선택했다는 소식을 듣게 되었기 때문이다. 또 아버지께서는 졸업 후 취직도 보장할 수 없는 사학과에 진학하는 것을 극구 반대하셨고, 대신 경찰대학에 가라고 하셨다. 돈이 전혀 들지 않고 취직이 보장되며 소위 말하는 권력을 누릴 수 있는 곳이라 생각하신 것이다. 처음에는 그 말씀이 지나가는 이야기라 생각하고 대수롭지 않게 여겼는데 나중에 경찰대학 입학원서까지 구해 오신 것을 보고 깜짝 놀라지 않을 수 없었다. 진퇴양난이었다.

그러나 열심히 공부를 했던 이유가 '역사를 공부하기 위해서'라는 신념 때문이었으므로 나는 다른 선택을 전혀 고려하지 않았다. 그래서 대안을 찾기 시작했다. 고민 끝에 선택한 것이 한국교원대 역사교육과 였다. 부모님은 최소한 대학 졸업 후 교사라도 해야 한다고 생각하셨고, 나는 역사 공부를 포기할 수 없었다. 현재의 나를 있게 한 가장 중요한 선택의 순간이었다.

역사 공부의
새로운 재미

한국교원대는 내가 들어간 1990년도만 해도 전교생이 2천 명밖에 안 되는 작은 학교였다. 게다가 대부분의 학생들이 교사가 되기를 바라고 들어왔기 때문에 모범생이 많았고, 그래서인지 학교생활은 그다지 재미가 없었다.

학교생활의 유일한 재미, 답사

대학 생활은 매우 단조로웠지만 봄과 가을에 있는 정기 답사는 큰 즐거움을 주었다. 전국을 권역별로 나누어 2박 3일 정도 답사를 했는데, 그 덕분에 우리나라 유적 대부분을 섭렵할 수 있었다. 특히 절터나 고분에 대한 유적 답사는 고대사에 대한 관심을 자극하기에 충분했다. 당시 우리가 답사한 지역은 고분이나 산성 같은 고고학 관련 유적보다는 불교 사원이나 절터가 더 많았다. 아마 학과의 가장 원로 교수였던 고故 정영호 선생님 때문일 것이다. 선생님은 단양적성비와 중원 고구려비를 직접 발견하여 학계에 소개하신 것으로 유명한데, 석탑이나 불상 등 불교미술을 전공하셨기 때문에 아무래도 불교 관련 유적들이 답사의 중심이었다.

처음에는 나도 그 영향을 받아 여름방학 때 배낭만 둘러메고 전라남북도의 주요 절들을 찾아다녔고, 천불천탑千佛千塔으로 유명한 화순 운주사의 탑본 조사에도 참여했다. 하지만 그런 답사가 계속될수록 점차 무언가 답답함을 느꼈다. 유적 답사 경험이 쌓이면서 불상이나 석탑을 보면 대충 어느 시대에 속하는 것인지를 알게 될 무렵이었던 것 같다. 그때까지 내가 배운 미술사는 이것과 저것이 무늬가 같기 때문에 동시대 작품이라고 판단하는 '같은그림찾기'에 불과했다. 게다가 같은그림찾기를 통해서는 이것은 통일신라시대, 저것은 고려시대 작품이라는 결론 말고는 더 이상 할 얘기가 없는 것 같았다.

석탑 기단이 어떻게 만들어졌고, 옥개석 받침이 몇 개인지, 불상의 얼굴이 어떻고, 옷 주름은 어떻게 생겼는지를 가지고 시대를 안다는 것이 대체 무슨 의미가 있나 하는 의문이 들었다. 그래서 대체 어쨌단 말인가? 그래서 이 유물이 역사적으로, 또는 현재를 살고 있는 나에게 어떤 의미를 주는가에 대해서는 아무런 대답도 들을 수 없었다. 그런 질문은 오히려 불경죄로 여겨졌다. 그저 우리 조상들이 만든 것이니 소중하게 보존하고 교육해야 한다는 결론뿐이었다. 그런 공부에 동의할 수 없었기에 자연스럽게 미술사에 대한 관심이 시들해져 갔다. 미술사라는 학문이 가진 매력을 알게 된 것은 한참의 시간이 지나서였다.

2학년 여름방학 때 커다란 전기가 찾아왔다. 단순히 불상의 양식을 공부하거나 비석을 탁본하는 정도가 아니라 진짜 유적 발굴에 참여하게 된 것이다. 청원 비중리유적이라는 삼국시대의 작은 절터였는데 발굴 기간은 20일 남짓이었다. 학교에서 처음 실시하는 발굴이었기 때문에 조사 시작 전부터 각종 장비들이 들어왔다. 엄청나게 많은 삽과 곡괭이, 호미, 나무말뚝과 손수레, 천막까지. 저렇게 많은 장비들을 어디에 쓰는지 호기심이 발동했다.

그렇게 나의 첫 발굴이 시작되었다. 발굴 조사는 사실 막노동과 다름없었다. 영화 〈인디아나 존스〉의 보물찾기와는 거리가 멀었다. 하루 종일 뙤약볕 밑에서 삽질을 하고 흙을 퍼 날랐다. 어려서 농사일을 도왔던 경험 덕분에 다행히 삽질은 크게 어렵지 않았지만 노동은 고되었다. 그전까지 술을 거의 마시지 않았지만 발굴 현장에서는 도저히 술을 마시지 않고서는 버틸 수가 없었다. 고된 노동을 이기기 위해 휴식 시간에는 막걸리를 마시면서 견뎠다. 술을 마시기 시작하니 자연스럽게 주변 사람들과 대화도 이어졌다. 처음으로 다른 사람과 더불어 무엇인가를 함께하는 즐거움을 맛보게 되었다.

비중리유적 조사에서는 형태조차 알기 어려운 불두佛頭 한 점과 통일신라시대 수막새 파편을 찾은 것 말고는 그다지 성과가 없었다. 하지만 나는 그 경험을 통해 처음으로 기와 파편 하나도 소중히 다뤄야 한다는 것을 깨달았다. 나중에 경복궁에 가서도 지붕의 기와만 쳐

다보고 다니는 나를 발견하게 되었다. 또한 한 달이 채 되지 않은 발굴 현장에서의 경험은 함께 어우러져 사는 것이 무엇이고, 왜 다른 사람과 함께 술을 마시는지 어렴풋하게 깨닫게 해 주었다. 그렇게 사람들을 향해 조금씩 마음이 열렸기 때문에 이듬해 군대를 갈 수 있었던 것 같다. 지금 생각해 보면 그 해 여름은 항상 우울하고 아웃사이더였던 어린 날의 나를 새로운 단계로 진입시킨 결정적인 순간이었다.

문화사, 새로운 역사 서술의 가능성

새가 알을 깨고 나오는 순간이 그렇듯 새로운 세계로의 진입은 고통을 수반하기 마련이다. 1994년 가을, 나는 27개월의 육군 복무를 마치고 복학했다. 새로 복학한 학교는 예전의 모습이 아니었다. 같이 입학한 동기들이 모두 졸업을 해서 후배들과 수업을 들어야 했다. 학과에도 변화가 있었다. 미국에서 역사 이론을 전공한 조한욱 선생님께서 새로 부임하신 것이다.

선생님은 학생들과 스스럼없이 어울렸고 소프트볼 같은 운동도 함께하셨다. 선생님과 보낸 시간 중 잊을 수 없는 것은 『고양이 대학살』의 초벌 번역문을 함께 읽었던 수업이다. 이 책은 18세기 프랑스의 역사와 지리, 문화 상황을 새롭게 해석한 책으로 당시 국내에 막 소개되기 시작한 '문화사'에 대한 가장 중요한 저작물 중 하나다. 선생님과 함께 초역을 읽어 가면서 기존에 내가 알던 정치사나 경제사가 아닌 새로운 역사 서술 가능성에 대해 처음으로 눈을 뜨게 되었다.

문화사라는 것은 사실 지금도 약간 낯선 개념이지만 그때 자주 들었던 말이 작은 것을 통해 읽기, 다르게 읽기, 두껍게 읽기와 같은 말이다. 하시민 네기 선생님의 수업이나 술자리에서 나누었던 대화 속에서 얻은 역사에 대한 이해는 다음과 같은 말로 설명할 수 있다. 먼저 역사는 본질적으로 '스토리'라는 것이다. 역사와 소설은 사실과 허구를 다룬다는 점에서 큰 차이가 있는 것 같지만 사실 그다지 차이가 없다고 하셨다. 특히 "조정래의 『태백산맥』보다 벌교의 근현대사를 잘 보여주는 역사 논문이나 책이 있는가"라는 말씀은 잊을 수가 없다. 그래서 나는 지금도 역사 논문은 기본적으로 스토리가 있어야 한다는 생각을 갖고 있다.

역사는 개별 사실들의 관계를 설명하고 연결 고리를 찾거나 해석하는 것이라는 말이나, 역사가는 매일 아침 받아 보는 신문을 자신의 눈으로 볼 수 있어야 한다는 말도 잊을 수가 없다. 어떤 과학자나 발명가, 음악가, 미술가도 자신이 발견하거나 발명한 또는 창작한 작품이 어떤 의미를 갖는지 정확히 알지 못하지만 역사가는 각각의 사실들을 설명하고 의미를 부여하면서 해석할 수 있어야 한다고도 하셨다. 현대를 살아가는 우리들이 수십 년이 흐른 뒤의 역사가들보다 이 시대의 역사를 더 잘 알고 있다는 생각은 착각이라고도 하셨다. 그런 점에서 역사가는 개별적인 사실들을 맥락 안에서 설명할 수 있는 통찰력을 필요로 하고, 현재 자신이 살고 있는 위치에서 비판적인 시각을 가져야 한다는 것이다.

역사교육과에 처음 입학했을 때 필수적으로 듣는 수업이 역사학개론인데, 그때 항상 인용되는 말이 E.H. 카의 책에 나오는 "역사란 과

거와 현재의 대화이며, 역사가와 과거 사실 사이의 끊임없는 상호작용이다"일 것이다. 하지만 그런 근사한 말을 되뇌면서도 구체적으로 그러한 시각과 방법론을 적용한 저작물은 찾기 어려웠다. 그런 점에서 『고양이 대학살』(문학과지성사, 1996)을 시작으로 연달아 번역 출간된 선생님의 책들은 그 후 내가 어떤 역사가가 될 것인가를 고민할 때면 항상 꺼내 보는 필독서가 되었다. 나는 비록 고대사를 연구하지만 언제나 내가 하고 있는 연구가 어떤 의미를 갖는지 성찰하고, 어떤 현재적 의미를 갖는지 고민하는 이유가 여기에 있다. 아마 이 영향 때문에 지금도 다른 연구자들과 다른 관점과 질문, 방법론을 모색해야 한다는 강박관념을 가지고 있는지도 모르겠다.

백제사 연구의
초석을 쌓다

대학 졸업이 가까워질수록 진로에 대한 걱정이 커졌다. 부모님은 하루빨리 취직하기를 바라셨지만 이제는 경제적으로 자립할 수 있다는 확신을 가졌기 때문에 한 치의 망설임도 없이 대학원 진학을 결정했다. 이제 더 이상 내가 하고 싶은 일을 미룰 수 없었다. 한국 고대사, 그중에서도 백제를 연구하고 싶다는 생각은 한 번도 바뀌지 않았다.

대학원에 진학하다

대학원 진학을 결정하고 나니 어느 대학원에 진학하는 것이 좋을지 고민되었다. 몇몇 선배들에게 조언을 구했더니 고대사를 공부하고 싶은데 정영호 교수님께 배우지 않을 것이라면 다른 학교 대학원으로 진학하는 게 좋겠다는 의견이 많았다.

여러 고민 끝에 한일관계사를 전공하신 김은숙 교수님을 찾아갔다. 선생님께서는 내 이야기를 들으시더니 곧바로 서울대 대학원에 가는 게 어떻겠냐고 추천해 주셨다. 내심으로는 만약 선생님께서 당신 밑에서 공부하라고 하시면 따를 마음도 없지 않았다. 다른 학교 대학원을 간다는 것이 너무도 막막했기 때문이다. 하지만 이미 주사위는 던져졌다. 면담 중에 선생님께서 나중에 지도 교수가 될 서울대 국사학과의 노태돈 선생님께 곧바로 전화를 걸어 내 이야기를 하셨다. 그 뒤 서울대로 가서 노태돈 선생님께 인사를 드리게 되었다. 학부 때 어떤 수업을 들었고 앞으로 어떤 분야를 공부하고 싶은지 물으셨고, 대학원 입학시험을 쳐야 하니 잘 준비하라며 격려해 주셨다.

그런데 막상 대학원 시험을 준비하려니 어떻게 준비해야 할지 막막했다. 학과 사무실에 가서 사정을 말하자 대학원 시험을 준비하는 본과 학생들 중 한 명을 소개시켜 주었다. 그때 소개받은 사람이 한국학중앙연구원에 있는 이강한 교수다. 지금도 그렇지만 그는 당시에도 매우 친절하고, 처음 만나는 사람에게도 호의적이었다. 그는 시험을 어떻게 준비하는 것이 좋은지 상세하게 알려 주었다. 당시 대학원 시험에 합격할 수 있었던 것은 전적으로 이강한 씨의 도움이 있었기 때문이다.

제대하고 한 학기 먼저 복학했던 터라 나는 8월 말에 소위 코스모스 졸업을 했다. 대학원 시험은 보통 10월 말에 치러지기 때문에 한 학기 정도를 온전하게 시험에 집중할 수 있었다. 서울에 방을 얻을 만한 경제적 여유가 없어 과천에서 교편을 잡고 있는 선배의 자취방에 빌붙어 살면서 시험 준비를 했다. 서울대 도서관 자유열람실에 자리를 잡고 하루 종일 시험공부에 매달렸다. 그때 처음으로 한국사 개설서를 통독하고, 서울대 국사학과에 계시는 선생님들의 주요 논문들을 찾아 읽었다.

당시 내 생활비는 하루에 5천 원밖에 들지 않았다. 학생 식당에서 한 끼에 천 원인 점심과 저녁을 먹고, 지하철 왕복 요금과 자판기 커피 값 정도를 썼다. 매일 같은 시간에 일어나 같은 지하철, 같은 칸에 앉았으며 도서관에서도 항상 같은 자리에 앉아 공부했다. 몸은 점점 더 수척해졌지만 정신은 맑아졌다. 그렇게 몇 개월을 수도승처럼 살았다. 밤늦게 지하철을 타고 돌아오면서 가끔씩 '지금 죽어도 여한이 없다'는 생각을 하곤 했다. 어차피 내가 꿈꾸는 인생이라는 것이 어떤 지위나 눈에 보이는 성과를 바라는 것이 아니고, 지금처럼 하나의 목표를 향해 부단히 노력하는 과정 자체에 있다는 것을 잘 알고 있었기 때문이다.

나는 시험을 준비하는 과정 자체에서 행복을 찾았고 그 때문인지 좋은 결과를 얻을 수 있었다. 그렇게 관악에서의 새로운 인생이 시작되었다. 오랜 시간이 흐른 지금 돌이켜 보면, 당시 김은숙 선생님의 적절한 조언이야말로 내가 백제사 연구를 이어 갈 수 있는 가장 중요한 계기가 되어 주었다. 대학원에 합격하고 나서 얼마의 시간이 흐른 뒤 선생님께 이와 비슷한 말씀드린 적이 있다. 내 이야기에 선생님께서는 좀 더 넓은 곳에 가서 큰일을 할 수 있을 거라고 믿었다며 오히려 후배들에게 교사 말고 다양한 진로가 있다는 걸 보여 주어서 고맙다고 말씀하셨다. 선생님께서는 내가 생각했던 것 이상으로 나를 생각하고 계셨다는 사실을 가슴 절절하게 느낄 수 있었다. 그런 좋은 선생님께 배웠다는 것을 지금도 자랑스럽게 생각하며, 나도 누군가에게 그런 꿈과 희망을 주는 조언을 해 주려고 노력하고 있다.

연구사를 정리하면서 깨달은 것들

마침내 대학원 생활이 시작되었다. 인문관 14동 408호에 자리한 대학원생 연구실에서 박사과정을 마쳤거나 석사과정에 다니고 있는 여남은 명이 함께 생활했다. 고대사를 전공하는 사람도 있었지만 조선시대나 근현대사를 전공하는 사람도 섞여 있었다.

그해 연말에는 IMF 외환위기까지 겹쳐서 그런지 더 많은 선배들이 대학원 연구실로 돌아왔다. 짐작건대 갑작스런 경제 위기 속에서 일자리를 잃게 되자 미뤄 두었던 박사 학위논문을 쓰기 위해 절박한 심정으로 대학원을 다시 찾았던 것 같다. 당시 대학원 분위기는 암담한 현실과 달리 오히려 많은 사람들로 활력이 넘쳤다.

입학 초기에 내가 백제사를 전공하겠다고 말하면 선배들은 출생지가 어딘가를 묻고는 그냥 웃는 경우가 많았다. 나보다 먼저 대학원에 들어온 서너 명의 전라도 출신 학생들도 처음엔 백제를 전공하려고 했지만, 결국 다른 전공을 선택했기 때문이다. 고구려나 신라에 비해 사료가 부족한 백제는 그만큼 넘기 힘든 벽처럼 느껴졌다. 이제 단순히 내가 원하는 역사 공부만 할 수 없었고, 나만의 백제 연구를 위해 무엇을 해야 할지 고민해야 했다.

그래서 시작한 것이 연구사 정리였다. 기존에 어떤 연구가 있었고, 선행 연구의 성과와 문제점이 무엇인지를 파악하는 것이 모든 연구의 시작이다. 그러나 내가 시도한 연구사 정리는 내가 쓸 학위논문의 주제와 직접 관련된 것은 아니었다. 서울대 국사학과 고대사 연구 팀의 선배들이 어떤 주제를 선정하고, 어떤 방법론을 활용해서 논증했는지를 이해하고 초기 논문들이 나중에 어떻게 확장되어 가는지를 파악하는 것이 목표였다. 논문을 열심히 공부한 뒤에 그것을 쓴 선배들과 직접 만나 대화를 나눴을 때 논문을 훨씬 더 잘 이해하게 된 것은 두말할 나위가 없다.

이 작업은 좋은 말로 하면 서울대 고대사 연구의 학풍을 파악하기 위한 것이었고, 다른 말로 하면 타 학교 출신이 그 속에서 살아남기 위한 몸부림 같은 것이었다. 연구사를 정리하면서 몇 가지 느낀 것이 있다. 먼저 『삼국사기』 등 문헌 사료를 고증하는 논문보다는 새롭게 발굴된 고고학 자료를 적극적으로 활용하여 기존의 연구를 보완하려는 경향이 두드러졌다. 문헌에 근거한 고대사 연구를 바탕에 깔고 고고학 자료를 보조 자료로 활용하는 연구 방법을 '역사고고학'이라고 부르는데 80년대 선배들의 석사 논문은 역사고고학적 방법론을 활용한 경우가 대부분이었다. 그리고 그러한 석사 논문의 주제가 확대·보완되어 박사 학위논문으로 이어지는 경우도 많았다. 데뷔작이라 할 수 있는 석사 논문의 중요성을 새삼스럽게 깨달을 수 있었다.

다음으로 전공하는 시기를 살펴보니 고조선이나 낙랑부터 삼한,

고구려, 백제, 신라, 통일신라 등 서울대 팀만으로도 고대사 개설서를 쓸 수 있을 정도로 고르게 분산되어 있었다. 백제사는 두 명밖에 없었지만 신라사의 경우는 시기나 주제가 세분되어 여러 명의 전공자가 있었다. 80년대 선배들의 경우 한국역사연구회가 설립될 때부터 함께 토론하고 연구하는 분위기에 익숙해 있었고, 이미 학부 시절부터 수십 년을 동고동락했기 때문에 전공을 선택할 때도 자연스럽게 갈래가 나뉜 것이 아닐까 짐작해 보았다.

끝으로 어떤 문제의식으로 그런 논문들을 작성했을까를 생각해 보았다. 선배들 대부분이 1980년대 초반에 대학을 다녔고, 민중사학을 표방하는 한국역사연구회의 핵심 멤버였기 때문에 유물사관에 대한 이해가 바탕에 깔려 있었으나 그런 문제의식이 논문에 직접적으로 드러나지는 않았다. 그리고 대다수가 '고대국가 형성사'에 큰 관심을 가지고 있었다. 한국사에서 국가의 형성을 어떻게 개념 규정하고, 뭐라고 부를 것인지는 이미 오래전부터 논쟁이 되어 왔던 주제다. 하지만 토기나 철기, 고분이나 성곽 등에 관한 고고학 자료가 증가하면서 이를 기존의 논의들과 어떻게 조합시켜 설명할 것인지가 새로운 문제로 떠올랐다. 이러한 문제의식은 서울대 고대사 팀만의 문제가 아닌 한국 고대사학계와 고고학계 전체의 핵심적인 주제이기도 했다.

그다지 재미없는 연구사 정리를 하는 과정에서 학문적인 성과 외에 개인적인 깨달음도 얻었다. 바로 내 연구를 객관적으로 보려는 버릇이 생긴 것이다. 나는 지금도 논문을 작성할 때면 항상 내 논문이 연구사적으로 어떤 의미가 있는지, 기존 연구와 어떤 차별성을 갖는지 성찰한다. 끝없이 자신의 위치를 객관화시키는 노력이야말로 역사 논문의 현재적 의미를 찾아가는 첫걸음이라고 할 수 있고, 역사가라면 반드시 필요한 덕목이라 할 것이다.

이것과 별개로 내가 가장 절실하게 느낀 것은 선배들이 주도하는 역사고고학 방법론을 활용한 국가 형성사 연구에서 내가 끼어들 여지가 거의 없다는 점이었다. 물론 자료 부족으로 인한 논리 비약이나 겉으로 드러나지 않지만 민족주의적인 경향이 짙게 배어 있다는 한계 같은 것을 눈치채지 못한 것은 아니다. 그러나 문헌 자료와 금석문金石文에 대한 깊이 있는 이해, 고고학적·인류학적 방법론에 대한 고민, 새로운 자료에 대한 놀랄만한 정보력 등에서 십여 년이 넘는 연구 경력을 가진 선배들을 넘어서기는 어려워 보였다. 더구나 그때는 아직 서울 풍납토성 출토품에 관한 정보가 거의 공개되지 않았기 때문에 다른 가능성을 열어 줄 새로운 자료의 발견도 기대하기 어려운 형편이었다.

박물관 학예사 시험 준비

어찌 되었든 대학원 2년 동안 정말 열심히 살았다. 대학원에서도 기숙사에 살았는데 매일 아침 6시에 나와서 밤 11시에 들어갔다. 새벽같이 나와서 가장 먼저 연구실 문을 열고 들어가는 기분은 오직 그 일을 해 본 사람만이 안다.

지도 교수였던 노태돈 선생님께서는 학생들을 지도할 때 특정 주제나 시대를 지정해 주기보다는 스스로 자신의 전공을 선택하도록 기다리시는 스타일이었다. 덕분에 대학원 전공 수업 외에 학부 강의도

청강하고, 한국 고대사뿐 아니라 중국사와 일본사 수업도 함께 늘었다. 또 고고학이나 미술사 같은 인접 학문에도 관심을 가져야 한다고 강조하셨기 때문에 다양한 분야의 전공 수업을 조금이나마 맛볼 수 있었다.

박사 논문을 준비할 때는 이미 전공이 어느 정도 정해지기 때문에 여러 분야를 살펴보는 데 한계가 있다. 따라서 석사과정을 다닐 때 가능한 한 폭넓게 공부할 필요가 있다. 당시 틈틈이 들었던 고려·조선시대나 동양사, 고고학, 미술사 수업들은 모두 나중에 큰 도움이 되었다.

차츰 대학원 생활에 익숙해질수록 학위논문에 대한 고민이 깊어졌다. 대학원 석사과정을 수료하는 4학기 안에 학위논문까지 쓸 거라고는 애당초 기대하지 않았다. 그러나 시골의 부모님은 4학기만 마치면 저절로 졸업을 하고, 서울대를 졸업했으니 당연히 좋은 직장에 취직할 것으로 기대하셨다.

처음 대학원에 입학했을 때와 마찬가지로 백제사 논문을 쓰겠다는 것 말고는 아무것도 정해진 것이 없었으니 마음은 점점 더 초조해졌다. 그런데 대학원에서 세 번째 학기가 끝나 갈 무렵, 중앙박물관에서 학예연구사를 뽑는다는 소식이 들려왔다.

당시 중앙박물관에는 국사학과에서 공부한 몇 명의 선배들이 근무하고 있었다. 그중 고고부에서 일하던, 지금은 국민대로 자리를 옮긴 김재홍 선생이 나에게 대학원을 졸업하고 나서 특별히 갈 데가 없으면 박물관 시험을 쳐 보는 게 어떠냐는 제안을 했다. 사실 김재홍 선생은 내가 어렵게 대학원에 다니는 것을 알고 일부러 박물관 아르바이트를 소개해 준 적이 있었다. 창원 다호리유적에서 나온 수천 점에 달하는 토기를 세척하는 작업이었는데, 그때 처음 중앙박물관과 인연을 맺었다. 그 인연으로 지금도 김재홍 선생은 내 인생의 가장 중요한 멘토가 되었다.

처음 제안을 들었을 때는 고고학으로 전공 시험을 쳐야 한다는 것 때문에 자신이 없어서 약간 망설였다. 하지만 어차피 석사 논문을 쓰거나 나중에 시간강사를 하더라도 고고학을 피해 갈 수 없으니 이참에 공부를 해 두자는 생각으로 시험공부를 하게 되었다.

중앙박물관은 채용 시험이 있을 것이라는 소문이 퍼지고 나서 최소 두세 달이 지나야 필기시험을 보게 된다. 당시에는 여름방학이 시작되기 전에 그런 소문이 돌았는데 실제 시험은 9월 중순에야 치러졌다. 그해 여름방학은 도서관에 틀어박혀 처음으로 한국 고고학 전체를 공부했다. 김원용 선생의 『한국고고학 개설』과 이선복 교수의 『고고학 개론』을 거의 외우다시피 했고, 부족한 부분은 박물관에서 간행한 특별전 도록이나 학술 논문을 찾아 보충했다. 시험에 떨어지더라도 나중에 고고학 강의를 하는 데 조금이나마 도움이 될 수 있도록 철저하게 준비했고, 관심이 가는 주제나 논쟁이 되는 자료들은 그것과 관련된 주요 논문들을 직접 찾아 읽으면서 정리했다.

당시 학예사 시험은 전공을 포함해서 네 과목으로 이루어졌다. 고고학 전공 시험이 특별히 어렵게 출제되어 합격을 낙관할 수 없었다. 하지만 나는 최선을 다해 시험을 준비했기 때문에 이상하리 만치 아무 여한이 없었다. 다만 대학원의 많은 사람들이 등 뒤에서 시험 결과를 지켜보고 있는 것 같은 부담감은 있었다.

국사학과 대학원에서는 나를 포함해서 세 사람이 시험에 응시했는데 최종적으로 나만 합격을 했다. 나중에 들어 보니 필기시험의 경우 전공 점수만으로 당락을 결정한 것이 아니라 다른 세 과목 점수를 모두 합쳐서 순위를 매겼다고 한다. 나는 전공 시험은 망쳤지만 동양사와 서양사가 중심이 된 문화사에서 거의 만점을 받았다고 한다. 역사교육과를 다니면서 동서양사를 열심히 공부한 덕을 본 것 같다.

사족을 붙이자면 인생만사 새옹지마塞翁之馬라고 그때 시험에 떨어진 두 사람은 나중에 대학교수로 자리를 잡았다. 그래서 나는 지금도 후배들이 박물관 시험에 떨어지면 오히려 더 빨리 교수가 될 수 있을 것이라고 위로해 주곤 한다.

1998년 말 중앙박물관 입사로 인해 약 2년간의 대학원 생활에 종지부를 찍게 되었다. 평생 백제사를 연구하겠다는 청운의 꿈을 품고 대학원에 들어갔지만 아무런 밑그림도 그리지 못한 채 사회로 내던져졌다. 과연 내가 새로운 환경에서 공부의 끈을 놓지 않고 계속해서 이어 갈 수 있을지 장담할 수 없었다. 그러나 이제 와 돌이켜 보면 박물관에서의 생활은 나에게 엄청나게 많은 자극과 기회를 주었고, 그때까지는 상상도 할 수 없는 새로운 세계로 나를 이끌어 갔다.

제2장

기와 파편 하나가 가진
의미를 깨닫다

● 유리 구슬과 금속공예품 ●

백제 문화를 대표할 만한 전시품은 무엇일까? 금동대향로나 금동관, 연화문수막새도 좋지만 미륵사지 석탑에
서 나온 유리 제품들도 백제의 문화유산이 가진 아름다움을 잘 보여 준다. 미륵사지 석탑에서 발견된 사리용기
는 세 겹으로 만들어졌는데 바깥쪽에서부터 금동–금–유리 순서로 만들었다. 금보다 유리를 더 귀하게 여겼던
백제 사람들은 불교에서 가장 신성시하는 사리를 당시 가장 고귀하게 여겼던 유리병에 담은 것이다. 녹색이나
하늘색, 감색 등 유리구슬이 품고 있는 영롱한 색깔이야말로 가장 백제적인 빛깔이 아닐까. (익산 미륵사지 출토)

국립박물관 큐레이터로서
첫걸음

1998년 12월 첫째 날, 중앙박물관 고고부 학예연구사로 발령을
받았다. 나를 포함해 세 명이 함께 입사를 했는데 다른 두 사람은 미술
사 전공자였다. 우리가 처음으로 인사를 드린 날, 이건무 학예연구실장
(전 중앙박물관장)께서는 여러분은 새로 오픈하는 용산 새 중앙박물관
에서 중추적인 역할을 할 사람들이니 앞으로 부지런히 일하고 연구해
주길 바란다는 말씀을 해 주셨다. 그 말씀이 오랫동안 잊히지 않았다.
2005년 용산의 새 박물관이 개관할 때까지 항상 그 말씀을 마음에 새
기며 사명감을 가지고 업무에 임했다.

박물관 고고부에서의 신입 생활

박물관에 입사해서 가장 먼저 배운 일은 문서를 기안하고, 청구서를 작성하는 등의 행정 서류를 다루는 법이었다. 나는 당시 한영희 고고부장의 배려로 입사하자마자 중앙공무원교육원에 들어가서 다른 공무원들과 함께 문서 작성법 등 기초적인 행정 실무 교육을 받을 수 있었다. 2주간의 짧은 시간이었지만 행정 처리를 하다가 잘 모르거나 문의할 일이 생기면 어떻게 해야 하는지를 배운 값진 시간이었다. 교육 덕분에 나는 고고부에서 가장 서류를 잘 다루는 학예사가 되었다.

중앙박물관의 학예연구사는 국가공무원법에 따라 '연구직' 공무원에 해당하기 때문에 기본적으로 공무원 신분이고, 그래서 행정직 공무원들이 수행하는 업무를 능숙하게 처리할 수 있어야 한다. 하지만 그런 행정 업무는 학예사가 하는 일이 아니라고 생각해 기피하는 경우가 많다. 이는 잘못이다. 어차피 해야 할 일이라면 가능한 한 신속하게 처리하는 것이 남는 시간을 다른 일에 활용할 수 있는 비결이다. 내가 박물관에서 다른 사람들보다 더 효율적으로 시간을 관리할 수 있었던 것은 전적으로 이때의 경험 때문이라고 믿고 있다.

한 해가 저물어 가는 12월에 임명되었기 때문에 처음 한동안은 거의 할 일이 없었다. 공무원 사회는 회계연도 마지막 달인 12월과 신년인 1월에 예산 문제 등으로 인해 약간의 여유가 있다. 그래서 유물관리부 수장고에 가서 하루 종일 유물을 포장하는 것을 돕거나 상설전시실의 진열장을 점검하는 등 학예실에서 일어나는 소소한 일들을 보조하면서 시간을 보냈다. 그러다가 사무실 앞 큰 창고가 매우 어지럽혀져 있는 것을 알게 되었다. 고고부에서는 1년에 한 번씩 발굴 조사를 다녀왔는데 그때 사용한 발굴 장비나 유물, 도면 등이 정리되지 않은 채 뒹굴고 있었다. 나는 연말이기도 해서 큰맘 먹고 창고 정리를 시작했다. 먼지만 실컷 마시고 그다지 티도 나지 않는 일이었다.

하지만 그 일의 효과는 예상외로 컸다. 먼저 같은 방의 고참들이 의심의 눈초리를 거두고 따뜻한 눈으로 봐주기 시작했다. 당시까지 고고부는 국립박물관뿐만 아니라 한국 고고학계 전체를 이끌어 간다는 자부심이 강했는데, 발굴 경험이 전무한 내가 후임으로 들어온 것에 대해 못마땅해하는 분위기가 없지 않았다. 그런데 이 일을 계기로 발굴 현장 경험은 없어도 몸으로 뛸 줄 아니 조금이나마 봐줄만 하다고 여기는 것 같았다.

이보다 더 중요한 것은 어떤 물건을 찾아야 할 때 반드시 나를 필요로 하게 된 것이다. 창고를 정리하면서 물건들을 새로운 자리로 옮겨 버렸으니 나를 찾을 수밖에 없었던 것이다. 아무리 작은 곳이라도 자신의 존재 가치나 필요성을 인정받는 일은 중요하다. 의도하지 않았지만 이 일로 나는 급속하게 고고부의 일원이 되어 갔다.

백제 특별전을 맡다

새해가 밝았다. 한 해 동안 해야 할 일을 정하고 업무를 분장하는 순간이 왔다. 나는 고고부의 막내였기 때문에 다른 사람들이 선택하지 않고 남은 일이나 부장님이 정해 주시는 일을 따라야 하는 처지였다.

그렇게 맡게 된 것이 서무 업무와 백제 특별전이었다. 서무는 전통적으로 막내가 맡았기 때문에 그렇다 하더라도 막내인 나에게 특별전을 맡긴 것은 약간 의외였다. 고고부에서는 보통 처음에는 서무를 하다가 발굴이나 보고서 작성을 맡고, 3~4년차가 되어서야 특별전을 담당했기 때문이다.

알고 보니 내가 입사하기 전부터 그해 특별전으로 '백제 특별전'이 예정되어 있었는데 마침 내가 백제를 전공한다고 하니 다른 선배와 짝을 이뤄 전시 준비를 시킨 것이었다. 그때 전시를 함께 준비한 선배가 나에게 박물관 일을 처음 가르쳐 준, 지금은 용인대로 자리를 옮긴 김길식 선생이다. 김길식 선생은 입사 10년 차의 베테랑 학예사였다. 고고학에 대한 해박한 지식은 물론 다양한 전시 경험과 센스는 그 후에도 따라갈 사람이 없다고 느낄 정도였다. 특히 성격이 좋아서 관내의 학예직은 물론 행정직들과도 잘 어울렸고 외부 기관에도 넓은 인맥을 가지고 있었다. 공교롭게도 내가 임명장을 받은 날 진주박물관에서 고고부로 자리를 옮긴 터라 나를 동생처럼 챙겨 주었다. 김길식 선생이 있었기 때문에 박물관 일을 제대로 배울 수 있었고 성공적인 특별전을 경험할 수 있었으며 그로 인해 박물관 생활 전체가 달라졌다.

특별전의 개막식은 9월 말로 정해졌다. 전체 일정표를 만드는 것으로 업무가 시작되었다. 유물을 선정하고 대여 교섭을 해서 전시품을 확정한 다음, 여기저기 흩어져 있는 유물들을 한데 모아 사진 촬영을 하고, 도록을 편집한 다음 홍보물을 만드는 대부분의 일이 개막식이 열리기 한 달 전에 마무리되어야 하는 빠듯한 일정이었다.

내가 처음 시작한 일은 그때까지 나온 도록과 발굴보고서에서 전시 가능한 유물을 선별하고, 새로 발굴된 자료 중에서 전시할 만한 유물들이 있나 살펴보는 일이었다. 가장 많은 시간이 필요한 일이었던 만큼 돌이켜 보면 가장 의미 있는 일이었다. 특별전이 흔히 말하는 일회성 전시로 끝나지 않기 위해서는 탄탄한 자료 조사가 뒷받침되고 그것이 새로운 글쓰기로 이어져야 하는데, 이 작업이 바로 그 기초 자료가 되기 때문이다.

아울러 전시 도록을 만들기 위한 원고 작성도 병행했다. 이번 특별전은 백제가 고대국가를 형성하기 이전부터 멸망하기까지 고고학과 미술사 관련 자료를 모두 망라하고 있어서 고고부 이외의 다른 부서 사람들에게도 원고를 의뢰했다. 그러고 나서 취합된 원고를 김길식 선생과 내가 형식에 맞게 뜯어고쳤다. 그래서 그때까지 나온 중요한 논문이나 새로운 연구 성과가 무엇인지를 하나하나 검토하지 않을 수 없었다. 덕분에 나는 백제 관련 고고학 논문들을 섭렵할 수 있었다.

그러나 하루 종일 부서의 잡다한 업무에 쫓기다 보면 공부할 시간이 거의 없었다. 논문을 읽고 정리하는 일은 저녁 시간에나 가능했는데 나는 그것을 한 번도 '야근'이라고 생각하지 않았다. 야근이라고 하면 마치 숙제하듯 일하는 것처럼 느껴졌기 때문이다. 내가 밤늦게까지 남아 있었던 것은 부족한 공부를 하기 위한 것으로 기꺼이, 또 자발적으로 한 것이다. 연구직의 경우 행정 업무뿐 아니라 조사와 연구도 중요한 업무의 하나로 규정되어 있기 때문에 업무 시간에도 당연히 연구 논문을 찾아 읽을 수 있을 거라고 생각하지만 다른 일에 쫓기다 보면 도저히 그렇게 할 수가 없었다.

매일 논문을 찾아 읽고, 특별전에 대해 고민하다가 밤늦게 퇴근했다. 당시 나는 연신내의 작은 옥탑방에서 혼자 살고 있었는데, 김길식 선생도 100미터가 안 되는 가까운 곳에 살고 있었다. 그래서 특별한 일이 없으면 함께 지하철을 타고 퇴근하며 그날 읽은 논문이나 전시에 관해 이야기를 나누는 경우가 많았다. 이야기는 쉽게 끝나지 않았고 맥주 딱 한잔만 하고 들어가자는 유혹에 못 이겨 호프집에 들어가 밤 늦도록 수다를 떨었다.

그러면서 틈틈이 전시실을 어떻게 구성하고, 채워 나갈지를 토론했다. 아직 구체적인 전시품이 확정되지는 않았지만, 백제는 도읍의 변천에 따라 문화 양상이 크게 구분되기 때문에 시기별, 지역별, 주제별로 대략적인 평면도와 동선 체계를 잡을 수 있었다. 그전에는 상상도할 수 없었던 전혀 새로운 경험으로 아주 즐거운 시간이었다.

유물을 직접 확인하는 것은 왜 중요한가

특별전을 준비할 때 가장 행복한 순간은 도록이나 보고서에서만 보던 자료를 직접 확인하기 위해 해당 박물관을 조사하는 일이다. 백제전의 경우 차용하고 싶은 유물의 상태를 확인하고, 대여 가능 여부를 교섭하기 위해 거의 20일 동안 전국 각지를 돌아다녔다. 당시 고고부의 예산이나 인력을 고려했을 때 매우 파격적인 지원이었다. 서울·경기 지역에 있는 대학박물관과 공사립박물관에서 시작해서 충청도와 전라도의 박물관 대부분을 실사했다. 그전까지 도록이나 도면만 보고 공부했던 나에게 엄청난 충격을 준 시간이었다.

대학박물관이나 발굴 현장에서 직접 살펴본 유물들은 처음 생각했던 것과 딴판인 경우도 있었다. 서울 석촌동고분이나 천안 용원리고분에서 나온 귀걸이는 생각보다 너무 작아서 과연 전시 효과가 있을까라는 생각도 들었고, 나주 복암리에서 나온 금제 장식은 너무 얇아서 콧바람에도 날아갈 것 같았다. 설명을 듣지 않고서는 어떤 유물의 파편인지 분간할 수 없는 유물도 많았다. 그런데 함께 동행한 김길식 선생은 거의 모든 유물에 대해 이것은 어떤 성격의 유물이고, 시기는 언제이며, 지금까지 어떤 연구가 있어 왔고 왜 그 유물을 반드시 차용해야 하는지 등을 끝없이 설명해 주었다. 실제 유물을 만지고 다뤄 보는 것이 얼마나 중요한지를 처음으로 실감할 수 있었고, 어렴풋하게나마 내가 앞으로 어떤 방향으로 공부해야 할지 그려 볼 수 있었다.

　　그 과정에서 가장 기억에 남는 유물 한 점이 부여 능산리사지에서 나온 높이 155센티미터에 달하는 커다란 토제품土製品이다. 이 유물은 부여박물관 상설전시실 한 귀퉁이에 전시되어 있었는데, 금동대향로가 발견될 때 함께 발견되었다고 했다. 그 형태를 보면 아래쪽은 커다란 원통 모양이고, 위쪽은 뚜껑처럼 생긴 토제품을 결합시켰다. 가장 상단에는 보주형寶珠形 꼭지가 있고, 뚜껑의 몸통에는 창이 뚫려 있다. 부여박물관에서는 이것을 석등 같은 것으로 생각했는지 안쪽에 조명을 설치해서 빛이 밖으로 나오도록 전시하고 있었다. 관계자에게 용도가 무엇이냐고 물어보았더니 그냥 예뻐서 그렇게 전시해 보았고 정확한 용도를 몰라 이형토제품異形土製品이라고 부른다고 했다. 크기도 크고 형태도 특이해서 전시실 입구 같은 데 전시하면 좋겠다는 생각을 하고 차용할 리스트에 올려놓았다.

능산리사지 토제품 능산리사지 토제품과 원광대박물관의 조선시대 옹기로 만든 연가·연통(옆면)이 똑같은 모
양이라는 것을 알고 나서 비로소 이 유물의 용도를 알게 되었다. 그 후 백제의 연통 토기가 부여와 익산에서 다
수 출토된 것을 알게 되었고, 연원이 고구려에 있다는 것도 밝혀지게 되었다.

다음 날 방문한 곳은 익산에 있는 원광대박물관이었다. 아침 9시에 만날 약속을 했는데 약간 일찍 도착해서 1층 로비를 둘러보았다. 당시에 원광대박물관 로비는 조선시대의 옹기들을 모아 놓고 장독대 같은 것을 연출해 두었다. 그런데 어제 본 특이한 형태의 토제품과 똑같은 모양을 한 옹기가 그곳에 있는 게 아닌가! 그 아래에는 '연통煙筒'이라는 설명이 붙어 있었다. 연통은 다른 말로 하면 굴뚝이다. 능산리사지에서 나온 특이한 모양의 토제품은 아궁이에서 불을 땔 때 연기를 바깥으로 빼기 위해 설치한 굴뚝이고, 굴뚝 끝에 얹은 보주 모양의 뚜껑은 연가煙家라고 해서 굴뚝을 장식하는 토제품이었다. 그래서 전시도록에는 이 유물에 대해 처음으로 '연통 토기'라는 이름을 붙일 수 있었다. 조선시대 옹기를 보고 우연하게 백제 유물의 용도까지 알게 된 흥미로운 발견이었다.

원광대박물관의 조선시대 옹기로 만든 연가·연통 전시 모습

그 밖에도 유물 실사 과정은 보고서와 도록을 얻을 수 있는 절호의 기회였다. 공부하는 사람치고 책 욕심 없는 사람은 없을 것이다. 이미 오래전에 발간되어 구하기조차 어려운 중요한 보고서들을 전시를 위한 참고용 도서라는 명분으로 구할 수 있었다. 또 그 과정에서 지역의 주요 고고학자들과 인사를 나눌 기회가 생겼다. 당시 인사를 드렸던 선생님께는 지금까지도 물심양면으로 많은 도움을 받고 있다.

특별전 유물 실사 과정에서 많은 것을 새롭게 알게 되었다. 당시 조사한 많은 자료 중에서 극히 일부만 전시할 수 있었지만 발굴보고서에 수록되지 않았거나 아직 보고서가 간행되지 않은 자료까지 직접 확인한 것은 그 후 나의 연구에 큰 도움을 주었다. 특히 어떻게 유물을 관찰하고, 어떻게 전시품을 선정하며 교섭하는지를 직접 체험한 것은 이제 막 박물관 생활을 시작한 나에게 무엇과도 바꿀 수 없는 값진 경험이 되었다.

박물관 특별전의 준비 과정

개막일이 가까워지자 본격적으로 바빠졌다. 먼저 약 30군데에 달하는 대여 기관에서 전시에 출품할 유물들을 모으기 시작했다. 유물을 포장해서 운송하는 작업은 생각보다 시간이 오래 걸리고, 육체적으로도 힘든 일이다. 빌려주는 사람과 빌려 가는 사람 양측이 함께 유물의 상태를 확인하고 중성지나 솜포, 오동나무 상자 등을 이용해서 포장한다. 지금은 유물을 전문적으로 운송해 주는 전문 업체의 도움을 받는 경우가 많지만, 당시에는 모든 유물을 학예사가 직접 포장했다. 보물급 유물도 많아 신경을 곤두세워야 했고, 부피가 크거나 무거운 유물은 하루 종일 포장하는 데 매달렸다. 학예사라는 직업이 외부에서 보는 것과 달리 잦은 출장과 육체노동이 많은 블루칼라에 가깝다는 것을 처음으로 실감했다. 손재주가 없는 나로서는 매우 힘든 일이었지만 유물을 직접 만질 수 있다는 즐거움에 항상 출장을 따라다녔다.

전시할 유물들이 모아지자 곧바로 사진 촬영에 돌입했다. 특별전 도록에 들어가는 사진은 보통 외부의 전문 사진작가에게 의뢰한다. 백제전 사진 촬영은 문화재 전문 사진작가인 고故 한석홍 선생과 하게 되었는데, 그때 조수로 함께 온 사람이 현재 가장 활발하게 문화재 사진을 찍고 있는 K-art 스튜디오의 김광섭 작가였다. 한석홍 선생은 중앙박물관 수장고를 수십 년 동안 드나들면서 여러 종류의 소장품을 앵글에 담은 베테랑 중의 베테랑이었다. 아무리 일정이 촉박하다고 해도 하루에 열 컷 이상 무리해서 찍지 않았다. 소중한 문화유산이기 때문에 혹시라도 있을 수 있는 실수를 미연에 방지하기 위해서라고 했다. 내가 촬영 대상 유물을 꺼내면 선생이 적절한 구도와 앵글을 잡아 사진을 찍었는데 아직 디지털카메라가 등장하지 않은 때여서 원판필름과 슬라이드를 함께 찍었다.

유물 사진을 찍는 작업은 생각보다 많은 내공이 필요한 작업이었다. 유물의 용도나 원래의 형태, 보여 주고자 하는 의도를 모르면 좋

유물 포장 작업 여러 종류의 유물을 직접 포장하면서 비로소 박물관에 입사한 것을 실감했다.

은 사진을 얻을 수 없다. 나는 그런 작업을 처음 했기 때문에 상하좌우를 혼동하여 다시 찍기도 하고, 여러 점을 모아 놓고 찍을 때 엉뚱한 것들을 함께 놓고 찍어서 비싼 필름을 버리는 경우도 있었다. 그중 잊을 수 없는 것이 청주 신봉동고분에서 출토된 투구를 찍을 때였다. 길이 10센티미터 정도의 철기 파편이 30개 정도가 있었는데 어떤 형태의 유물인지 몰라서 아무렇게나 배열해서 사진을 찍고 있었다. 하필 그때 평소 촬영장에 오시지 않던 고고부장님이 나타나셨다. 스스로도 무언가 잘못됐다고 느끼고 있었는데 아니나 다를까 호되게 야단을 맞았다. 동행한 김길식 선생이 퍼즐 맞추듯 이리저리 재배열을 하니 금세 투구 모양이 잡혔다. 내가 유물에 대해 얼마나 무지한지 절감했고, 한없이 부끄러워졌던 것을 지금도 잊을 수가 없다.

사진 촬영이 끝나자 출판사에서 본격적인 편집 작업을 시작했다. 원고는 어느 정도 완성되어 있었지만 문제는 사진을 배열하는 편집 순서와 캡션이었다. 여러 차례 회의를 통해 전시실을 어떻게 구성하고, 소주제를 어떻게 연결할지는 합의했지만 구체적으로 어떤 유물을 어떤 순서로 배열할지에 대해서는 전혀 논의되지 않았다. 또 도록을 만들기 위해서는 내용 글만으로는 부족하고, 유물 명칭이나 크기 등 캡션에 대한 정보가 필요했는데 이를 전혀 준비하지 못한 채 작업에 들어갔다.

처음 특별전을 준비하고 도록을 만들 때 생길 수 있는 당연한 실수였다. 하지만 그 대가는 너무도 혹독했다. 개막식 때 반드시 도록이 출판되어야 했기 때문에 책을 인쇄하고 제본하는 데 필요한 일주일 이전에 모든 편집 작업을 끝내야 했다. 부족한 시간을 만회하는 방법은 밤을 새워 작업하는 수밖에 없었다. 결국 집에 들어가지도 못한 채 밤샘 작업을 하게 되었다. 백제전 전시 도록은 다른 책에 비해 서너 배나 많은 사진이 수록되었기 때문에 편집과 교정에 상당한 시간이 필요했다. 그 때문에 고3때도 하지 않았던 밤샘 작업을 난생 처음 하게 되었다.

고된 작업이 끝나고 연신내의 옥탑방으로 가기 위해 지하철을 탔을 때였다. 주변에 서 있던 승객들이 코를 막거나 피하는 것이 느껴졌다. 한여름이었는데 일주일 동안 제대로 씻지도 못하고 옷도 갈아입지 않았으니……. 그때는 정말 창피했지만 나중에 생각해 보면 그런 땀과 노력이 있었기 때문에 조금이나마 성장할 수 있었던 것 같다. 그 후 전시 도록을 받아 볼때면 단순하게 원고만 읽는 것이 아니라 유물의 배치나 사진의 품질, 사진과 캡션의 디자인, 종이의 재질이나 제본 기술 등을 분석하는 버릇이 생겼다. 첫 밤샘 작업이 남겨 준 유산일 것이다.

개막 일주일 전에는 전시실 진열장 안에 들어가 유물 하나하나를 배열하고 조명을 맞추는 일에 매달려야 했고, 한편에서는 개막식과 홍보물을 준비해야 했다. 혼자서는 할 수 없는 팀워크를 필요로 하는 일이다. 한영희 고고부장의 탁월한 리더십 덕분에 모든 일을 매끄럽게 처리할 수 있었다.

마침내 1999년 9월 20일 오후 4시, 역사적인 개막식이 열렸다. 개막식 때 나는 어디에 있었을까? 아무리 생각하려 해도 도무지 기억이 나질 않는다. 아마 여러 손님들 사이에 끼어 있거나 개막식 행사 진행을 위해 전시실 안에 미리 들어가 있었을 것이다. 지금은 중앙박물관에서 특별전을 하면, 개막식 때 전시를 준비한 큐레이터를 소개하는

특별전 백제 도록의 표지 직접 기획하고 추진한 첫 번째 특별전이라 더욱 애착이 가는 백제전 도록. 지금도 시중에서 판매되고 있다. 당시 백제 특별전 개막 행사에는 김종필 전 국무총리도 참석했는데 국무총리가 박물관 개막식에 참석한 것은 매우 이례적인 일로, 아무래도 그가 충남 부여 출신이라는 점이 크게 작용했던 것 같다.

코너가 별도로 마련되어 있다. 특별전은 결코 한두 사람의 힘으로 완성되는 것이 아니기 때문에 관장이나 부서장뿐 아니라 실무를 담당한 연구사까지 함께 소개하는 것이 바람직한 일이다. 하지만 당시에는 아쉽게도 아직 그런 풍토가 만들어지지 않았다. 나는 그저 무사히 전시가 개막했다는 것에 안도했다.

박물관맨으로서의 정체성

당시 백제 특별전은 공주와 부여의 백제 유물뿐 아니라 서울과 경기도, 충청도, 전라도 등지에서 새로 발굴한 유물 700여 점을 망라한 대형 전시였다. 거기에 더하여 일본 도쿄국립박물관이 소장한 백제 관련 유물 50여 점이 함께 출품되었다. 해방 이후 처음으로 백제사 전체를 조명한 특별전이라는 점에서 백제사 연구에서 중요한 이정표가 되었다. 일반 관람객뿐 아니라 전문가들의 호응도 대단해서 개막 후 한 달 만에 도록이 절판되었다. 중앙박물관에서 특별전 중간에 도록의 재판을 찍은 것은 그때가 처음이었다.

처음으로 특별전을 준비했는데 좋은 평가를 받게 되니 즐겁지 않을 수 없었다. 그러나 화려한 파티가 끝난 후에는 진지하게 나의 위치를 돌아보게 되었다. 이 특별전이 나에게 어떤 의미가 있고, 나는 무엇을 배웠는지 반성해 보았다. 지도 교수였던 노태돈 선생님의 질문 덕분이었다.

전시회가 끝나갈 무렵 노태돈 선생님과 대학원 선후배들이 특별전을 보러 왔다. 기존에 알려지지 않은 새로운 자료가 어떤 것이고, 그것을 빌리기 위해 어떤 과정을 거쳤는지 후일담을 섞어 가며 열심히 설명을 했다. 지금껏 한 번도 보지 못한 새로운 자료들을 보면서 기대 이상으로 좋았다는 이야기를 많이 들었다. 그런데 노태돈 선생님께서는 나의 설명을 모두 듣고 나서 "백제사 전체를 망라한 많은 자료들을 보면서, 백제라는 나라와 백제 문화가 어떻게 새롭게 보이던가?"라는 질문을 하시는 게 아닌가. 전시회를 준비하면서 마땅히 자문했어야 할 질문인데도, 나는 한 번도 그런 고민을 하지 못했기 때문에 몹시 당황할 수밖에 없었다. 새로운 자료를 찾는 데 매몰되어, 또 개막식 일정에 떠밀려 '자료의 나열'에만 그친 전시를 하고 말았다는 것을 깨달았다. 만약 다시 기회가 주어진다면 절대 똑같은 잘못을 범하지 않겠다고 다짐했다. 늦은 감이 없지 않았지만 그때의 자각은 그 후 내 연구 방향을 결정하는 중요한 기준이 되었다.

한편 서울 전시회가 종료된 11월 말에는 한영희 고고부장이 갑자기 돌아가시는 일이 벌어졌다. 한 부장님은 내가 입사할 때부터 윗사람으로 모셨던 분으로 때로는 인자한 미소로 격려해 주시고, 때로는 따끔한 질책도 마다하지 않으셨던 진정한 박물관맨이었다. 여름이 끝나갈 무렵 건강검진을 위해 잠시 병원에 다녀오시겠다고 했는데 결국 돌아오시지 못했다. 많은 사람들이 큰 충격을 받았다. 그중 이건무 실장님의 추모사는 잊을 수가 없다. 과거 그분과 함께했던 여러 가지 일을 회상하면서 "한 형, 우리 함께 박물관 학파를 만들어 보자고 약속하지 않았소?"라고 말씀하셨는데, 그때 처음으로 들은 '박물관 학파'라는 말이 마음에 남았기 때문이다.

중앙박물관은 해방 후 한동안 우리나라 고고학 발굴을 실질적으로 주도해 왔던 곳이다. 하지만 문화재연구소와 대학박물관, 발굴 전문 기관이 증가하면서 점차 그 위상이 약해지고 있었다. 그런 곳에서 대학이나 연구소와 다른 자신들만의 독특한 연구 분위기를 가진 '박물관 학파'를 만들려고 했다는 말은 신선한 충격으로 다가왔다. 그래서 그때부터 과연 국립박물관에 있는 사람들만 할 수 있는 연구, 박물관 사람들만 할 수 있는 글쓰기라는 것이 있는지, 어떻게 하면 그것을 실현시킬 수 있는지를 고민하게 되었다.

무엇을 어떻게
연구할 것인가

　대학원을 수료하자마자 중앙박물관에 입사하고, 첫해에 전공 분야 특별전까지 맡았다. 운이 좋았다고밖에 말할 수 없다. 그 과정에서 좋은 박물관 선배들을 만나 학교에서 배울 수 없는 실무적인 일을 많이 배웠고, 실물 자료와 발굴 현장을 직접 확인할 수 있었다. 그러나 나는 여전히 석사 논문의 주제조차 잡지 못한 절름발이 연구사로 신출내기에 불과했다.

　특별전을 마친 이듬해에는 약간의 여유가 생겨 앞으로 내가 어떤 공부를 해야 할지 다시금 고민하는 시간을 가졌다. 그러던 차에 서울 대박물관에 출장을 갔다가 잠시 대학원 연구실에 들렀는데, 나보다 늦게 입학했던 후배들이 석사 논문을 썼다며 선물로 가져오는 게 아닌가? 이제 더 이상 석사 논문 작성을 미룰 수 없다는 것을 깨달았다.

백제 문화의 절정, 사비기

사실 중앙박물관 시험을 치르고 나서 떨어질 것으로 예상하고, 백제의 국가 형성 과정에 대해 석사 논문을 써 보려고 준비한 적이 있다. 당시 막 발굴하기 시작한 풍납토성에서 계속해서 새로운 자료들이 소개되고 있었기 때문이다. 그러나 특별전을 준비하면서 물어보니 발굴 기관인 문화재연구소나 한신대박물관에서 보고서를 간행하는 데는 최소 2~3년이 걸린다고 했다. 게다가 앞서 연구사를 정리하는 과정에서 고대국가 형성사에 대한 문제는 이미 많은 선배들이 선점하고 있는 주제라는 것을 확인했던 터라 석사 논문 주제로 더 이상 매력을 끌지 못했다. 그 뒤 여러 고민 끝에 선택한 주제가 사비도성泗沘都城이었다.

백제 사비기를 대상으로 논문을 쓰겠다고 마음먹은 결정적인 계기는 다름 아닌 백제 특별전 때문이다. 전시를 준비하면서, 특히 도록의 원고를 작성하고 교열하면서 사비기에는 화려하고 멋진 유물이 많은데도 불구하고 의외로 참고할 만한 선행 연구가 거의 없다는 것을 알게 되었다. 나름대로 그 이유를 생각해 보았다. 한성기의 중심인 서울 지역의 경우 서울대나 고려대, 숭실대 등지에서 발굴을 했고 보고서를 작성하는 과정에서 얻은 자료를 바탕으로 계속해서 논문이 나왔다. 웅진기의 경우 공주 무령왕릉이 발굴되어 국내외에서 많은 논문이 나왔고, 공주대를 중심으로 공주 일대에 관한 지속적인 조사와 연구가 이어지고 있었다.

그러나 부여 지역의 경우 조사를 주도적으로 이끌 대학이 없는 상태에서 부여박물관과 부여문화재연구소만 활동하고 있었다. 두 기관에서는 수십 년 동안 연차적인 발굴 조사를 실시했지만 공무원의 인사 특성상 2~3년이 지나면 다른 곳으로 전근을 가야 했기 때문에 지역 전문가를 키우지 못했다. 특히 부여에서 가장 오래된 부여박물관 사람들이 공부를 하지 않았기 때문에 결과적으로 이에 대한 연구가 부진했던 것이다.

백제 유물의 아름다움을 말할 때 보통 세련되고 귀족적이며 우아하다는 평가를 한다. 그러나 현재 남아 있는 백제 유물들을 전시했을 때 그러한 평가를 할 만한 것은 오직 사비기밖에 없다. 서울 풍납토성이나 석촌동고분에서 출토된 토기나 금속공예품, 공주 무령왕릉을 제외한 웅진기의 유물들은 그러한 미감을 느끼기가 어렵다. 대신 『삼국사기』에서 평가한 대로 "검소하지만 누추하지 않고, 화려하지만 사치스럽지 않다儉而不陋 華而不侈"는 표현이 적절할 것이다.

그에 반해 부여에서 발견된 각종 금속공예품과 수막새, 무늬벽돌, 토기들은 그것을 뛰어넘는 전혀 새로운 미의식을 보여 주고 있다. 그래서 오늘날 우리가 느끼는 백제의 아름다움은 백제가 멸망하기 직전인 사비기가 중심이고, 백제 문화가 최고조에 달한 사비기를 연구하는 것이 백제 연구의 본질에 더 다가가는 것이라 생각했다. 또 사비기에 관한 연구야말로 당시 공백으로 남아 있던 백제사 연구를 보완하고, 그 후 통일신라로 이어지는 문화의 흐름을 이해할 수 있는 연결 고리가 되어 줄 것이라 여겼다.

한성기의 세발토기(상)와 사비기의 회백색토기(하)　세발토기는 한성기부터 사용한 백제의 가장 전형적인 토기로 대부분 회청색을 띠며 질박한 느낌을 준다. 이에 반해 부여에서 발견된 사비기의 회백색토기들은 보주형 꼭지에 회백색을 띠며 세련된 느낌을 준다. 모양과 크기가 규격화되는 것도 특징이다.

대학원에서 경주를 대상으로 한 고고미술사학과 수업을 들은 적이 있다. 신라의 모태가 된 사로국斯盧國 시절부터 대형 고분이 등장했다가 소멸하고, 정연한 도로로 구획된 왕경王京이 만들어졌다가 마침내 멸망하기까지의 경주 역사를 다룬 수업이었다. 그때 고고학과 미술사, 건축사, 도시사와 관련된 다양한 자료들을 함께 읽고, 한 학기 동안 다뤘던 유적들을 실제 답사하기도 했다. 원래 그 수업은 중국의 장안성長安城이나 일본의 헤이조쿄平城京와 같은 동아시아의 고대 도성을 다루는 과정에서 기획되었는데, 대학원생들의 요청으로 경주를 추가로 검토하게 되었다고 했다. 그때 처음으로 고대 도성이 매우 다양한 방면에서 검토될 수 있는 흥미로운 연구 테마라는 것을 알게 되었다.

도성都城은 국가를 다스리는 통치 계급인 국왕과 귀족이 거주하는 공간을 말한다. 특정한 정치적 위상을 가진 사람들이 많이 모여 사는 장소를 뜻하는 '도都'와 방어 시설을 의미하는 '성城'이 합쳐진 말이다. 국왕이 거주하는 왕궁과 그것을 보호하는 성곽, 그들이 묻힌 고분, 그밖에 사원과 정원, 시장, 공방 등 국가의 주요 시설물이 배치되기 때문에 한 국가의 발달 정도를 가늠하는 중요한 지표가 된다.

그러나 당시에는 도성이라는 주제가 낯설었고, 논의가 경주를 중심으로 진행되다 보니 그다지 매력적으로 다가오지 않았다. 다만 경주를 연구하는 다양한 관점과 방법론들을 공부하면서 그중 어떤 것은 백제의 도성 연구에 적용하면 더 좋은 결과를 얻을 수 있을 것이라는 아쉬움을 갖고 있었다. 그래서 사비기를 대상으로 논문을 작성하겠다고 마음먹었을 때 가장 먼저 떠오른 주제가 도성이었다. 그때까지만 해도 고대 도성에 관해서는 다른 연구자들이 거의 관심이 없었기 때문에 미개척 분야에서 아무도 하지 않는 새로운 것을 시도한다는 점도 나를 자극했다.

고대도성을 유물 중심으로 연구하려면

고대 도성 연구는 유물보다 도로 유적, 왕궁, 사원, 고분, 산성과 같은 유구遺構나 유적을 중심으로 분석하는 경우가 많다. 예를 들어 대학원 수업 시간에 들었던 신라의 왕경, 경주는 바둑판 모양의 격자형 도로가 언제 깔리기 시작했고, 크기는 어느 정도이며, 왕궁이나 사원, 고분, 산성 등은 어떻게 배치되고, 비슷한 시기의 중국이나 일본 도성과 어떤 공통점과 차이점이 있는지가 중요한 연구 테마였다. 하지만 나는 박물관에서 일하고 있었기 때문에 유적이나 유구를 중심으로 연구하면 불리할 것이라고 생각했고, 결국 시도만 하다가 포기하게 될지도 모른다는 불안감을 느꼈다.

박물관에서 일하는 장점을 살리기 위해서는 유적보다는 '유물'을 적극적으로 활용하는 방법을 찾아야 했다. 지금도 그렇지만 연구자들이 유물을 분석하고자 할 때 가장 많이 선택하는 것이 고고학에서는 토기, 미술사에서는 불교 조각이다. 그에 반해 도성 유적에서 가장 많은 수량이 출토되는 기와는 고고학이나 미술사 어느 쪽에서도 다루지 않는 계륵과 같은 존재였다.

연구가 전혀 안 된 것은 아니었다. 우리나라에서 기와에 관한 연구가 처음 진행된 것은 고적 조사가 시작된 일제강점기였다. 아마도 일본 도쿄대 건축학과 교수로 고건축을 전공했던 세키노 다다시關野貞라는 사람이 한반도의 초기 고적 조사를 주도했기 때문일 것이다. 그러나 해방 이후 세키노의 연구 방법론은 식민사학으로 배척되었고, 그 때문에 고대 사원이나 기와에 대한 연구가 전혀 진척되지 않았다. 해방 이후 처음 기와에 관심을 가진 것은 미술사학자들이었다. 그들은 수막새와 암막새의 문양을 분류하고 정리하는 중요한 논문을 발표했지만 학계에서 주류 위치를 점하지는 못했고, 그렇기 때문에 후속 연구로 이어지지 못했다. 1990년대에는 암키와의 제작 기술을 중심으로 한 고고학적 연구가 새롭게 나오기는 했지만 소수에 불과했다. 기와는 경주나 부여를 발굴하면 가장 많은 수량이 출토되지만 여전히 고고학이나 미술사에서 소외된 상태로 남아 있었다.

이런 분위기 속에서 나는 도성 유적에서 가장 많이 출토되지만 아직 정리되지 않은 채 수장고에 잠들어 있는 '기와'를 분석하기로 마음먹었다. 기와에 관심을 가진 것 역시 백제 특별전을 준비하면서부터였다. 김길식 선생은 나에게 백제 관련 유물 전체를 상세하게 설명해 주었지만 이상하게 기와에 대해서는 아무런 언급을 하지 않았다. 토기나 철기, 금속공예품에 대해 해박한 지식을 가지고 있는 선배가 기와를 모른다는 것이 선뜻 이해가 되지 않았다. 나중에 물어보니 학교나 박물관에서 한 번도 기와를 공부한 적이 없고, 설명조차 들은 일이 없다고 했다. 그 말을 들었을 때 '바로 이거다'라는 생각이 번쩍 들었다. 국립박물관에서 가장 유능한 고고학자조차 모르는 자료라면, 비록 내가 나중에 공부를 시작했어도 무언가 새로운 이야기를 만들어 낼 수 있는 기회가 생길 것만 같았다.

기와를 통해 무엇을 알 수 있나

삼국시대 대부분의 사람들은 움집이나 초가집에서 살았다. 움집의 경우 땅 밑은 기온이 일정해서 겨울의 추위를 견디고 여름의 더위를 이기는 데 도움을 주지만, 충분한 생활공간을 확보하는 데 한계가 있었다. 그 후 초가집과 기와집의 등장으로 사람들은 땅 위에서 살게 되었다. 그런데 땅 위에서 살기 위해서는 지붕의 무게를 견딜 수 있는 건축 기술의 발전이 전제되어야 했다.

기와가 처음 만들어졌을 때 사람들은 지붕 전체에 기와를 얹지는 않았다. 지붕이 서로 만나는 마루라고 하는 곳에만 비가 새지 않도록 기와를 얹었고, 지붕의 처마 끝에 장식을 위한 기와를 사용했다. 그 뒤로 점차 견고한 주춧돌 위에 아름드리 기둥을 깎아 세우고 서까래를 연결할 수 있는 건축술이 발달하면서 오늘날 한옥같이 지붕 전체에 기와를 얹게 된 것이다. 그런 점에서 기와의 사용과 발달은 단순히 건축 재료의 발달만을 말하는 것이 아니라 고대 건축 기술의 진보를 의미하는 것으로 확대될 수 있다.

기와는 지붕에 이어져 눈과 빗물의 침수를 차단하고 이를 흘러내리게 해서 지붕의 부식을 방지함과 동시에 건물 외관을 돋보이게 했다. 처음에는 암키와나 수키와만을 제작했지만 점차 지붕을 화려하게 꾸미기 위해 수막새와 암막새, 서까래기와 같은 것을 만들었다. 그러나 고대사회에서 아무나 고래등 같은 기와집에 살 수 있었던 것은 아니다. 중국의 역사책인 『구당서舊唐書』 고구려전에는 고구려 사람들의 생활에 대해 "주거는 반드시 산골짜기에 있으며, 모두 이엉을 엮어 지

백제의 여러 가지 기와들(1. 서까래기와, 2. 연화문수막새)

봉을 덮었다. 오직 불사佛寺와 신묘神廟, 왕궁 및 관청만이 기와를 쓴다"고 했다. 이것은 당시 기와집이 불교 사원이나 종묘·사직 등의 제사 시설, 왕궁이나 관청에서만 사용하는 매우 중요한 건축 형태라는 것을 알려 주고 있다. 고대사회에서 기와집은 그 자체가 기념비적인 건조물이자 권위의 상징물로 파악할 여지가 있는 것이다.

연구하고 싶은 대상과 주제가 정해지자 곧바로 연구사 정리를 시작했다. 백제 사비기를 다룬 논문 자체가 많지 않았기 때문에 역사학이나 고고학 논문은 물론이고 각종 발굴보고서와 전시 도록, 미술사와 건축사, 지리학, 도시사 분야 등 조금이라도 관련이 있는 논문을 폭넓게 수집하려고 했다. 중앙박물관 도서관에는 일제강점기 시절의 조선총독부박물관 도서가 일부 남아 있었고, 일본인 연구자들이 기증한 도서가 별도로 마련되어 있어 필요한 자료를 비교적 쉽게 구할 수 있었다. 밤에는 논문을 읽고, 낮에는 새로운 자료를 복사하면서 공부를 했다. 업무를 하는 중간중간 자투리 시간을 최대한 활용해야 했다.

몇몇 선배들에게 석사 논문에서 기와를 분석하는 작업을 하려고 하는데 어떻게 생각하는지 의견을 들어 보기도 했다. 한 선배는 박물관에서 일하기 때문에 남들이 하지 않는 기와를 분석하는 것은 자신만의 영역을 선점한다는 점에서 좋은 일이지만, 그렇다고 고고학적인 논문이 되어서는 안 되고 반드시 국사학과다운 호흡이 긴 논문을 써야 한다는 조언을 해 주었다. 고고학과의 석사 논문에서 중요시하는 자료의 집대성과 형식 분류, 편년 설정에만 머물지 말고 그것이 백제사에서 어떤 의미를 갖는지에 대한 해석과 스토리가 있는 논문이 되어야 한다는 말로 받아들였다.

여름방학이 끝나 갈 무렵 초고가 완성되었고, 대학원 선후배들 앞에서 발표할 기회를 얻었다. 내 논문에서 부족한 부분과 논리적 비약이 있는 부분은 물론 문장 하나 조사 하나까지 세세하게 지적해 주었다. 논문의 완성도를 높일 수 있는 소중한 기회였고, 그런 자유로운 의견 교환이야말로 서울대대학원 국사학과 고대사 팀의 가장 큰 장점이라고 생각했다. 그렇게 약 1년 동안의 준비 끝에 「백제 사비도성의 조영과 구획」이라는 제목의 석사 논문을 제출할 수 있었다.

내가 석사 논문에서 주장한 요지는 논문 초록의 첫 문장인 "이 글은 사비도성 내외에서 다량으로 출토된 연화문수막새를 분석 대상으로 삼아 기와 건물의 건립 과정을 단계화함으로써 도성의 조영 과정을 해명함과 동시에, 도성 내외에서 발견된 도로나 기와 건물의 배치가 일정한 정형성과 규칙성을 갖는 점에 주목하여 도성 구획의 형태와 단위를 복원하는 데 목적이 있다"라는 대목에 압축적으로 표현되어 있다. 나는 여기에서 두 가지를 강조했는데 첫째는 사비도성이 천도 이후부터 멸망기까지 계속해서 확대되면서 변화했다는 것을 밝히고자 했다. 둘째로는 사비도성의 내부가 실제 실행되지는 못했지만 바둑판식으로 정연하게 구획하려는 계획을 가지고 있었고, 관북리유적에서 확인된 도로 유구를 통해 그러한 구획안을 복원하고자 했다.

그중 사비도성의 조영 과정을 다룬 부분은 그때까지 아무도 시도하지 않은 새로운 것이었다. 앞서 말한 대로 나는 기와를 주요한 연구 소재로 활용했는데, 사비도성의 조영 과정을 다루면서 이를 적극 응용했다. 당시까지 연화문수막새는 연꽃 모양이나 문양이 어떻게 생겼는지를 분류하고 편년하는 데 연구자들의 관심이 몰렸고 그 덕분에 개략적인 편년을 설정할 수 있는 수준에 도달했다. 그렇지만 나는 거기에 머물지 않았다. 연화문수막새가 기와집의 중요한 건축 부재라는 것에 수목아서 도성 내 기와집의 분포 양상과 그 변화를 읽으려고 했다.

그 결과 연화문수막새가 시기의 변천에 따나 도성 내부에서 외부로 확대되는 현상을 확인할 수 있었다. 사비도성의 경우 천도 초기에는 부소산이나 금성산 일대에 분포하던 기와 건물이 점차 백마강 서쪽이나 나성 바깥까지 확대되는 것을 확인할 수 있었다. 이러한 기와 건물의 확대 과정은 도성에 사는 사람들의 거주 공간이 확대되는 과정을 반영하는 것이며, 이를 통해 사비도성의 점진적인 발전 과정을 어느 정도 설명할 수 있게 되었다.

백제의 마지막 수도
사비도성은 어떤 모습이었을까

538년 백제 성왕聖王(재위 523~554)은 오늘날의 부여 지역인 사비로 천도한다. 한성과 웅진을 거쳐 세 번째 수도였지만 『삼국사기』에는 성왕 16년 봄에 "사비로 도읍을 옮겼고, 나라 이름을 남부여로 했다"는 사실 말고는 아무런 기록도 남아 있지 않다. 사비도성이 언제부터 건설되었고, 내부가 어떤 모습이며, 어떤 상태에서 천도가 이루어졌는지 전혀 기록이 없다.

결국 이를 해명하기 위해서는 발굴 자료를 정밀하게 분석하는 수밖에 없었다. 그중 대표적인 유적이 도성의 방어 시설인 부여 부소산성과 나성, 왕궁 관련 시설인 관북리유적이다.

부소산성 남쪽 성벽 모습　부소산성은 사비 천도에 앞서 도성의 방어 시설을 확보하기 위해 축조되었는데, 둘레 약 2.5킬로미터, 높이 3미터 내외로 사방에 네 개의 성문을 설치했다. 백제의 성벽은 흙을 다져서 만든 판축 기법으로 축성되었다.

사비도성의 핵심 시설, 부소산성

내가 석사 논문을 쓸 무렵 부여 지역에서 발굴된 자료 중에서 538년 사비 천도 이전으로 소급되는 가장 확실한 자료는 부소산성뿐이었다. 부소산성은 시가지 북쪽에 위치한 부소산에 분포하는 산성으로, 그 서북쪽에 낙화암과 조룡대 등이 위치하는 백제 사비기의 가장 핵심적인 시설이다.

일제강점기에 성벽에 대한 조사가 실시되었지만 본격적인 조사는 1980년대 초반부터 시작되었다. 조사 초기에는 부소산성을 군창지軍倉址나 사비루泗沘樓 등이 위치한 부소산의 산봉우리를 중심으로 축조된 테뫼식 산성과 이를 감싸는 포곡식 산성으로 이루어진 복합식 산성으로 생각했다. 그렇지만 부소산성 동문지東門址 일대에 대한 발굴에서 '대통大通'이라는 글자가 찍힌 문자기와가 발견되면서 포곡식 산성이 먼저 축조되고 테뫼식 산성은 통일신라시대에 축조된 것이 밝혀지게 되었다.

이러한 결론이 도출된 데에는 약간의 부연 설명이 필요하다. 먼저 '대통'은 527년부터 529년 사이 중국 양나라 무제武帝(재위 502~549)가 사용한 연호다. 『삼국유사』에는 공주에 양 무제를 위해 대통사大通寺라는 이름을 가진 사원이 세워졌다는 기록이 있다. 그러나 기록만 있을 뿐 대통사의 구체적인 위치를 알지 못했다. 그런데 일제강점기에 공주시 반죽동 일대에서 '대통'이라는 글자가 찍힌 문자기와가 발견되었고, 그 후 그 일대를 대통사지로 부르게 되었다.

공주 대통사지 문자기와(좌)와 부여 부소산성 문자기와(우) 부여 부소산성에서는 공주 대통사지에서 발견된 것과 똑같은 '대통(大通)'이 찍힌 문자기와가 발견되었다. 두 사진을 비교해 보면 글자의 획이나 크기, 모양이 똑같다. 이는 부소산성이 사비 천도 이전부터 축조되었다는 결정적인 증거로 여겨지고 있다.

그런데 공주에서 발견된 대통명 문자기와와 똑같은 도장을 찍은 문자기와가 부소산성 동문지의 흙으로 쌓은 성벽 내부에서 발견되었다. 이것은 부소산성 동문지 부근의 성벽이 대통 연간인 520년대 후반부터 축조되었음을 알려 주는 것으로 볼 수 있다. 성왕은 538년 사비로 천도하기 전부터 부소산성과 같은 방어 시설을 조영하려고 했다. 이러한 사실은 성왕의 사비 천도가 계획적인 것이었음을 알려 주며 사비도성이 성왕의 일정한 의도에 의해 만들어진 도성이라는 점을 시사하기도 한다.

부소산성의 역할에 대해서는 다른 연구자들처럼 왕궁의 북쪽에 위치한 비상시의 대피성이라고 보았다. 백제의 도성은 국왕이 평상시에 거주하는 평지성과 비상시에 방어를 위해 대피하는 산성으로 이중 구조를 가지고 있는데, 부소산성이 바로 이 배후 산성에 해당한다고 본 것이다. 하지만 부소산성은 단순히 군사적 방어 기능만 하는 것이 아니라 왕궁의 배후지로서 후원後苑의 역할도 함께 수행한 것으로 생각된다. 부소산성은 부여 시가지 전체를 조망하는 곳에 위치하며 관북리유적 추정 왕궁지와도 연결되어 있다. 또 북서쪽에는 백마강이 흐르고, 강 건너 서쪽에는 국왕이 건립한 왕흥사王興寺라는 사원이 위치한다. 이것을 보면 부소산성은 국왕의 신변을 지키는 군사적인 기능과 함께 휴식과 연회를 위한 정원으로도 활용되었을 것으로 추정할 수 있다.

한편 부소산성 내부에 왕궁이 있었다고 보는 사람도 있다. 이 같은 주장의 근거는 부소산성이 웅진기 추정 왕궁지인 공주 공산성의 입지와 유사하다는 점과 중국 역사서의 기록이다. 중국의 역사서인 『한

원翰苑』이라는 책에서 인용하고 있는 「괄지지括地志」에는 "백제의 왕성은 사방 1리 반인데 북쪽은 돌을 쌓아서 만들었다"라는 기록이 있다. 그런데 사비도성 부근에서 사방 1리 반 정도의 규모를 가진 장소는 부소산성밖에 없다. 또 부소산성의 북문지北門址 일대에서 돌로 쌓은 성벽의 흔적이 발견되어 부소산성이야말로 중국 기록에 나오는 백제의 왕성일 가능성을 무시할 수 없다는 것이 그들의 주장이다.

부소산성의 입지적인 중요성에 비추어 볼 때 그 내부에 왕실과 관련된 중요한 시설이 있었다는 것은 부정할 수 없다. 그렇지만 부소산성 내부는 조선시대 경복궁이나 창덕궁처럼 왕궁이 입지하기에는 지나치게 굴곡이 심하고, 평탄한 지형이 거의 없다는 문제를 안고 있다. 부소산성을 대피성이나 후원으로 볼 수 있다면 중국인의 시각에서는 이곳을 왕궁으로 오해했을 가능성도 고려해야 할 것이다.

부소산성에 관한 지금까지의 발굴 조사는 성벽의 존재를 확인하기 위한 절개 조사가 주로 이루어졌기 때문에 산성 내부에 어떤 시설이 있었는지는 거의 조사되지 않았다. 따라서 부소산성이 왕궁이나 후원이었는지를 밝혀내기 위해서는 앞으로의 발굴 조사를 좀 더 기다려야 할 것이다.

사비도성의 외곽 방어선, 부여 나성

사비도성에서 부소산성과 더불어 중요한 방어 시설이 나성이다. 나성은 도성의 외곽을 감싸는 방어 시설로, 부여 나성은 부여 시가지를 감싸고 있는 길이 6.3킬로미터의 긴 성벽을 가리킨다.

　지금까지는 부소산성을 기점으로 그 동쪽에 위치한 청산성을 경유하여 석목리에 이르는 북나성北羅城과 석목리·능산리·염창리 구간의 동나성東羅城이 확인되었다. 내가 석사 논문을 쓸 당시만 해도 서나성西羅城과 남나성南羅城이 존재했다고 주장하는 사람들이 없지 않았지만, 지금은 대부분의 연구자들이 없는 것으로 보고 있다. 사비도성의 서쪽과 남쪽은 백마강을 자연 해자로 이용했을 가능성이 점쳐지고 있다. 또한 조사 결과 모두 다섯 곳의 성문이 확인되었고, 능산리사지 남쪽의 저지대에서는 해자와 돌다리가 발견되기도 했다.

　나성의 성벽은 안쪽은 판축, 바깥쪽은 석축을 한 토석 혼축 구조라는 것이 밝혀졌다. 지형에 따라 융통성 있게 기술을 변경한 것이 확인되기도 했는데 특히 지대가 낮아 물이 많이 고이는 지역에는 연약한 지반을 보강하기 위한 기초공사로 나뭇가지나 잎사귀 등을 바닥에 깔고 흙을 쌓는 소위 부엽공법敷葉工法을 사용한 것이 드러나기도 했다. 이러한 부엽공법은 1975년에 충남대박물관에서 발굴한 김제 벽골제 유적에서도 확인된 바 있지만 그 당시에는 중요성을 알지 못했던 기술이다. 그러다가 1990년 후반 충남대 백제연구소가 부여 나성 일대에서 이를 확인함으로써 처음으로 주목을 받게 되었다. 백제의 성곽이나 저수지에서 사용한 이 토목 기술은 7세기대에 만들어진 일본에서 가장 오래된 저수지인 사야마이케狹山池에서도 확인된 바 있다. 일본의 제방이나 보 등 고대 수리 시설의 축조에 한반도, 특히 백제의 영향이 미쳤음을 구체적으로 확인시켜 주는 자료다.

　부여 나성의 축조 시기에 대해서는 대부분의 연구자들이 사비 천

부여 나성(상)과 성벽 조사 모습(우) 부여 나성은 우리나라에서 축도된 나성 중 가장 오래된 나성으로 도성의 방어 시설이자 경계로서 기능하였다. 기본적으로 안쪽은 판축, 바깥쪽은 석축을 한 토석 혼축 구조다.

도 이전으로 보고 있다. 동나성에서 이어지는 지역에 능산리사지와 능산리고분군이 자리하고 있는데, 능산리사지는 창왕명석조사리감 명문을 통해 위덕왕 13년인 567년에 조영되었다는 것이 알려졌다. 근처에 위치한 능산리고분군은 백제 성왕을 비롯한 사비기 백제 왕실의 무덤으로 생각되며, 능산리사지는 그러한 왕실의 명복을 비는 원찰願刹로 보고 있다. 따라서 동나성도 554년에 죽은 백제 성왕의 능보다는 먼저 축조된 것으로 보는 것이 자연스럽다는 것이다. 이러한 정황론은 최근 부여 나성에 대한 계속적인 발굴 조사를 통해 더욱 보강되었다. 동나성 성벽 내부에서 발견된 토기편을 검토해 보니 모두 웅진기 토기에 속하는 것으로 확인되었다.

이처럼 사비도성은 천도하기 전부터 부소산성과 나성 등 방어 시설을 축조하는 데 많은 힘을 기울였다. 한성이 고구려에게 함락당하고 그 과정에서 국왕인 개로왕蓋鹵王(재위 455~475)이 사망해 도망치듯 웅진으로 천도를 해야 했던 뼈아픈 경험이 있기 때문일 것이다. 사비도성을 축조할 때도 고구려는 여전히 가장 위협적인 가상의 적군이었다.

사비도성의 추정 왕궁지, 관북리유적

사비 천도 당시 국왕이나 귀족의 거처는 어떠했을까? 사비기의 왕궁으로 가장 유력했던 곳은 관북리유적이다. 이 유적은 1980~1990년대에 충남대박물관이 중심이 되어 집중 발굴했는데 여러 동의 기와 건물지와 연못, 공방의 흔적, 도로 유구 등이 발견되었다.

부여 관북리유적 전경(북쪽에서 남쪽을 바라본 모습)　부여 부소산성 남쪽에는 사비기의 왕궁으로 알려진 관북리유적이 위치한다. 과거 부여박물관으로 사용했던 건물 남쪽과 서쪽 일대에 대한 조사 결과, 왕궁의 직접적인 증거가 발견되지 않았다. 그래서 지금은 왕궁의 배후 시설이나 지원 시설이 있었을 것으로 보는 사람이 많다.

하지만 이곳에 백제의 왕궁이 있었다는 증거는 확인할 수 없었다. 다만 2000년대에 부여문화재연구소가 발굴하면서 '나'지구로 명명한 지역에서 남북대로와 그것에 직교하는 동서소로, 그리고 남북대로와 평행하게 설계된 남북소로 등 세 개의 도로가 발견되었고, 북쪽 지역에서 부소산과 구분되는 석축이 드러나면서 많은 주목을 끌었다. 관북리 일대가 일정한 크기를 가진 단위 구획을 이루고 있지 않았을까 추정할 수 있는 단서가 되기 때문이다.

　관북리유적에서 발견된 도로의 크기를 보면 대로의 경우 최대 폭 8.9미터, 소로의 경우 4미터 정도로 일정했다. 이 크기는 도로 양쪽의 배수로를 제외한 수치로 이를 합치면 대로가 10.8미터나 된다. 그렇다면 관북리 나지구 단위 구획의 전체 규모는 어떨까? 이곳을 조사했던 충남대박물관에서는 그때까지 고대 도성에 관한 발굴 경험이 전무했기 때문에 그러한 구획의 존재 자체를 인지하지 못하고 조사를 끝내버렸다. 도로와 도로의 중심축 간 거리 등을 전혀 실측하지 않았던 것이다. 나중에야 그 중요성을 인지한 일부 연구자들이 커다란 백지 위에 당시의 유구 도면들을 재배열해서 원래의 형태와 크기를 복원하려고 했지만, 결과적으로는 각기 다른 수치를 제시하는 사태가 벌어지게 되었다.

도성의 단위 구획의 크기를 복원하기 위해서는 먼저 그러한 계획에 사용한 척도를 확정하는 것이 중요하다. 중국이나 일본의 고대 도성들은 조영척으로 29센티미터의 당척을 사용해서 대로와 소로를 구획한 것으로 확인된다. 그렇다면 백제에서는 어떤 척도를 사용했을까? 당시에는 당척보다 긴 35센티미터 내외의 소위 고구려척이 사용됐다고 보는 연구자가 많았고, 그래서 나도 그 견해를 따랐다. 그러나 최근에는 미륵사지 석탑이 건립되는 639년 무렵까지 당척이나 고구려척이 아닌 25센티미터 내외의 남조척이 사용된 것이 드러났다. 척도의 문제는 예상보다 증명하기 어려운 문제임에 틀림없다. 어쨌든 현재 많은 연구자들은 관북리 일대의 단위 구획을 동서 95.5미터, 남북 113.1미터 크기의 장방형 형태였을 것으로 보고 있다.

그러나 관북리유적에서 확인된 장방형 단위 구획이 사비도성 전체에 적용시킬 수 있는지에 대해서는 여전히 견해가 엇갈리고 있다. 나는 관북리 일대에서 정림사지에 이르는 좁은 지역에서는 비교적 정연한 도로 구획이 실시되었을지 몰라도, 남쪽의 저지대나 구릉이 있는 모든 지역이 바둑판 모양으로 구획되었다고 여기기는 어렵다고 보았다. 그때 생각해 낸 것이 '기획'과 '실행'의 차이였다.

백제 성왕이 사비도성으로 천도하기 위해 520년대부터 방어 시설을 축조하는 등 예비 작업을 실시했다면 도성 전체를 어떻게 조영할 것인지에 대한 마스터플랜을 세웠을 것이다. 그러나 실제 마스터플랜이 세워졌다고 해도, 그것이 실행되는 것은 별개의 문제다. 관북리 일대의 장방형 단위 구획은 그러한 마스터플랜, 즉 기획의 존재 가능성을 보여 주는 것이고 정림사지 남쪽 일대의 저지대나 구릉 지역은 그것이 실행되지는 못했음을 보여 주는 것으로 이해한 것이다. 석사 논

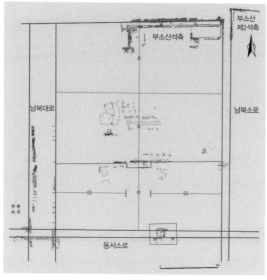

관북리유적에서 발견된 단위 구획　부여 관북리유적에서는 동서 95.5미터, 남북 113.1미터 크기의 장방형 구획이 복원되는데, 이것을 사비도성 전체에 적용시킬 수 있을지에 대해 많은 논란이 있었다. 최근 조사에서는 남북대로가 중간에 끊겨 있음이 확인되어, 그러한 단위 구획이 사비도성 전체에 적용되지는 않았을 가능성이 높아졌다.

문을 쓸 때 사비도성의 공간 구획에 대해 약간 절충적인 견해를 가지고 있었던 것이 사실이다.

그 후 관북리 일대의 발굴 성과나 일제강점기에 만들어진 지적도에 관한 분석은 계속 진행되었다. 관북리유적에서 확인된 남북대로가 정림사지 일대까지 계속해서 이어지는 것이 아니라 중간에 끊기는 것이 확인되었고, 다른 한편 '관북리 장방형 구획'보다 더 남쪽에 '구아리 정방형 구획'으로 부를 수 있는 또 다른 단위 구획이 상정될 수 있다는 것이 밝혀지는 등 새로운 논의들이 계속해서 나오고 있는 실정이다.

관북리유적에 대해서는 2000년대에 부여문화재연구소가 주관한 연차 발굴이 실시되어 기존에 알지 못했던 새로운 사실들이 추가로 확인되었다. 그중 잊지 말아야 할 것은 관북리유적이 사비 천도 이후 몇 차례 커다란 경관의 변화를 겪었다는 점이다. 6세기 후반, 부소산성 남쪽의 관북리 일대는 거의 전 지역에 걸쳐 땅을 평평하게 만드는 성토 작업이 실시되었다. 관북리유적에서 확인된 기와 건물지나 저장 시설, 공방 시설, 도로 등은 대부분 6세기 후반이나 7세기 전반 이후에 들어선 것들이었다. 현재 관북리유적이 '추정 왕궁지'로 불리고 있지만, 경복궁의 근정전과 같은 핵심적인 의례 공간이라고 보기는 어렵고, 오히려 그 뒤쪽에 위치한 왕궁의 배후 시설 또는 지원 시설이 있었을 가능성이 더 높다.

관북리유적 '라'지구에서는 동서 길이 35미터, 남북 폭 18미터 크기의 대형 건물지가 확인되기도 했다. 이 지역은 부소산의 남서쪽에 위치하며, 부여 시가지 남쪽에서 조망했을 때도 약간 서쪽으로 치우쳐 있다. 그런데 이와 거의 동일한 크기와 기단 구조를 가진 대형 건물이

부여와 익산의 대형 전각건물지　부여 관북리유적(上)에서는 동서 길이 35미터, 남북 폭 18미터, 정면 7칸에 측면 4칸 크기의 대형 전각건물지가 발견되었는데, 익산 왕궁리유적(下)에서도 거의 동일한 규모와 크기를 가진 건물지가 확인되었다. 나는 두 건물지를 보면서 경복궁의 근정전이나 경회루가 떠올랐다.

익산의 왕궁리유적에서도 확인되었다. 다만 익산 왕궁리유적의 경우 남쪽 정문에서 들어서는 중심축 선상에 위치해 있어 왕궁의 중심이 되는 성선으로 생각되는 점에서 차이가 있다. 그러나 두 건물은 모두 중층 건물로 복원되고, 주변에서 똑같은 문양을 가진 수막새가 발견되기도 했다. 이 건물이 만들어진 시기는 함께 발견된 기와나 토기를 볼 때 7세기 초반에 속한다. 부여 관북리와 익산 왕궁리에 마치 쌍둥이처럼 닮은 두 동의 대형 건물이 존재한 이유는 무엇일까? 당시의 도성 경관이나 왕궁의 운영 방식을 설명할 때 반드시 고려해야 할 점이지만 현재로서는 아직 뚜렷한 대답을 찾지 못하고 있다.

내가 석사 논문에서 조금이나마 검토했던 부여 부소산성과 나성, 관북리유적은 '백제역사유적지구'라는 이름으로 2015년 7월 유네스코가 지정한 세계유산이 되었다. 그 때문에 약간의 번거로움을 무릅쓰고 주요 유적들의 현황에 대해 살펴보았다. 당시만 해도 내가 관심을 가진 백제의 유적들이 인류가 함께 보존해야 할 세계유산으로 등재될 것이라고는 전혀 상상하지 못했다. 도성이라는 주제는 여전히 낯선 것이고 부소산성이나 나성, 관북리유적에 대한 발굴도 그 후에야 본격적으로 이루어졌기 때문이다.

백제 연구가로
거듭나다

대학원 시절 고대사 연구의 기초 사료들을 열심히 공부하고 국내외의 많은 연구서와 논문을 폭넓게 섭렵하려고 노력했다. 그 과정에서 어떻게 하면 기존 선학들이나 선배들과 다른 논문을 쓸 수 있을지 무수히 고민했다. 기존 연구보다 한 발짝이라도 더 나아가는 연구, 기존 연구자들과 조금이라도 다른 새로운 시각을 가진 논문을 써 보고 싶었다. 그런데 시도도 하기 전에 덜컥 중앙박물관에 입사하게 되었다.

과연 박물관은 나에게 기회의 땅이 될 수 있을까, 아니면 단지 호구지책을 마련한 것에 지나지 않을까? 많은 걱정과 두려움, 희망을 동시에 가지고서 박물관에 들어섰다. 중앙박물관에 입사해서는 학예사가 가져야 할 기초적인 소양인 소장품 관리와 전시, 교육 업무 등을 익혔고 좋은 기회에 특별전을 준비하게 되었다. 그 과정에서 대학원에서 이론으로만 배웠던 것들을 직접 실제 유물로 다루면서 체득하는 전혀 새로운 경험을 했다. 육체적으로 매우 고된 일이었지만, 점차 박물관 사람이 되어간다고 느낀 즐거운 과정이었다.

그런 경험을 통해 기존에 피상적으로만 느꼈던 백제사 연구의 방향이 잡혔고, 앞으로 어떤 방향으로 백제를 연구해야 할지 큰 뜻을 세울 수 있었다. 그리고 마침내 첫 논문인 석사 논문을 발표하게 되었다. 그것은 아주 미약한 첫걸음에 불과했지만, 첫발을 내딛자마자 더 많은 새로운 일들이 기다리고 있었다.

석사 논문을 쓰고 나서 가장 즐거웠던 것은 비로소 내가 백제를 전공한다고 다른 사람들에게 말할 수 있게 된 것이다. 박물관에서 일하면 외부 사람들과 인사를 나눌 때가 많은데, 전공이 무엇이냐고 물었을 때 제대로 대답하지 못해 자존심이 상했던 적이 있었다. 아직 한 편밖에 되지 않지만 사비도성에 관심을 가지고 계속해서 백제사를 공부할 것이라고 말할 수 있게 된 것이다. 그 뒤 석사 논문은 서울대 국사학과에서 발행하는《한국사론》이라는 잡지에 게재되었다.

석사 논문 발표 후

석사 논문과 관련된 일은 의외로 빨리 찾아왔다. 사계절 출판사에서 기획한 『한국생활사박물관』 시리즈 작업에 도와줄 일이 생겼다. 이 시리즈는 '책 속의 박물관'을 구현하기 위해 많은 유물 사진과 재미있는 읽을거리를 마련했는데, 특히 옛날 사람들의 생활 모습을 복원한 삽화 작업에 많은 신경을 썼다. 당시 선풍적인 인기를 끌어 언론에도 자주 등장하던 책이다. 나는 그중 '백제생활관' 편의 사비도성 복원도 를 그리는 데 조언을 하게 되었다. 이는 사비도성의 이미지를 복원한 첫 번째 시도였다.

역사를 전공하지 않는 화가에게 사비도성을 상상해서 복원도를 그리도록 하는 작업은 매우 귀찮고 어려운 일이었지만 한편으로는 재미있는 작업이었다. 화가들을 이해시키기 위해 중국이나 일본, 신라의 도성을 복원한 그림들을 찾아보기도 하고, 부여 지역의 지리적 특성을 보여 주기 위해 다양한 형태의 지형도를 찾아보기도 했다. 하지만 사비도성 내부가 거의 발굴되지 않았기 때문에 대부분을 상상력에 의지할 수밖에 없었다. 게다가 출간 일정이 바특하여 단기간에 끝내야 하는 바람에 결과적으로는 매우 부실한 복원도가 되고 말았다. 그래도 '어떻게 하면 사비도성의 경관을 복원할 수 있을까'라는 문제의식을 키우는 직접적인 계기가 되었다.

대학원 선배들의 권유로 두 차례 정도 외부 학회에서 발표할 기회도 생겼다. 서울시립대 서울학연구소와 역사문화학회로 시기나 장소는 달랐지만 모두 '도성'이라는 주제의 학술 대회였다. 나는 당연히 백제의 사비기를 중심으로 발표를 했다. 석사 논문을 쓰는 과정에서 고민했지만 미처 쓰지 못한 것을 추가하고 보완하는 수준이었다. 두 곳모두 소정의 발표료를 주었다. 적은 금액이었지만 논문을 쓰고 처음받은 돈이었기 때문에 각별하게 느껴졌다.

그렇지만 발표 날짜가 정해지고 하루도 마음이 편치 못했다. 박물관 업무 때문에 발표문조차 제대로 작성하기 힘들었고, 주말이나 휴일에 잠시 휴식을 취할 때도 부담감 때문에 항상 마음을 졸이면서 지냈다. 그 경험을 통해서 다짐한 것이 있다. 앞으로 준비되지 않은 발표는 절대 맡지 않겠노라고. 또 다른 사람이 기획해서 의뢰하는 발표보다는 시간이 더 걸리더라도 내가 쓰고 싶은 것을 미리 계획해서 준비한 것만 발표하겠노라고. 그다음부터는 일부러 나에게 발표를 의뢰한 줄 뻔히 알면서도 거절하는 경우가 많았고 지금도 이 태도를 견지하고 있다. 쓰고 싶은 주제를 스스로 찾아서, 자신의 일정과 형편에 맞게 조절해서 발표하는 것이 중요하다.

처음 찾아온 방황

2001년 2월 대학원 석사과정을 졸업하고 같은 해 4월 결혼식을 올렸다. 군 제대 후 복학한 학교에서 지금의 아내를 만났다. 아내는 같은 과 후배였는데 정기 답사를 준비하면서 호감을 갖고 사귀게 되었다. 대학 때 처음 만나 7년 동안 연애를 하고 결혼까지 하게 됐으니, 교원대가 내게 준 가장 큰 선물로 여기며 감사하고 있다.

또 같은 해 7월에는 용산에 있는 중앙박물관 건립추진기획단이라는 곳으로 전근을 가게 됐다. 기획단 사무실은 공사 현장의 한쪽 귀퉁이에 가건물로 지어져 있었는데, 하루 종일 공사장에서 나는 기계 소리와 미군 헬기가 뜨고 내리는 소음이 끊이지 않는 말 그대로 공사판이었다.

묵혀 둔 숙제 같았던 석사 논문도 쓰고, 오랜 연애 끝에 결혼도 해서 마침내 자취 생활을 청산하게 되었다. 비록 공사 현장으로 출근했지만 안정된 생활을 꾸려 가고 있었기 때문에 나에게 공부를 강요하는 사람은 아무도 없었다. 거기에 더하여 이제 백제 사비도성에 대해서는 주변의 다른 사람들에게 그다지 배울 게 없을 것 같은 오만한 생각이 들었다. 박사과정에 진학한다고 해도 그런 생활이 크게 바뀌지 않을 것 같았다. 안정된 생활은 역설적으로 더 이상 공부에 매력을 느끼지 않게 했다. 그 후 약 2년 동안 슬럼프에 빠졌다.

중학교 때 역사 공부를 하겠다고 결심한 이후 처음으로 방황을 하게 되었다. 대학에 갓 입학한 신입생 때도 매일 아침 일찍 일어나 도서관을 찾았던 내가 더 이상 전공책을 읽지 않았다. 함께 일하는 동료나 선후배들과 자주 술을 마시러 다녔고, 처음으로 '노는 것이 즐겁구나'라고 생각했다. 그전까지 나는 대학원 진학이나 논문을 써야 한다는 강박관념 때문에 한 번도 나를 놓아 버린 적이 없었다. 항상 긴장하면서 목표를 향해 뛰어야 한다고 강요하며 살았다. 돌이켜 생각하면 그런 방황이 있었기 때문에 지금 이렇게 곁눈질하지 않고 제 갈 길을 가고 있다고 믿는다.

같은 길을 걷는 동지를 만나다

방황의 시간 동안 내가 얻은 것은 갑자기 늘어난 몸무게만이 아니었다. 당시 만났던 사람들은 지금도 내가 편하게 대화할 수 있는 동료가 되었다. 내가 기대고 싶을 때 편하게 찾을 수 있는 사람들 말이다. 내 연구 인생에서 결코 빼놓을 수 없는 두 명의 기와 연구자를 만난 것도 그 무렵이다. 한 사람은 일본 오카야마 이과대학의 가메다 슈이치亀田修一 교수다.

가메다 교수는 1970년대 말 충남대에 유학을 와서 1981년도에 백제 기와를 주제로 매우 획기적인 논문을 발표한 중견 학자다. 일본 규슈대학 출신으로 한국어도 능숙했으며 1년에 한 번 정도는 반드시 중앙박물관을 찾아오셨다. 내가 석사 논문을 쓸 때 가장 많이 참고하고, 인용했던 논문을 쓴 분이라서 더욱 각별하게 느껴졌다.

가메다 교수는 다른 일본 연구자들과 달리 매우 솔직한 분이셨고, 처음 만났을 때부터 여러 가지 유익한 조언을 많이 해 주셨다. 특히 석사 논문을 읽고 나서 매우 재미있게 읽었다며, 자신이 하고 싶었지만 미처 다루지 못했던 부분을 흥미롭게 정리해 주어서 영리한 사람이라는 인상을 받았다는 칭찬도 아끼지 않으셨다.

가메다 교수의 논문은 백제 기와를 어떻게 연구할 것인가라는 문제를 생각할 때 지금도 중요한 의미를 갖는다. 앞서 말한 대로 내 논문은 그러한 연구 성과를 바탕에 깔고, 도성 내 기와집의 분포 양상을 다루었다. 고고학 자료인 기와를 역사 해석의 자료로 활용해 본 것이다. 아마 그 부분을 말씀하신 것 같다. 당시 선생님의 코멘트는 내 논문에 관한 거의 유일한 의미 있는 반응이었기 때문에 많은 격려가 되었다.

다른 한 사람은 나라현립 가시하라고고학연구소의 시미즈 아키히로淸水昭博 연구원으로 지금은 데쓰카야마대학 교수로 있다. 시미즈 선생은 당시 충남대 백제연구소에 1년 연수를 와서 이제 막 한국어를 배우고 있었다. 같은 연구소에 있는 한국통인 기노시타 와타루木下亘 선생의 소개로 처음 인사를 했다. 나보다 나이가 다섯 살이나 많았지만 전공이나 관심사가 비슷해서 금세 친해졌다. 시미즈 선생은 가시하라 연구소에서 다양한 발굴 현장을 경험했고, 기와 한 점을 보더라도 세밀하게 관찰해서 치밀하게 분석해 내는 탁월한 능력을 가지고 있었다.

당시 충남대박물관에는 부여 동남리사지에서 출토된 수백 점의 수막새가 아직 정리되지 않은 채 남아 있었다. 시미즈 선생은 어학연수를 하는 틈틈이 자료 정리를 도와주고 있었는데 우연히 선생과 함께 유물을 보면서 이야기를 나눌 기회가 생겼다. 나는 그때까지 기와를 다루면서도 실물을 분석한 것이 아니라 도록이나 보고서를 보며 공부하고 있었다. 실제 유물을 접했을 때 무엇을 어떻게 분석해야 하는지 전혀 알지 못한 절름발이였다. 시미즈 선생과의 짧은 만남은 실제 유물을 만져보지 않고 쓴 논문이 더 이상 의미가 없다는 것을 깨우쳐 주었다. 잠시 잊고 있던 백제사에 대한 연구 욕구를 자극하는 중요한 계기였다.

시미즈 선생은 가메다 선생 이후 일본에서 거의 유일하게 백제 기와, 나아가 삼국시대의 기와를 연구하는 뛰어난 학자가 되었다. 내가 기와를 보다가 의문점이 생기면 항상 토론하는 상담자이자 내 논문의 부족한 점이나 의미에 대해서도 누구보다 잘 간파하는 진정한 학문의 동지同志라 할 수 있다. 그와의 만남을 통해 기와에 관한 전문성을 내 연구의 가장 큰 무기로 삼아야겠다고 생각하게 되었다. 많은 고고학자나 미술사학자들이 토기의 편년이나 불상의 양식에 매달리고 있을 때, 나는 아직 아무도 거들떠보지 않은 기와를 정리하고 분석해서 나만의 독특한 색깔을 가진 연구를 할 수 있겠다는 믿음이 생겼다.

익산 미륵사지

제 2 부

유물은
어떻게 역사가 되는가

제 3 장

새로운 질문으로
새로운 해석을 만든다
_정림사지 소조상 연구

● 흙으로 만든 불상 대좌 ●

백제에서는 불교의 영향력이 본격화된 6세기부터 흙으로 불상이나 대좌를 만들어 사용했다. 금속은 비용이 많이 들고, 돌은 다루기가 어려워 흙을 빚어 불상을 만드는 소조 기법이 발달했다. 이 불상 대좌는 가마터 안에서 일곱 개의 조각으로 깨진 채 발견되었다. 커다란 연꽃잎으로 이루어진 연화대좌 위에 두세 겹의 옷 주름이 멋들어지게 늘어져 있다. 높이 90센티미터, 폭 250센티미터 크기로 원래는 대형 소조불을 올려놓기 위해 만들었을 테지만 무슨 연유에서인지 완성되지 못한 채 가마터에 버려졌다. 백제에서도 대형 소조상을 제작했음을 보여 주는 가장 확실한 증거라는 데 그 의의가 크다. (청양 본의리 가마터 출토)

새로운 연구의
단초를 찾다

석사 논문 발표 이후 발령난 박물관에서의 파견 생활은 남들이 예상하는 것처럼 업무량이 많거나 급박한 일이 계속되지는 않았지만 차마 공부를 하려는 마음조차 먹기 어려운 상황이었다. 새 박물관 건립의 가장 큰 걸림돌인 미군 헬기장 이전 문제가 해결되지 않아 연일 언론에서 비판 기사가 쏟아졌고, 끊임없이 울리는 공사장 소음은 새 박물관 개관이 머지않음을 매 순간 자각시켜 주었다. 당장에는 아무것도 할 수 없었지만 그래도 무언가를 해야 할 것 같은 강박관념이 어깨를 짓눌렀다. 그런 분위기 속에서 개인적인 논문을 쓰고 연구를 한다는 것은 오히려 자신이 몸담고 있는 조직에 죄를 짓는 것처럼 느껴졌다.

대학원 박사과정을 시작한 것은 그런 무미건조하고 숨 막히는 시간을 탈피하기 위한 차선책이었다. 어차피 공부를 하려고 작정한 마당에 박사 학위는 받아야 할 것 같고, 그렇다고 현재 상황에서 딱히 공부에 매진할 수도 없으니, 이런 어수선한 상황에 그냥 박사과정 수업이라도 들어 두어야겠다는 심정이었다. 석사 논문에서 사비도성을 중점적으로 다루었기 때문에 장기적으로 박사 논문도 그것을 좀 더 발전시켜야겠다고 생각했다.

토기 파편으로 유물 관찰법을 배우다

일을 하면서 대학원에 다녔던 터라 수업은 하루나 반나절 연가를 내서 들어야 했다. 하루에 수업을 몰아서 들어야 했기 때문에 고대사 관련 수업만 들을 수는 없었고, 어쩔 수 없이 고려나 조선시대 수업도 함께 수강했다. 그런 수업이 내게 무슨 도움을 줄 수 있을까 싶었지만, 전혀 기대하지 않은 데서 도움을 받기도 했다. 예를 들어 서울의 궁궐을 검토한 조선시대 수업은 나중에 고대 도성이나 왕궁을 연구할 때 많은 도움이 되었다. 경복궁과 창덕궁을 실제 답사하면서 궁궐의 배치나 연구 방법에 대해 들었는데 그 뒤에 발굴된 백제의 왕궁 관련 유적인 부여 관북리유적이나 익산 왕궁리유적을 어떻게 연구할 것인지를 고민할 때 참고가 되었다.

강사나 대학원생들의 사정으로 토요일로 강의 시간을 옮기는 경우가 있으면 일부러 찾아서 들었다. 그런 수업은 직장에 다니는 사람이 많은 고고미술사학과에서 개설한 경우가 대부분이었다. 나중에 확인해 보니 박사과정 때 수강한 수업의 절반을 고고미술사학과 수업이 차지했다.

대학원 수업과 관련해서 잊을 수 없는 것이 현재 영남대에 있는 정인성 선생의 낙랑 토기에 관한 강의였다. 당시 정인성 선생은 이제 막 도쿄대학에서 박사 학위를 받은 젊은 연구자였다. 아직 국내에 자리를 잡지 못해 일본에서 아르바이트를 하면서, 비행기를 타고 날아와 한 달에 한 번씩 하루 종일 강의를 했다. 강의는 주로 자신이 박사 논문에서 집중적으로 다룬 토기에 관한 것이었다. 낙랑 토기를 검토하게 된 배경부터 연구 과정, 분석 결과에 의미 부여까지 매우 열정적으로 강의했다. 도쿄대학에는 일제강점기에 발굴해서 가지고 갔지만, 아직 공개하지 않은 많은 토기와 기와 파편이 남아 있다. 그러나 완전한 형태를 갖춘 토기는 거의 없고 대부분 목이나 몸통, 바닥 등으로 조각난 파편들이다. 정 선생은 그런 파편들을 하나하나 세척하고, 접합시켜서 사진을 찍고, 도면을 그리는 과정을 매우 상세하게 설명해 주었다.

가장 흥미로웠던 부분은 도쿄대학에 남아 있는 토기들이 완형完形이 아닌 파편이기 때문에 토기의 제작 기법을 훨씬 더 정밀하게 관찰할 수 있고, 그것을 통해 낙랑 토기의 제작 과정을 복원할 수 있다는 점이었다. 정 선생은 이를 증명하기 위해 이제 막 보급되기 시작한 디지털카메라로 토기 제작 과정에서 남겨진 미세한 흔적들을 촬영했는데, 수업 시간에 그런 구체적인 사진들을 하나하나 제시하며 설명했다.

그런 수업 방식은 내게 큰 깨달음을 주었다. 그전까지 내가 들었던 고고학이나 미술사 강의는 사진이나 도면 몇 컷을 제시하고, 그에 관해 어떤 논의들이 있고 어떤 문제가 남아 있는지를 토론하는 방식이었다. 그러나 정 선생은 토기 파편 한 점에 대해 최소 열 컷 이상의 사진을 보여 주면서 흔적을 통해 어떻게 토기의 제작 과정을 복원할 수 있는지 설명해 주었다. 나는 이 수업을 통해 비로소 유물을 관찰하는 법을 알게 되었다. 그때 들었던 토기 관찰 방법은 다른 유물에도 쉽게 응용할 수 있었는데 내 경우는 수막새나 암키와, 소조상 등의 제작 기법을 관찰할 때 큰 도움이 되었다.

정인성 선생이 보여 준 학문에 대한 태도도 인상 깊었다. 아침부터 시작된 강의는 늦은 밤 술자리까지 이어지는 경우가 많았다. 정 선생은 자신이 도쿄대학에서 낙랑 토기를 연구하면서 느낀 설움과 울분, 그리고 마침내 자신이 찾아낸 연구 결과에 대해서 항상 격정적으로 이야기했다. 그런 이야기를 들으면서 불과 몇 년 전만 해도 저렇게 열심히 공부하던 내 모습이 떠올랐다. 공부를 더 잘할 수 있을 것이라 생각해서 박물관에 들어왔는데, 지금 나는 무엇을 하고 있나 하는 생각이 들었다. 한동안 잊고 지냈던 역사 연구에 관한 열정이 되살아나는 것을 느꼈다. 지금도 학술 대회나 업무 때문에 정인성 선생을 가끔 만날 일이 있는데, 항상 존경과 감사의 마음을 가지고 있다.

새로운 연구의 단초가 된 도자기 파편

정인성 선생의 수업을 들으면서 공부를 좋아했던 예전의 내 모습으로 돌아가기로 마음먹었다. 과거 석사 논문을 쓰면서 탐독했던 책들을 다시 꺼내 들었고, 그 후 새로 나온 논문들을 찾아 읽으며 새로운 내용이 없는지 살펴보았다. 학점을 따기 위한 대학원 수업도 병행했다. 2004년 상반기에는 중앙박물관 미술부장이었던 김영원 선생의 한국 도자사陶磁史에 관한 수업을 듣게 되었다. 백제의 경우 삼국 중에서 유난히 중국 도자기가 자주 출토되기 때문에 미술사에서는 어떤 이야기가 오가는지 궁금했다.

수업은 고대부터 조선시대까지 도자사의 논쟁이 되는 주제를 선정해서 검토하는 방식으로 진행되었다. 나는 백제 지역에서 출토된 중국 도자기 전체를 정리해서 발표했는데, 발표 후에는 그것을 보완해서 기말 리포트로 제출해야 했다. 그런데 수업 발표문을 준비하다가 과거 백제 특별전을 준비할 때 부여박물관 수장고에서 보았던 중국제 도자기 파편 하나가 떠올랐다. 특별전에 전시할 다른 유물의 보존 상태를 실사하는 과정에서 우연히 발견한, 아직 학계에 공개되지 않은 부여 정림사지 출토품이었다. 그러나 급하게 찍은 사진 한 컷 말고는 다른 정보가 없었다.

수업에서 찍어 두었던 사진을 발표하면서 그것이 중국제 청자 파편이라는 것을 확신하게 되었다. 그리고 발표 때 부족한 부분을 보완하기 위해 중간고사 기간을 이용해서 부여박물관을 찾아갔다. 당시 부여박물관 학예실장의 배려와 유물 담당 학예사의 도움을 받아 도자기 파편을 찾기 시작했다. 1999년 여름, 특별전을 준비하면서 내가 처음 그 유물을 발견한 곳은 제3수장고 가장 안쪽에 정림사지 유물을 모아 둔 곳이었다. 이유는 모르겠지만 지금도 그 위치를 선명하게 기억하고 있다. 처음에는 당연히 그곳에 보관되어 있을 것으로 예상하고 수장고에 들어갔는데 찾아보니 없는 게 아닌가? 당연히 있어야 할 유물이 원래 자리에 없으니 당황할 수밖에 없었다.

이로써 보물찾기가 시작되었다. 먼저 부여박물관에서 구축해 둔 유물관리시스템으로 정림사지에서 출토된 자료 전체를 검색했다. 그리고 유물 명칭과 사진이 있는 자료를 출력해서 수장고에 보관된 서랍장 하나하나를 들춰 보았다. 박물관 소장품들은 발굴된 시기나 출토지별로 보관하는 경향이 있다. 정림사지의 경우 발굴된 연도에 따라 서너 곳으로 분산되어 있었다. 그러나 두 시간이 넘도록 샅샅이 뒤졌지만 헛수고였다.

마지막으로 찾아간 곳이 제3수장고 2층에 있는 미등록 유물이 보관된 곳이었다. 그곳에는 정림사지에서 출토됐지만 자료적인 가치가 떨어져 발굴보고서에 수록되지 않은 파편들이 보관되어 있었다. 불에

정림사지의 청자 파편(좌)과 중국 난징의 청자병(우) 정림사지 연구의 단초가 되었던 문제의 중국 청자 파편으로 1942년 강당지에서 발굴되었다. 나는 이 유물과 가장 비슷한 자료로 뚜이먼산 남조묘 출토품을 지목했다. 2017년 3월 우연히 들른 난징 육조박물관에서 처음으로 실물을 접할 수 있었다. 감개무량!

탄 흙이나 깨진 벽체壁體의 파편, 기와나 토기의 작은 파편, 흙으로 만든 인물상의 파편 들이 플라스틱 박스에 담겨 차곡차곡 쟁여져 있었다. 그때 처음으로 상당량의 유물이 발굴보고서에 수록되지 않은 채 별도로 남아 있다는 것을 알게 되었다. 하지만 그날은 끝내 도자기 파편을 찾지 못하고 서울로 돌아가야 했다. 도자기 파편 하나를 찾으러 부여까지 갔지만 보기 좋게 허탕을 쳤다. 그래도 부여박물관에 보관 중인 정림사지 유물을 대충이라도 한번 훑어볼 수 있는 좋은 기회였다. 충남대박물관에서 1979년 이래로 발굴한 유물 말고도 일제강점기에 발굴한 유물이 함께 남아 있다는 것을 알게 되었고, 충남대박물관에서 발굴한 유물 중에서 발굴보고서에 게재되지 않은 자료가 존재한다는 것도 우연히 알게 되었으니 다행으로 여겼다.

헤어질 무렵 부여박물관의 학예실장이 백제 토기에 관한 자신의 박사 논문을 선물로 주었다. 서울행 버스에 올라 선물로 받은 논문을 넘기다 깜짝 놀라지 않을 수 없었다. 하루 종일 찾아 헤맸던 도자기 파편 사진이 그 논문에 수록되어 있는 것이 아닌가. 곧바로 담당 학예사에게 전화를 걸어 논문 속 유물이 지금 어디 있느냐고 물었다. 돌아온 대답은 허무하게도 상설전시실에 전시되어 있다는 것이었다. 전시실을 개편할 일이 생겨서 그때 새롭게 공개하게 되었다고 했다. 그 유물이 벌써 전시실에 진열되어 있으리라고는 미처 상상도 못하고 하루 종일 수장고만 찾아 헤맨 것이다. '중요한 자료를 알아보는 눈은 누구나 똑같구나'라는 생각이 들었다. 어쨌든 유물의 소재라도 알게 됐으니 다행이라 생각하고 귀찮더라도 한 번 더 부여를 방문해야겠다고 마음 먹었다.

우연을 가장한 필연,
정림사지 소조상

    사비도성에 관한 석사 논문을 준비하면서 정림사지를 주제로 한 논문을 꼭 한번 써 보고 싶다는 생각이 들었다. 그런 생각은 경주 황룡사지에 대한 관심에서 비롯되었다. 대학원에서 경주에 관한 수업을 들으면서 황룡사지에 대해 묘한 매력을 느꼈다. 황룡사지는 일제강점기의 지적도를 분석하여 신라 왕경을 복원하는 작업을 할 때 가장 핵심요소였다. 황룡사가 창건될 때부터 계속해서 일정한 면적을 유지하고 있었기 때문에, 그것을 기준으로 삼으면 바둑판 모양의 도로망을 복원할 수 있기 때문이다.

    나는 경주에서 황룡사지가 가진 위상이 부여에서는 정림사지에 해당할 것이라는 가설을 가지고 있었다. 정림사지는 백제 사찰을 대표하는 가장 중요한 유적 중 하나로 부여 시가지의 중심에 위치하고 있다. 그렇지만 정림사지에 대해서는 1981년 윤무병 선생의 발굴보고서와 몇 편의 논문 말고는 본격적으로 다룬 논문이 없었기 때문에 항상 아쉬웠다. 석사 논문을 쓰고 나서 잠깐 고민했던 사비도성의 경관을 복원하기 위해서는 도성 내에서 가장 많은 기와집이 배치된 불교 사원을 연구할 필요가 있었다. 개별 사원들을 분석한 결과가 모이면 좀 더 구체적인 도성의 이미지가 만들어질 것으로 기대했다. 사비도성의 한가운데 위치하고, 백제시대에 만들어진 5층 석탑이 지금도 남아 있는 정림사지를 검토하지 않을 수 없었다.

정림사지 연구의 시작

우선은 발굴보고서를 읽어 보기로 했다. 이 보고서는 내가 고고부에 처음 발령받았을 때 당시 고고부에서 유일하게 백제를 전공했던 신광섭 연구관(현 울산박물관장)이 챙겨 준 것이었다. 그분은 고고부에 오기 전에 부여박물관 관장을 역임한 바 있고, 직접 백제 금동대향로를 발굴한 분이기도 하다. 내가 백제를 공부한다는 것을 듣고 당시에는 구하기 힘든 귀한 보고서였던 부여 관북리유적과 정림사지 발굴보고서를 일부러 챙겨 주었다. 격려의 말씀도 아끼지 않았다. 그때만 해도 부여 지역이나 불교 사원에 대해 별다른 관심이 없어서 자세히 보지 않았는데 부여에 다녀온 후 그때 선물로 받았던 정림사지 보고서를 다시 꺼내 들었다.

부여 정림사지 전경　정림사지는 백제 사비기를 대표하는 사찰이다. 사비도성의 한가운데 위치한 점으로 볼 때 도성의 랜드마크와 같은 역할을 했을 것으로 생각된다.

충남대박물관에서 나온《정림사지 발굴보고서》는 1979년부터 발굴한 내용을 1981년에 발간했는데 당시의 풍토를 생각하면 이례적으로 신속하게 출간한 편이다. 이 보고서의 고찰에서 윤무병 선생은 몇 가지 획기적인 견해를 발표해 학계의 주목을 끌었다. 먼저 정림사지가 도성의 한가운데 위치하기 때문에 538년 사비 천도 직후인 6세기 중엽에 창건했다고 보았다. 또 현존하는 5층 석탑 주변에 관한 발굴 조사에서 후대에 재건된 흔적이나 목탑의 흔적을 전혀 찾을 수 없었기 때문에 '5층 석탑의 건립 연대'도 역시 창건 당시인 6세기 중엽으로 보아야 한다고 주장했다. 이것은 7세기경에 세워진 것으로 추정되는 익산 미륵사지 석탑이 목탑 양식을 충실하게 따르고 있으므로 정림사지 석탑보다 먼저 건립되었다는 기존의 학계 견해와 상반되는 것이어서 큰 논란이 되었다. 그 밖에도 정림사지에서 처음 발견된 소조상塑造像과 도용陶俑이 중국 북위北魏의 무덤에서 발견된 도용들과 매우 유사하기 때문에 문헌에는 나오지 않는 백제와 북조의 교류를 알려 주는 새로운 자료라며 높게 평가하기도 했다.

윤무병 선생이 작성한 발굴보고서를 다시 읽어 보았지만 무엇을 어떻게 해야 할지 전혀 갈피를 잡을 수 없었다. 사실 발굴보고서는 유구나 유물의 객관적인 현상만을 나열하기 때문에 흥미를 갖고 읽기가 쉽지 않다. 그래서 정림사지 출토 도용에 관한 이야기를 할 때면 항상 빠지지 않고 등장하는 중국 북위의 수도 뤄양洛陽을 대표하는 사찰인 영녕사永寧寺 보고서를 다시 꺼내 들었다. 《북위 뤄양 영녕사》라는 제목의 보고서는 두 가지 버전이 있다. 하나는 중국 사회과학원 고고학연구소에서 간행한 중국어판이고, 다른 하나는 그것을 일본 나라문화재연구소에서 번역한 일본어판이다. 일본어판의 경우 중국어판에 없는 일본 학자들의 특별 논고 네 편이 덧붙여져 있다. 당시 중앙박물관 도서관에는 일본어판만을 소장하고 있었는데 나는 오래전 도서관에서 그 책을 빌려다 두고 사진만 보았을 뿐 보고서의 내용을 제대로 검토한 적은 없었다. 하지만 부여에 다녀와서 모처럼 무언가를 새롭게 시작하려고 작정했으니 그 속에 어떤 내용이 있는지 꼼꼼하게 읽어 보기로 했다.

그때 처음 읽은 논문이 마쓰우라 마사사키松浦正昭 교수의 「영녕사 탑내소상塔內塑像의 세계」라는 논문이다. '탑내소상'이라는 말은 '불탑의 내부에 안치한 소조상'의 줄임말이다. 문헌 기록에 따르면 뤄양 영녕사에는 519년 무렵에 건립된 9층의 거대한 목탑이 있었지만 534년에 벼락을 맞아 불타 없어졌다고 한다. 뤄양 영녕사 목탑지 부근

부여 정림사지 소조상(좌)과 뤄양 영녕사의 소조상(우)
부여박물관 수장고에는 보고서에 수록되지 않은 많은 소조상 파편과 불에 탄 흙, 벽체 파편 등이 박스에 담긴 채 남아 있었다. 오른쪽은 중국 뤄양문물공작대의 영녕사 소조상 전시 모습이다.

에서는 약 1,600점 정도의 엄청나게 많은 소조상들이 발굴되었는데 이것은 원래 목탑의 내부를 장엄莊嚴하기 위한 탑내소상이었다. 마쓰우라 교수는 이 논문에서 영녕사에서 발견된 대·중·소형의 탑내소상들이 목탑의 어떤 위치에, 어떤 형태로 안치되어 있었는지를 복원하고자 했다.

우연히 읽게 된 이 짧은 논문을 보고 나는 엄청난 충격을 받았다. 목탑 내부에 소조상이 안치되었다는 것을 그때 처음 알았기 때문이다. 현존하는 가장 오래된 목탑인 일본 호류지法隆寺 5층 목탑의 1층 내부에는 지금도 흙으로 만들어진 소조상이 동서남북 4면에 안치되어 있다. 그것을 앞서 언급한 '탑내소상'이나 '탑본소상塔本塑像'으로 부른다. 나중에 다른 사람들에게 물어보니 불교미술에 조금만 관심이 있으면 다들 알고 있는 상식이라고 했다. 하지만 나는 그때 처음으로 목탑과 소조상이 깊은 연관성이 있다는 것을 알게 되었다.

갑자기 얼마 전 부여박물관 수장고에서 보았던 엄청나게 많은 벽체 파편과 불에 탄 흙덩어리 들이 떠올랐다. 현존하는 정림사지 5층 석탑이 세워지기 이전에 목탑이 존재했을 것이라고 말했던 선학들의 주장을 새롭게 조명할 수 있을 것 같은 예감이 뇌리를 스치고 지나갔다.

그 후에 진행된 나의 정림사지 연구는 모두 《북위 뤄양 영녕사》 보고서에서 시작되었다고 해도 과언이 아니다.

정림사지 소조상의 재조사

영녕사 보고서를 탐독하면서 부여 정림사지에 관한 발굴보고서를 다시 검토했다. 예상했던 것보다 훨씬 더 많은 공통점이 확인되었다. 하지만 정림사지 보고서는 유물 한 점당 흑백사진 한 장밖에 보여 주지 않아 정확한 실체를 알기 어려웠다. 그래서 여름방학이 시작되자마자 곧바로 부여박물관을 다시 찾아갔다. 이번 조사의 주된 목적은 중국제 도자기 파편을 찾기 위한 것이 아니라 소조상의 전모를 확인하는 것이었다.

조사는 이틀 동안 거의 쉬지 않고 계속되었다. 중앙박물관에서 함께 일하는 친한 선배 연구관이 직접 사진을 찍어 주었다. 나는 사진 찍는 것을 보조하면서 틈틈이 크기와 특징을 간략하게 메모했다. 정림사지 소조상들은 단 한 점도 완형이 없었고 모두 파편인 채로 남아 있었다. 머리와 몸통이 분리되어 있었고 상반신이나 하반신, 팔이나 다리도 따로따로 남아 있었다. 정림사지의 경우 전시실에 전시된 자료까지 합쳐서 모두 100점 이상을 촬영했고 혹시 도움이 될까 싶어 능산리사지나 구아리사지, 부소산사지 등 부여박물관에 소장된 다른 소조상 자료도 함께 찍어 두었다. 그 선배는 비록 내가 까마득한 후배였지만 박물관 소장품을 활용해서 뭔가를 해 보려 한다는 점을 기특하게 여겨 일부러 도움을 주었던 것 같다. 국립박물관에 그런 전통이 남아 있다는 것에 감사했다.

용산의 가건물에 돌아와서 부여에서 찍어 온 사진 하나하나를 정리하기 시작했다. 낮에는 업무 때문에 바빠서 퇴근 이후에야 겨우 시간을 낼 수 있었다. 메모한 내용을 바탕으로 사진을 정리하는 데 한 달 이상의 시간이 걸렸다. 자료 정리는 많은 인내심을 필요로 하는 고된 일이었지만 가장 값진 시간이기도 했다. 정림사지 소조상들은 대부분이 파편이기 때문에 원래의 형태를 알 수 없었다. 그러나 머리 모양이나 손 모양, 다리 모양 등을 통해 원래 어떤 부위였고 어떤 모양이었을지 조금이나마 유추할 수 있었다.

　　퇴근하는 지하철에서는 그날 정리했던 자료들을 머릿속에 떠올려 보곤 했다. 예전에 대학원 입시를 준비할 때는 지하철을 타고 집에 돌아가면서, 공부하는 자체가 좋아 이대로 죽어도 여한이 없다고 생각했었다. 하지만 그때는 이대로 절대 죽을 수 없다고 다짐했다. 내가 아니면 아무도 이것을 밝힐 수 없을 것 같은 기분이 들었기 때문이다. 그래서 이것만은 반드시 논문으로 발표하고 죽어야겠다는 말도 안 되는 생각을 하기도 했다. 집에 돌아와서도 좀처럼 잠을 이룰 수 없었다. 장님 코끼리 만지기 같은 일이지만 깨지고 부서진 파편들이 주는 참맛을 제대로 느낄 수 있었다. 잠 못 드는 불면의 밤이 이어졌고 박물관에서 일한다는 사실에 처음으로 고마움을 느꼈다.

도용일까, 소조상일까

　　부여박물관에서 찍은 사진들을 정리하면서 이를 어떻게 논문으로 정리할지 고민했다. 대단한 것을 발견한 것 같은데 어떻게 하면 이것을 조금 더 설득력 있게 보여 줄 수 있을까 하는 문제였다. 그 무렵 읽었던 책에서 실마리를 찾을 수 있었다. 책에서는 좋은 논문을 쓰기 위해서는 무엇보다도 정확한 개념과 방법론이 중요하다고 말했다. 그래야만 자신이 쓴 논문이 연구사적으로 어떤 의미를 갖는지 조금이나마

자각할 수 있다는 의미였다. 그래서 가장 먼저 착수한 것이 개념과 용어에 대한 검토였다.

부여박물관의 전시실이나 도록에서는 정림사지에서 나온 흙으로 만든 많은 유물들을 '도용陶俑'이라고 불렀다. 이는 발굴보고서를 작성했던 윤무병 선생이 처음 사용한 용어인데 이에 대해 다음과 같이 언급하고 있다. "여기에서 도용이라고 이름한 유물들은 흙으로 빚어서 구워 낸 인형을 의미하는데, 토우土偶 또는 니상泥像이라고 부르는 경우도 있으나 중국 학자들의 용례에 따라 도용이라는 단어를 사용하였

정림사지의 각종 소조상 정림사지에서는 크기나 형태가 다른 다양한 형태의 소조상이 대량으로 발견되었다. 처음에는 그것을 무덤의 부장품으로 생각했지만 목탑 1층의 네 벽면을 장식하는 전혀 다른 용도라는 것이 밝혀졌다.

다"는 것이다. 발굴보고서가 간행된 1981년 국내에는 '흙으로 빚어서 구워 낸 사람 모양을 한 유물'이 신라 토우 말고는 전례가 없었기 때문에 중국 학계의 용례에 따라 이렇게 불렀다는 것이다.

그렇지만 중국에서 사용한 '용俑'의 사전적인 의미는 이와 다르다. 『맹자』 등의 문헌 기록에 따르면 '용'은 흙으로 만든 인형으로 무덤에 함께 묻는 명기明器를 가리킨다. 왕이나 귀족이 죽었을 때 살아 있는 신하나 종을 함께 묻는 순장殉葬의 폐단을 없애기 위해 사람 대신에 사람 모양을 본뜬 것을 무덤에 함께 묻었는데 그때 흙으로 만든 인형이 바로 '도용'이다. 중국 진시황릉에서 발견된 병마용을 떠올리면 좋을 것이다. 그러나 정림사지는 무덤이 아닌 절터. 적어도 정림사지에서 나온 유물은 도용이 될 수 없다. 그래서 도용이라는 용어보다 더 포괄적인 용어인 '소조상'으로 부르는 것이 적절하다.

정림사지처럼 무덤이 아닌 절터에서 소조상 혹은 소조인물상이 출토된 사례가 없는지 중국과 일본의 사례를 살펴보았다. 중국의 뤄양 영녕사 보고서를 다시 찾아보니 목탑지에서 출토된 많은 유물들에 대해 도용이라는 용어 대신 소상塑像, 니소상泥塑像 또는 니소인물조상泥塑人物彫像으로 부르고 있었다. 그리고 어떤 연구자들은 목탑의 내부를 장엄하는 데 사용한 것을 강조하기 위해 탑내소상이라는 용어를 사용하는 경우도 있었다. 일본의 경우 호류지 목탑이나 야쿠시지藥師寺 목탑지에서 정림사지와 비슷한 소조상이 출토되었는데 역시 소상 혹은 탑본소상, 소벽塑壁 등으로 부르고 있었다.

사비기 백제의 고분에서는 도용이나 소조상이라 부를 만한 유물이 단 한 점도 출토되지 않았다. 그런 점에서 정림사지에서 출토된 소

일본 호류지 목탑의 소조상　일본 호류지 목탑은 현존하는 세계에서 가장 오래된 목탑으로, 탑 내부 1층에는 흙으로 만든 소조상이
불교와 관련된 여러 장면을 연출하고 있다. 그중에서 이 사진은 북쪽 벽면에 연출된 석가모니 열반 장면이다.

조상은 고분의 부장품副葬品이 아니라 사원의 어떤 공간을 장엄하던 불교 조각의 일부일 가능성이 높다. 유물의 명칭 하나를 다르게 부름으로써 지금까지 전혀 생각해 보지 못한 유물의 성격이나 봉안奉安 장소를 검토할 여지가 마련된 셈이다.

소조상으로
백제 대표 사찰의 비밀을 밝히다

정림사지 5층 석탑의 건립 시기 논쟁

정림사지에 관한 초기 연구는 현존하는 정림사지 5층 석탑이 과연 언제 건립되었을까 하는 문제에 집중되었다. 그 때문에 유물보다는 유구 문제에 더 관심이 몰렸다. 미술사학계나 건축사학계에서는 한반도 고대 사원의 석탑 출현 시기와 가장 먼저 출현한 석탑에 큰 관심을 가지고 있었다.

사원에서 불탑은 부처님의 진신사리眞身舍利를 모시는 곳으로, 백제는 처음에 중국의 영향을 받아 나무를 이용한 목탑을 만들었다. 그러나 목탑은 화재에 취약하기 때문에 사리를 영원토록 모시기 어려웠

익산 미륵사지 석탑(좌)과 부여 정림사지 석탑(우)   백제의 장인들은 처음 석탑을 만들려고 했을 때 미륵사지처럼 목탑을 충실하게 본떠 만들었을까, 아니면 정림사지처럼 목탑을 단순화시키고 변형된 형태로 만들었을까. 논리적으로는 둘 다 가능하기 때문에 두 석탑의 건립에 대한 선후 문제가 오랫동안 논쟁이 되었다.

고, 그 때문에 어느 때부터인가 돌을 이용한 석탑을 만들게 되었다. 한국 학계에서는 목탑의 양식을 충실하게 따르면서 재질만 돌로 바꾼 익산 미륵사지 석탑이 먼저 출현했고, 나중에 정림사지 5층 석탑과 같은 변형이 이루어졌을 것으로 이해하고 있었다. 그런데 앞에서 언급한 것처럼 윤무병 선생이 발굴 조사 결과 현존 5층 석탑이 창건기 이래로 변치 않고 그 자리에 있었기 때문에 사비 천도 직후, 즉 미륵사지 석탑보다 먼저 건립되었다고 주장했다.

윤무병 선생의 주장에 대한 가장 직접적인 반론은 우리나라 건축사학의 태두라 할 수 있는 김정기 선생에 의해 이루어졌다. 그는 정림사지에 처음 사원이 건립될 때는 목탑이 있었지만 무슨 이유에서인지 목탑이 없어지고, 그 자리에 지금의 석탑이 건립되었을 것이라고 주장했다.

현존하는 석탑 이전에 목탑이 있었다고 주장한 가장 강력한 근거는 석탑 기단부基壇部 아래에서 확인된 판축토층版築土層 때문이다. 판축토층이란 건물을 짓기 전에 건물이 들어설 땅을 파고 모래나 진흙을 엇갈려서 덮고 다지는 토목 기법으로, 마치 시루떡을 여러 장 쌓아 놓은 것 같은 모습을 하고 있다. 목탑을 건립할 때는 땅 위에 솟아 있는 수백 톤에 달하는 지상 구조물의 하중을 견디기 위해 판축 기법을 이용해서 기초 시설을 만들었다. 그에 반해 석탑은 돌이나 흙을 섞어서 소규모로 기단을 만든다. 정림사지에 만약 창건 당초부터 석탑이 있었다면 하부에 그처럼 넓은 면적을 판축할 필요가 없었다. 당시까지 조사된 백제의 목탑지에서는 모두 그러한 판축 흔적이 확인되었다. 따라서 현재의 5층 석탑 하부에서 발견된 판축토층은 지표상에 솟아 있던 판축 부분을 석탑을 건립하면서 깎아 평평하게 만든 결과라고 했다. 1984년에 나온 논문이지만 지금 읽어도 탁견이라 생각한다.

정림사지 연구에서 소외되어 있던 소조상

'5층 석탑이 언제 건립되었을까'라는 문제는 미술사학계와 건축사학계, 고고학계로 나뉘어 정림사지 연구에 관한 모든 관심을 받았다. 그러나 절터 전체에서 출토된 유물의 조합이나 유물과 건물지의 관계에 대해서는 아무도 관심이 없었다.

정림사지에서 나온 흙으로 만든 소조상은 백제를 연구하는 사람이라면 누구나 아는 자료였다. 발굴된 직후부터 부여박물관에 전시되었기 때문이다. 더구나 이미 많은 미술사 연구자들이 그러한 유물을 보고 갔다는 것을 듣게 되었다. 그럼에도 불구하고 왜 아무도 논문을 쓰지 않았을까? 아마 소조상들이 아름답지 않기 때문일 것이다. 미술사는 기본적으로 아름다운 것을 대상으로 한다. 그러나 정림사지 소조상은 파편밖에 남아 있지 않다. 기존 미술사의 학문적 패러다임에서는 정림사지 소조상을 분석해도 그다지 의미를 찾기 어려웠을 것이다.

고고학의 경우는 어떨까? 정림사지 소조상들은 발굴이라는 고고학적 조사 과정에서 발견되었다. 소조상의 경우도 처음 발견될 때부터 도용으로 불리면서 고분에 부장하는 부장품과 비슷하다는 것이 강조되었다. 그럼에도 불구하고 그와 관련된 논문이 전혀 나오지 않았다. 왜 그럴까? 우리나라의 역사고고학 연구는 고분이나 그곳에서 출토된 유물을 중심으로 할 뿐 사원이나 그곳에서 출토된 자료는 거의 다루지 않기 때문이다. 정림사지 소조상들은 마치 기와 연구처럼 고고학도 미술사도 아닌 어중간한 위치에 머물러 있었던 것이다.

하나의 절터에서 나온 유물이지만 미술사학계에서는 불상이나 도자기에만 관심을 갖고, 고고학계에서는 토기나 기와에만 관심을 기울였으며, 건축사학계에서는 기단 등 건물터만 분석하는 경향이 있었다. 학계가 서로 소통하거나 융합하기보다는 자신들의 학문적 아이덴티티만 강조하면서 세분화되고 전문화되고 있었던 것이다. 그렇기 때문에 '정림사지 소조상들이 원래 어디에 안치되어 있었을까'라는 질문은 그 자체가 기존의 학문적인 패러다임을 뒤집는 것이며, 지금까지와는 전혀 다른 차원의 새로운 주제로 우리를 안내한다.

소조상은 어디에 봉안했을까

정림사지 보고서에 따르면 정림사지의 서쪽 회랑지 남서쪽의 커다란 구덩이에서 불에 탄 흙과 벽체, 기와 파편 등과 함께 100여 점의 소조상 파편이 출토되었다고 한다. 앞서 언급한 대로 부여박물관에는 보고서에 수록되지 않은 많은 소조상편과 불에 탄 흙, 벽체편이 남아 있어 이 유물들이 과연 어디에 사용하던 것일까라는 의문을 품게 한다.

이를 확인하려면 먼저 소조상들을 분류해야 했다. 만약 이곳에서 발견된 소조상 중에서 얼굴이나 몸통의 형태를 확실하게 알 수 있는 것이 있다면 보살상이나 여래상, 천부상과 같은 방식으로 분류했을 것이다. 그렇지만 정림사지 소조상 대부분이 20센티미터 이하로 부서진 채 발견되었기 때문에 대형·중형·소형·정경 소상 등 크기에 따라 분류할 수밖에 없었다. 대형 소상은 한두 점뿐이었고 불두佛頭나 부처의 몸통 파편과 같은 중형이나 소형 소상이 많았다. 대부분은 머리에 관을 쓴 인물상이나 방패를 든 무사상의 파편, 각종 인물상의 상반신과 하반신, 동물과 식물의 장식 파편이었다.

정림사지 소조상들은 파편 상태로 출토되었기 때문에 원래의 형태를 알기는 어려워도 제작 기법은 쉽게 관찰할 수 있었다. 소조상은 흙을 가공해 형태를 만든 것이어서 토기나 기와의 제작 기법을 관찰하는 방식을 적용할 수 있었다. 낙랑 토기에 대한 정인성 선생의 강의가 도움을 준 것이다. 태토의 종류나 성형成形 방식, 소성燒成 정도 등이 중요한 관찰 대상이었다. 그 결과 이곳에서 출토된 소조상들은 불순물이 섞이지 않은 고운 점토를 이용해서, 머리와 몸통을 따로 제작한 다음 붙이는 방식으로 만들어진 것을 알 수 있었다.

성형할 때는 거푸집을 활용한 것이 확인되었는데 앞면에만 문양이 있고 뒷면은 평평하기 때문에 아직 입체적인 표현에 서툴렀음을 알 수 있었다. 성형이 끝난 소조상의 표면에는 검정색이나 흰색, 보라색 등을 채색한 흔적이 남아 있으며, 일부 불두에서는 황갈색의 유약이 관찰되기도 했다. 유약은 테라코타terra cotta처럼 낮은 온도에서 소성했다는 증거로 나중에 중요한 논쟁점이 되었다. 이러한 소조상들은 중국에서 수입한 것으로 보기에는 너무 약했기 때문에 부여 주변의 가마에서 제작했을 것으로 추정된다. 청양 왕진리 기와 가마터나 본의리 기와 가마터에서는 백제의 수막새와 함께 소조상 파편이 발견되어 그

가능성을 높여 주었다.

그렇다면 정림사지에서 발견된 소조상은 원래 어디에 봉안한 것일까? 결론부터 말하면 나는 이 소조상이 정림사지 창건 당시의 목탑에 안치되었다고 주장했다. 그 근거는 첫째, 중국 남북조시대의 사원 유적에 발견된 소조상들이 예외 없이 목탑지에서 출토되었기 때문이다. 앞서 말한 뤄양 영녕사뿐 아니라 다퉁大同의 사원불사思遠佛思, 예청鄴城의 조팽성폐사지趙彭城廢寺址 등 중국 남북조시대의 절터에서 발견된 소조상들은 모두 목탑지에서 발견되었다. 문헌 기록에 따르면 이처럼 불탑의 내부에 소조상을 안치하는 사례는 5세기 중엽 이전까지로 소급되고 있다. 둘째, 백제 사비기의 소조상들 역시 거의 예외 없이 사원의 목탑지 부근에서 발견되었기 때문이다. 부여와 익산의 목탑지에서 소조상이 발견된 사례로는 567년에 건립된 능산리사지를 시작으로 구아리사지, 부소산사지, 익산 제석사지 등이 있다. 그중 익산 제석사지는 639년에 7층 목탑이 불탔다는 기록이 남아 있고, 화재로 생긴 건축 폐기물을 갖다 버린 것으로 보이는 폐기장 유적에서 다량의 소조상이 발견되기도 했다.

흙으로 만든 소조상은 무덤에 부장한 도용과 달리 사원의 특정 건물에 안치한 장식 중 하나였다. 금당이나 목탑, 강당 등 어느 건물에도 봉안될 수 있지만 백제나 중국, 일본의 절터에서는 소조상이 목탑에 봉안되는 경향이 확인되었다. 따라서 정림사지에서 발견된 소조상들도 원래 목탑에 봉안되어 있던 것이 화재로 인해 파괴되자 구덩이를 파서 묻어 버린 것이다. 정림사지에서 발굴된 소조상을 통해 이 절터에 원래 목탑이 있었다는 것을 추론할 수 있다.

익산 제석사지 폐기장과
가와라데라 뒷산 유적

익산 제석사지 목탑지에서 북쪽으로 약 300미터 떨어진 곳에서 불에
탄 기와편과 흙덩어리, 소조상 파편 등이 종종 발견되어 전주박물관에 신
고가 되었다. 원광대박물관에서는 이 부근에 기와 가마터가 있을 것으로
예상하고 발굴에 착수하게 되었다. 하지만 조사 결과 가마와 관련된 흔적
이 전혀 발견되지 않았다.

나는 우연히 일본 아스카의 가와라데라川原寺 뒷산[裏山] 유적이라는
곳에서도 1천여 점이 넘는 다량의 소조상과 전불 파편이 발견된 적이 있다
는 것을 알게 되었다. 이 유적은 11세기 이전 가와라데라에서 목탑 등에 대
한 대규모 화재 이후에 발생한 건축 폐기물을 절에서 멀리 떨어진 뒷산의
잘 보이지 않는 곳에 가져다 버린 폐기장이었다.

이것을 참고할 때 제석사지 폐기장도 화재로 인한 건축 폐기물을 버렸
던 곳으로 볼 수 있다. 『관세음응험기觀世音應驗記』라는 고문서에는 "639년
제석정사帝釋精舍에 큰 화재가 나서 불당과 7층 목탑 등 대부분이 불탔고
목탑 아래에서 각종 사리공양구를 수습했다"라는 기록이 남아 있다. 따라
서 이곳에서 발견된 소조상의 파편들은 639년 화재로 인해 생긴 폐기물을
갖다 버린 것들이다. 나아가 제석사지 폐기장에서 발견된 불에 탄 소조상
이나 흙덩어리들이 부여 능산리사지나 부소산사지의 목탑지에서 발견된

제석사지 폐기장의 소조상(상)과 출토 당시 모습(우)

것과 매우 유사하기 때문에, 이것들이 원래 제석사지 7층 목탑을 장엄하던 탑내소상의 일부였을 가능성을 높여 주고 있다.

　나는 조사 직후 이러한 사실을 원광대박물관 관계자들에게 알려 주었고, 참고가 되는 자료들을 복사해서 제공해 주었다. 발간한 보고서에는 어디에도 나의 도움을 받았다는 내용이 나오지 않아서 그것이 고고학계의 풍토인가라는 생각도 했지만, 그래도 발굴보고서에서 조금이나마 실수를 덜

일본 가와라데라 뒷산 유적 발굴 모습(좌)과 소조상편(우)

었다는 데 만족했다.

　한편 2010년 말 일본에 연수를 갔을 때 마침 가와라데라 뒷산 유적을 재발굴하고 있었다. 1970년대에 처음 발굴했지만 어떤 곳을 발굴했는지 전혀 자료가 남아 있지 않아 기존의 조사 장소를 밝히기 위한 것이었다. 이러한 발굴은 일본에서도 매우 이례적인 것이었고 제석사지 폐기장과 관련해서도 함께 비교할 필요가 있다. 재조사 과정에서 알게 된 것은 그러한 폐기물들이 일정한 의식을 치르거나 의도적으로 버려지지는 않았다는 점이다. 이러한 양상은 2016년 제석사지 폐기장에 대한 부여문화재연구소의 재조사에서도 동일하게 확인되었다.

소조상은 누가, 언제, 왜 만들었을까

정림사지 소조상이 목탑에 안치되었을 것이라는 발상은 뤄양 영녕사 소조상이 원래 목탑에 봉안된 것이라는 논문을 읽는 순간부터 떠올릴 수 있었다. 그리고 만약 정림사지에 목탑이 있었던 것이 증명된다면, 미륵사지와 정림사지 석탑의 건립 선후 문제를 해명하는 결정적인 자료가 될 것을 예감했다. 그러나 정림사지 소조상이 목탑에 봉안되었다는 사실을 처음 밝혔다는 것만으로 만족할 수 없었다. 누가 처음 보물을 발견했고, 누가 처음 그런 이야기를 했는지는 금세 잊히기 마련이다. 그것에서 한발 더 나가 정림사지 소조상을 누가, 언제, 왜 만들었는지를 밝혀야 했다. 적어도 그런 의문을 해소하는 것이 역사학 논문이라고 생각했다.

정림사지 소조상은 언제 제작한 것일까? 그 상한을 추정할 수 있는 가장 믿을 만한 자료가 앞서 언급한 정림사지에서 발굴된 중국제 청자 파편이다. 이 청자 파편은 공주 무령왕릉에서 출토된 청자육이호青磁六耳壺와 형태가 매우 유사한데 다만 연화문의 형태나 표현하는 방식에서 약간의 차이가 있다. 그래서 우선은 중국 난징南京에서 발견된 청자 중에 연대가 확실하고 형태가 비슷한 자료를 찾아보기로 했다.

난징 지역의 남북조시대에 해당하는 무덤은 수백 기에 달하기 때문에 무덤의 출토품 중에서 정림사지 청자 파편과 가장 비슷한 형태를 찾는 작업은 모래밭에서 바늘을 찾는 작업만큼이나 지루하고 고된 작업이었다. 그러나 이 유물의 경우 약간의 힌트가 있어서 예상보다 훨씬 쉽게 문제를 해결할 수 있었다. 바로 공주 무령왕릉 연구 덕분이다.

공주 무령왕릉이 발굴된 이래로 많은 사람들이 '무령왕릉과 가장 유사한 구조를 가진 중국 난징의 무덤이 어떤 것일까'라는 문제를 탐구해 왔다. 그리고 난징 뚜이먼산對文山 남조묘南朝墓가 무덤의 구조나 평면 형태, 벽돌을 쌓는 방식 등이 가장 유사하다는 결론을 도출하게 되었다. 이 결론에 따라 나는 뚜이먼산 남조묘 출토품을 먼저 찾아보았다. 그 결과 뚜이먼산 남조묘에서 출토된 청자병이 정림사지 청자 파편과 가장 닮았다는 것을 알게 되었다(114쪽 사진 참조). 뚜이먼산 남조묘는 521년 전후에 만들어졌으니 정림사지의 청자편 또한 그 전후에 제작된 것을 알 수 있게 되었다. 너무도 쉽게 내가 원하던 자료를 찾을 수 있었다. 폭넓게 자료를 봐 둔 덕을 본 것이다.

그렇다면 정림사지 소조상의 제작 시기를 좀 더 좁혀 볼 수는 없을까? 이를 추정하는 데 가장 널리 활용된 자료가 머리에 농관籠冠을 쓴 인물상이다. 윤무병 선생은 이곳에서 출토된 농관을 쓴 인물상의 두상을 520~530년대에 만들어진 북위 도용과 유사하다고 판단하고, 정림사지가 사비 천도 직후에 북위의 영향을 받아 건립된 것으로 주장했다. 북위나 동위東魏, 남조의 무덤에서 출토된 도용들을 따로 검토해 본 결과 정림사지의 농관을 쓴 인물상과 형태나 제작 기술이 가장 비슷한 것은 북위 후반에서 동위 초반에 만들어진 것들이었다. 즉 정림사지 청자 파편의 제작 시기가 520년대까지 올라가기는 해도 함께 발견된 소조상이나 토기, 기와 등을 종합적으로 검토해 봤을 때 많은 자료들이 538년 사비 천도 전후에 해당한다는 것을 알게 되었다.

이때 『양서梁書』와 『남사南史』, 『삼국사기』 등에 기록된 다음 기록이 주목된다. 이 책에서는 공통적으로 "541년에 백제가 사신을 보내

농관을 쓴 인물상 파편(1.부여 정림사지, 2.뤄양 영녕사, 3.난징 영산묘)　　정림사지에서는 머리에 농관이라는 모자를 쓴 인물상의 두상 파편이 발견되었다. 그 형태가 북위의 무덤이나 뤄양 영녕사에서 발견된 인물상과 유사했기 때문에 처음에는 문헌 기록에 나오지 않는 백제와 북위의 교류 관계를 보여 주는 자료로 평가되었다. 그러나 난징의 무덤에서도 똑같은 모양의 모자를 쓴 인물상이 발견되어 기존 견해를 수정해야 했다.

방물方物을 바치고, 아울러 열반 등의 경의와 모시박사 및 공장工匠·화사畫師를 청하므로 모두 제공해 주도록 했다"는 기록이 남아 있다. 이 기록은 백제 성왕 19년에 양나라 무제에게 자국의 특산품을 바치고 불교 경전인 『열반경涅槃經』의 주석서와 유교 전문가인 모시박사, 공장·화사 등의 기술자를 파견해 줄 것을 요청하자 이를 허락해 주었다는 내용이다.

541년 백제가 양나라에 사신을 파견한 것은 사비 천도 이후 첫 번째 조공에 해당한다. 538년 사비 천도를 단행한 백제 성왕은 어느 정도 도성의 정비가 이루어지자 비로소 양나라에 공식적으로 천도 사실을 알렸을 가능성이 있다. 왜냐하면 다른 기록에는 541년 부여에서 임나任那 문제와 연관된 국제회의가 개최된 것을 확인할 수 있기 때문이다. 오늘날도 그렇지만 외국의 주요 사신들이 대거 참가하는 국제회의가 열리기 위해서는 도시의 주요 시설들을 정비할 필요가 있다. 그런 점에서 541년 부여에서 백제 성왕이 중심이 된 국제회의가 개최되고, 양나라에 사신을 파견했다는 것은 사비도성이 어느 정도 정비되었음을 간접적으로 보여 주는 것이다.

당시 백제는 양나라에 천도가 완료된 사실을 알리면서 새로운 도성 운영에 필요한 제도나 기술, 문물을 요청했을 가능성이 있다. 특히 양 무제가 백제에 보내 준 공장과 화사는 단순한 기술자가 아니라 나중에 백제가 일본에게 보내 주는 박사博士처럼 고도의 전문성을 갖춘 기술자였을 가능성이 크다. 백제는 사비 천도 이후 도성의 정비, 예를 들면 국가적인 상징물을 건립하는 데 필요한 기술자들을 양 무제에게 구체적으로 요청했을 것으로 생각된다. 결론적으로 나는 이때 양나라에서 건너온 공장·화사의 활동 결과가 정립사지의 건립으로 나타났고, 특히 목탑 건립이나 소조상 제작은 이들의 기술 지도와 현지에 있던 백제 기술자의 협력에 의해 완성되었을 것으로 생각하게 되었다.

이러한 추론은 석사 논문에서 사비도성을 공부했기 때문에 도출될 수 있는 것이었다. 성왕은 부여로 천도를 결정하면서 어떤 도성을 만들고자 했고, 어떤 방식으로 건설해 갔을까? 이를 생각할 때 자연스럽게 도성의 한가운데 위치한 정립사지 문제가 대두될 수밖에 없었다. 정립사지에서 발견된 여러 유물들은 사비 천도 전후부터 이곳에 사원을 만들려는 계획이 있었음을 시사하고 있다. 538년 사비 천도와 541년 양 무제의 공장·화사 파견 기록은 매우 밀접하게 연관되어 있다. 541년 중국에서 건너온 전문 기술자들이 구체적으로 무엇을 남겼는지는 전혀 알 수 없었다. 하지만 정립사지 소조상을 검토한 결과 목탑과 탑내소상이 바로 그것에 해당하지 않을까 추정할 수 있었다. 사비도성 내부에서 538년 천도 직후로 편년할 수 있는 자료는 정립사지 출토품 말고는 찾기 어려웠기 때문이다.

그렇다면 백제 성왕은 왜 정립사지를 만들려고 했고, 무엇을 말하고 싶었던 것일까? 정립사지 소조상 중에서 가장 많은 수량이 출토된 소형의 소조상들은 이곳에 스토리가 있는 어떤 장면이 연출되었음을 시사하고 있다. 문관과 무관 등 다양한 형태의 관冠을 쓴 인물상, 승려의 복장을 입었거나 합장하는 인물상, 방패를 들고 있는 무사상, 나뭇잎 장식편 등은 중국 남북조시대 회화나 석굴 사원에서 종종 등장하는 예불도禮佛圖 장면을 연상시킨다. 많은 인간 군상을 거느리고 부처에게 나아가는 행렬 장면 말이다.

이처럼 연출된 예불도 장면에는 발원자가 불교에 귀의하는 것을 보여 줌과 동시에 다양한 인간 군상을 거느리는 모습을 구체화하여 발원자 자신의 권위와 위엄을 드러내기 위한 의도가 숨어 있다. 따라서 정림사지 건립을 발원한 백제 성왕은 불교적 이상군주인 전륜성왕轉輪聖王처럼 속세의 지배자를 넘어 불교계의 지배자를 꿈꾼 자신의 이상적인 모습을 예불도 장면에 표현하고자 했을 것으로 보인다. 이것은 정림사지가 사비도성의 가장 중요한 경관이자 상징물이 되었음을 말하는 것이기도 하다.

정림사지는 사비도성 내 한가운데에 위치한다. 사비도성의 왕궁이 어디인지 아직 명확하지 않지만 왕궁과 정림사지의 배치가 매우 긴밀하게 연관되었다는 것은 부정하기 어렵다. 뤄양 영녕사나 난징 동태사同泰寺 같은 대규모 사원들은 한가운데 9층 목탑을 건립하여 도성의 어느 곳에서나 볼 수 있도록 했다. 영녕사나 동태사는 발원자인 황제의 신앙심을 드러냄과 동시에 이곳이 세계의 중심이고, 불교 도성이라는 것을 상징적으로 보여 주는 랜드마크 역할을 했다. 부여의 정림사지는 왕궁의 남쪽에 천도 이전부터 일정한 계획을 가지고 배치된 중요한 사원이다. 뤄양의 영녕사, 난징의 동태사, 그리고 경주의 황룡사지가 가진 위상과 비교되는 사비도성의 가장 핵심적인 사원이다. 결론적으로 정림사지 탑내소상의 제작과 사원의 건립은 사비 천도 직후 성왕의 왕권 강화 노력에 수반하는 기념비적인 건조물 제작의 일환이었다고 할 수 있다.

5층 석탑의 건립 시기

미륵사지와 정림사지 석탑 중 어느 것이 먼저 건립되었는가 하는 문제는 두 석탑의 외형적 특징만 비교해서는 합리적인 결론을 도출하기 어렵다. 그래서 나는 기존과는 다른 새로운 방법과 관점에서 정림사지에 원래 목탑이 있었을 가능성을 제기하게 되었다. 이제 남은 문제는 현존하는 정림사지 5층 석탑이 언제 건립됐을까 하는 것이다.

정림사지 5층 석탑의 건립 시기를 생각할 때 가장 먼저 떠오르는 것이 1층 탑신에 새겨진 '대당평백제국비명大唐平百濟國碑銘'이라는 명문이다. 이를 근거로 당나라 소정방이 백제를 멸망시킨 다음 그것을 기념하기 위해 이 석탑을 세웠다고 주장하는 사람도 있다.

정림사지 석탑 1층 탑신 부분(좌)과 탑신 탁본(우)　전쟁에서 승리한 소정방은 백제의 대표적인 탑인 정림사지 5층 석탑에 자신의 전공(戰功)을 기록했다. 정림사지 5층 석탑에 새겨진 명문은 백제 멸망 당시의 기록이라는 점에서 매우 중요하다.

그러나 이 명문은 당나라 현경 5년인 660년 8월 15일에 작성된 것으로 기록되어 있다. 신라와 당나라 연합군의 공격으로 웅진성으로 피난했던 의자왕 일행이 다시 사비로 돌아와 항복한 것은 660년 7월 18일의 일이다. 그리고 같은 해 9월 3일 소정방은 유인원에게 사비성을 지키게 하고 당나라로 돌아가 버린다.

만약 소정방이 이 석탑을 만들었다면 의자왕이 항복하고 나서 명문이 작성되는 불과 1개월 안에 모든 일을 끝내야 했다. 그러나 전쟁 중이라는 특수한 상황을 감안할 때 한 달이라는 짧은 기간에 5층 석탑을 건립하는 일은 불가능하다. 오히려 소정방이 의도적으로 사비도성의 중심부에 위치하고 백제를 상징하는 핵심 사원인 정림사지 석탑에 전승기념문을 새겼다고 보는 것이 더 자연스럽다. 그렇다면 현재의 5층 석탑은 적어도 660년 이전의 어느 시점에 건립된 것으로 보아야 할 것이다.

건립 시기 추정에 도움을 주는 또 하나의 자료는 미륵사지 사리봉영기다. 2009년 미륵사지 서석탑의 해체 수리 과정에서 다양한 형태의 사리장엄구가 발견되었는데 함께 출토된 사리봉영기에 이 석탑이 639년에 건립된 것으로 기록되어 있었다. 미륵사지와 정림사지 석탑의 선후 논쟁에서는 미륵사지 석탑이 훨씬 더 목탑을 충실하게 본떠 만들었다는 이유로 정림사지보다 미륵사지 석탑이 먼저 건립되었다고 본다. 이것을 보면 정림사지 석탑은 639년보다 늦고 백제가 멸망한 660년보다는 빠른 어느 시점, 당시의 국내외 정세 등을 고려할 때 대략 의자왕 대 초반의 어느 시점에 만들어졌을 것으로 추정할 수 있다.

정림사지 사원의 진짜 이름

정림사지에 있던 절의 이름은 무엇이었을까? 현재의 정림사지는 '대평팔년무진정림사대장당초大平八年戊辰定林寺大藏當草'라는 고려시대 문자기와에서 비롯되었다. '대평'은 요나라 연호로 대평 8년은 고려 현종 19년(1028)으로 무진년에 해당한다. 마지막 '대장당초'에 대해서는 의견이 분분한데 윤무병 선생은 "대장당초大藏當草는 대장당초大藏堂草의 잘못으로 짐작되고, 초草는 '새'로 불러야 하는데 우리나라에서는 기와를 의미하는 글자로 사용되어 왔다"는 견해를 제시했다.

막연하게 느껴지지만 좀 더 찬찬히 뜯어보면, 먼저 대장당의 마땅할 당當자는 집을 일컫는 당堂의 오자라는 것이다. 또 마지막 초草자는 암막새나 수막새, 망새의 '새'처럼 기와를 의미하는 것으로 보아야 한다는 의미다. 나중에 사전을 찾아봤더니 중세국어에서 풀 초草자를 '새'로 읽는 용례가 확인되었다. 선생님들의 통찰력에 놀라지 않을 수 없었다. 결국 이 명문은 '대평 8년 무진년에 만든, 정림사의 대장당에 사용하는 기와'라는 의미가 된다. 즉 고려시대에 이 절은 정림사로 불렸고, 이곳에 대장당이라는 전각이 있었음을 짐작할 수 있다.

고려시대의 정림사는 백제 사비

정림사지 출토 문자기와 조선시대의 문헌에는 정림사지 일대가 평제탑(平濟塔)으로만 기록되어 있다. 소정방이 백제를 멸망시킨 전승기념문이 남아 있었기 때문이다. 그러나 일제강점기에 '정림사'라는 절 이름이 찍힌 문자기와가 발견되어 현재와 같은 이름으로 불리게 되었다.

기에도 동일하게 불렸을까? 여기에는 찬반양론이 있지만 가능성 자체를 완전히 부정할 수는 없다. 그렇게 판단한 근거는 중국 남조와 일본에도 '정림사'라는 절이 있었기 때문이다. 정림사의 정림定林은 선정지림禪定之林을 줄여서 부른 말이다. '선정'은 사전적으로 '한마음으로 사물을 생각하여 마음이 하나의 경지에 정지하여 흐트러짐이 없음'을 일컫는 말이다.

중국 난징의 동쪽에 있는 큰 산인 쫑산鍾山에는 상정림사上定林寺와 하정림사下定林寺가 있었다. 424년에 창건된 정림사는 435년 쫑산의 중턱에 상정림사가 창건되면서 하정림사로 불리게 된다. 하정림사의 경우 지세가 낮은 계곡 사이에 위치하여 일찍 폐사되었다. 따라서 6세기 전반 난징의 정림사는 상정림사를 일컫는 것으로 생각되고, 사비도성의 정림사지도 상정림사를 의식해서 붙인 절 이름일 가능성이 있다. 난징의 상정림사는 승우僧祐(435~518)라는 고승이 머물렀고, 최초의 문학비평서로 알려진 『문심조룡文心雕龍』의 저자 유협劉勰(465~521)이 머물던 곳이기도 하다.

일본 아스카의 서남쪽에도 정림사라는 절터가 남아 있다. 이 절은 쇼토쿠 태자聖德太子가 건립했다고 알려졌으며 목탑지 등에 대한 소규모 발굴이 이루어져 소조보살상의 얼굴 파편이 수습되기도 했다. 지인을 통해 당시의 발굴조사보고서를 입수해서 이 소조상 역시 목탑지 주변에서 수습된 것을 확인하고 회심의 미소를 지었던 기억이 있다.

결과적으로 6~7세기대 부여의 정림사지가 운영되고 있던 시기에 중국의 난징과 일본의 아스카에 '정림사'라는 똑같은 이름을 가진 사원이 존재했던 것을 주목할 필요가 있다. 다만 고려시대의 문자기와에

중국 난징 상정림사(상)와 일본 아스카 정림사(하)   난징 상정림사 유적은 중국의 군사 보호시설에 연접해 있어 안내인이 없으면 출입 자체가 어렵다. 어렵게 찾아간 절터에는 심초석 하나 남아 있지 않았다. 아스카의 정림사는 목탑지와 건물 초석 정도만 남아 있는 작은 절터에 불과하다. 이곳에서도 한 점의 소조상이 나왔는데 나라국립박물관에서 직접 만날 수 있다.

보이는 정림사라는 절 이름이 백제 사비기까지 소급해도 되는지 단정할 수 없다. 만약 정림사지의 소조상이 541년 남조에서 건너온 '공장·화사'로 표현된 기술자들의 노력으로 이루어진 것이라면 절 이름 또한 난징의 정림사를 의식해서 붙였을 가능성도 완전 배제하기는 어려울 것이다.

정림사지 논문을
발표하다

  중국 도자기 파편 한 점을 찾아 나선 것이 계기가 되어 시작된 정림사지에 대한 연구는 나의 박물관 인생을 송두리째 바꾸어 놓았다. 자료 하나 때문에 처음으로 밤잠을 설치는 경험을 했다. 소조상들을 정리하면서 그것이 원래 어떤 위치에, 어떤 형태로 있었을지를 상상하던 처음 며칠 동안은 말 그대로 하늘을 붕붕 떠다니는 기분이었다. 그 전에는 한 번도 경험하지 못한 묘한 충만감을 느꼈다. 그 후 백제뿐 아니라 고구려와 신라, 중국과 일본의 소조상 관련 자료들을 모아서 공부했다. 특히 백제 소조상의 경우 부여박물관의 수장고뿐 아니라 동국대박물관이나 원광대박물관에서 생각지도 못했던 자료들을 추가로 확인하기도 했다.

정림사지 관련 논문 발표

소조상은 다른 어떤 분야보다 불교 조각과 관련이 깊다. 연구의 깊이를 더하기 위해서 중국 남북조시대 불교 조각에 관한 연구사를 섭렵하기 시작했다. 일본과 중국 학계에서 첨예하게 대립하던 남북조시대 불상의 복식 기원에 관한 논쟁들을 읽으면서, 비록 파편이기는 해도 정림사지 소조상이 그러한 연구에 새로운 자료가 될 수 있겠다는 생각을 했다. 다행히 중앙박물관에는 중국 불교조각사를 연구하는 사람들이 함께 근무하고 있어서 구하기 힘든 논문이나 의문점들을 자유롭게 물어볼 수 있었다.

정림사지 소조상은 남북조시대 무덤에서 출토된 도용과도 연결되는 지점이 있어서 중국의 도용에 관한 논문들도 읽기 시작했다. 중국 남북조시대의 도용에 대해서는 우리나라는 물론이고 중국이나 일본에서도 거의 연구되지 않은 미개척 분야였다. 우연한 기회에 일본의 고바야시 히토시小林仁라는 오사카 동양도자미술관의 연구원이 중요한 논문을 많이 썼다는 것을 알게 되었다. 그의 논문은 한국에서 구하기 어려운 것이 많았고, 특히 석사 논문의 경우 본인의 허락 없이는 복사조차 금지되어 있었다.

비록 일면식도 없지만 고바야시 선생이 근무하는 오사카 동양도자미술관에 편지를 썼다. 내가 도용에 관심을 가지게 된 이유와 어떤 논문을 필요로 하는지, 한글과 한자를 섞어 장문의 글을 써서 무작정 보내 보았다. 한 달 정도의 시간이 흐른 뒤 놀랍게도 답장이 왔다. 내가 요청한 논문뿐 아니라 참고가 될 만한 다른 논문들을 함께 보내 주었다. 그 뒤 고바야시 선생과는 계속해서 자료를 주고받는 동지가 되었고, 업무 때문에 출장을 갈 때는 서로 안부를 묻고 식사를 하는 친한 사이가 되었다. 학문에 대한 열정과 진정성은 국경을 넘어서도 통한다는 평범한 진리를 처음으로 확인시켜 준 소중한 추억이다.

그 밖에도 고구려나 신라의 고대 사원에 관한 발굴보고서와 고고학, 건축사 논문을 찾아 읽었고, 중국과 일본의 고대 사원에 관한 논문들도 탐독했다. 이 연구들을 가지고 처음 작성한 원고는 사진이나 도면 없이 A4용지로 40페이지가 넘는 장문이었다. 당시 초고를 처음 읽어 준 사람이 지금은 동국대로 자리를 옮긴 최연식 선생이다. 최연식 선생은 대학원 시절부터 같은 연구실에서 공부한 인연이 있는 선배로, 비판적인 안목과 뛰어난 통찰력으로 선후배들의 존경을 받았다. 아직 완성되지 않은 원고였기 때문에 부탁을 드리는 것이 죄송했지만, 불교사나 불교사상사 분야에서 혹시 잘못이 없는지를 검토받고 싶었다. 많은 비판이 있을 것으로 예상했지만, 논문이 너무 길기 때문에 두세 편으로 나누어서 발표하는 것이 좋겠다는 말만 돌아왔다.

초고를 작성하고 2년이 흐른 2005년 하반기에 이제 논문을 발표할 때가 되었다고 느꼈다. 논문을 발표하겠다고 마음을 먹자 이번에는 어떤 잡지에 발표하는 것이 좋을지가 고민되었다. 좋은 학술지에 발표하고 싶은 욕심도 있었지만, 이 자료들이 모두 박물관 소장품이기 때문에 국립박물관에서 간행하는 잡지에 게재하는 것이 좋을 것 같았다. 《미술자료》는 역사도 오래되고 국내외 도서관이나 박물관에 폭넓게 배포되는 장점이 있기 때문에 가장 중요한 고려 대상이었다. 다만 고고부 출신이 미술부에서 발간하는 잡지에 투고하는 것이 이상해 보이지 않을까 하는 걱정을 했다. 그렇지만 어차피 내가 쓰려고 했던 논문이 엄밀하게 따지면 미술사도 고고학도 아닌 융합적인 것이었기 때문에 크게 문제가 되지는 않을 것 같았다.

2005년 연말에 마침내 「부여 정림사지 출토 소조상의 제작 기법과 봉안 장소」라는 논문을 《미술자료》에 발표하게 되었다. 또 이듬해인 2006년에는 「부여 정림사지 출토 소조상의 제작 시기와 계통」을 같은 잡지에 발표했다. 2007년도에는 소조상뿐 아니라 내가 의도했던 사비도성 내에서 정림사지가 차지하는 위상을 분석한 「부여 정림사지의 창건 배경과 도성 내 위상」이라는 논문을 발표했다.

시간에 쫓겨 허겁지겁 투고한 것이 아니고 오랫동안 준비했던 것이라 세 편을 연속해서 발표할 수 있었다. 정림사지 소조상이 원래 목탑에 안치되었을 것이라는 나의 주장은 매우 파격적인 것이었다. 그 결과 논문이 발표되고 얼마 지나지 않아 '정림사지 5층 석탑 이전에 목탑 있었다'라는 제목의 기사가 〈문화일보〉에 나기도 했다. 나는 약간 고무되었고 이제 비로소 백제사 연구에 첫발을 내딛게 되었다는 위안을 받았다. 오직 정림사지만 바라보고 3년이 넘는 오랜 기간을 달려왔다. 석사 논문 이후 방황의 시간을 끝내고 비로소 내가 백제사 연구자로 거듭나게 되었다고 느꼈다.

정림사지의 세 번째 발굴

정림사지 소조상에 대한 논문을 발표하고 나서 주변 사람들의 반

정림사지 정비 복원을 위한 부여문화재연구소의 조사 모습 　정림사지를 세계유산으로 등재하기에 앞서 동서
회랑의 형태나 북회랑과의 연결 상태를 확인하기 위한 발굴이 실시되었다. 그 결과 기존에 알지 못했던 새로운
사실들이 밝혀지는 등 중요한 성과를 얻게 되었다.

응은 어땠을까? 나는 미술사나 고고학, 건축사학계 쪽에서 어떤 식으로든 평가가 있을 것으로 기대했다. 하지만 결과는 지독한 무관심이었다. 오히려 냉담하다고 느꼈다. 논문을 읽었지만 아무도 내색하지 않았다. 돌이켜 보면 그런 것을 기대했던 내가 아직 어렸던 것 같다.

정림사지에 관해 글을 세 편이나 내놓았으니 이제 더 이상 그와 관련된 글은 쓰지 않을 것만 같았다. 그러나 어떤 일이든 한번 발을 담그면 쉽게 빠져나오기 힘든 법이다. 기회는 의외로 빨리 찾아왔다. 부여문화재연구소에서 정림사지를 정비 복원하기 위해 다시 발굴 작업에 착수했기 때문이다. 부여문화재연구소에서는 정림사지를 정비하기 전에 기존 발굴에서 명확하지 않았던 조사 내용을 확인하기 위해 2008년부터 2010년까지 3년에 걸쳐 절터 전체에 관한 재조사를 실시했다.

부여 지역에서 정림사지만큼 여러 차례 발굴 조사를 한 유적도 없다. 이곳에서 대한 최초의 발굴은 1942년과 1943년 일본인 고고학자 후지사와 가즈오藤澤一夫에 의해 이루어졌다. 그러나 후지사와가 조사한 내용은 두 페이지 정도의 짧은 보고문과 도면 한 장밖에 알려지지 않았다.

두 번째 조사는 1979년부터 1992년까지 충남대박물관의 윤무병 선생이 중심이 되어 이루어졌다. 앞서 소개한 대부분의 자료들은 이때 조사한 유물이다. 그런데 앞선 두 차례의 조사에서 밝힌 정림사지의 강당과 동서회랑의 연결 방식이나 강당지를 비롯한 주요 건물의 형태 등에 약간의 의문이 제기되고 있었다. 그 때문에 정림사지를 정비하기 위한 세 번째 조사가 시작된 것이다.

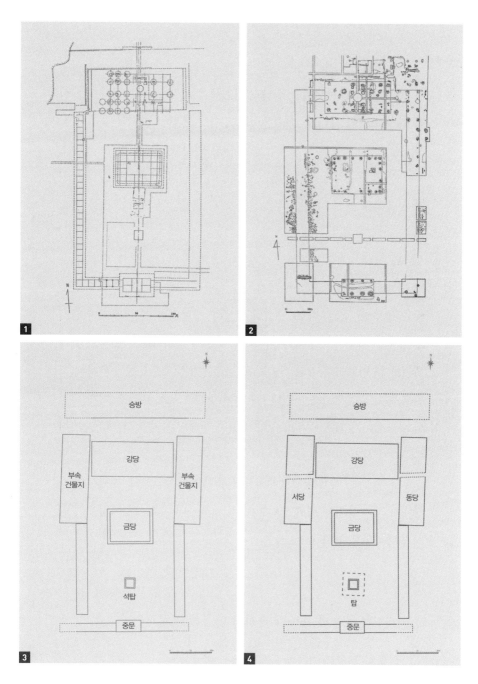

정림사지 가람배치도(1.후지사와 가즈오, 2.윤무병, 3.부여문화재연구소, 4.이병호) 정림사지는 하나의 사원에 대해 지금까지 네 개의 가람배치 도면이 제출되었다. 각 도면의 가장 큰 차이는 강당지 좌우측 별도 건물지나 동서회랑지 북쪽의 소위 부속건물지를 어떻게 볼 것인지에 관한 것이다. 나는 부속건물지를 승방과 같은 것으로 보고 북쪽에 있는 승방과 구분하기 위해 '동당·서당'으로 부를 것을 제안했다.

세 번째 조사에서 밝혀낸 가장 큰 성과는 가람배치에 관한 것이다. 특히 강당과 동서회랑의 연결 방식에 대해 강당이 북회랑으로 직접 연결된 것이 아니라 강당 동서쪽에 각각 독립된 별도 건물이나 동서회랑 북쪽 끝부분에 부속건물을 두고 연결됐다는 것이 밝혀졌다. 다시 말해 강당지 동서쪽에서는 북회랑이 발견된 것이 아니라 동서회랑지 북쪽에 소위 말하는 '부속건물지'가 배치되어 있다는 것을 새롭게 알게 된 것이다.

백제 사원에서 동서회랑지 북쪽이나 강당지 좌우에 또 다른 건물이 존재한다는 사실은 군수리사지나 동남리사지, 능산리사지의 발굴을 통해 이미 오래전부터 알려져 있었다. 그렇지만 처음 백제의 절터를 발굴한 일본인 고고학자들은 백제 사원의 가람배치가 일본의 고대 사원과 같거나 비슷하다는 것을 확인하는 것이 더 중요했기 때문에 이같은 차이점을 무시해 버렸다. 세 번째 발굴을 통해 비로소 백제 사원의 가람배치가 기존에 우리가 알고 있던 형태와는 약간 다르다는 것이 부각되기 시작했다.

그 후 나는 백제의 가람배치를 집중적으로 분석하여 '정림사식 가람배치'라는 용어를 새로 만들어 내기도 했는데 이 문제는 6장에서 다시 설명하도록 하겠다.

새로운 유물의 등장과 백제와 남조의 관계

부여문화재연구소의 정림사지 재조사의 또 다른 성과로 새로운 유물 확보를 들 수 있다. 그중에서도 1979년에 많은 소조상이 발견된 기와 구덩이에서 20여 점의 소조상이 추가로 발견한 것은 특기할 만하다. 아마도 예전 충남대박물관의 조사에서 빠뜨렸던 자료들일 것이다. 그중 나의 눈길을 사로잡은 것은 한가운데에 중심인물이 양팔을 벌리고 서 있고 양쪽에 시중드는 사람이 배치된 소조인물상 파편이다.

나는 이 소조상을 일본에서 연수할 때 처음 알게 되었다. 부여문화재연구소에서 구축한 홈페이지의 원문 서비스를 이용하다가 우연히 이 사진을 보고 깜짝 놀랐다. 태토와 색깔, 소성도, 형태 등에서 단번에 정림사지 소조상이라는 것을 알아챌 수 있었다. 곧바로 부여문화재연구소에 근무하는 지인에게 어디에서 출토된 것인지를 확인해 달라는 메일을 보냈고, 예상대로 정림사지의 기와 구덩이에서 발견되었다는 회신을 받았다.

이 자료를 보고 놀랐던 데는 그럴 만한 이유가 있다. 정림사지 소조상에 대해 처음 논문을 작성할 때 다양한 형태를 가진 소조상들이 원래 어떤 모습이었을지 원형을 추정해 본 적이 있다. 그 결과 중국의 석굴 사원에서 보이는 예불도나 행렬도 장면 같은 것이 있었을 것으로 생각했다. 그리고 그 예불도에는 발원자인 백제 성왕의 모습이 어떤 방식으로든 표현되어 있을 것으로 예상했다. 하지만 과거에 발굴한 자료 중에는 그것을 증명할 만한 것이 없었다. 그런데 부여문화재연구소의 재조사에서 마침내 이를 뒷받침할 새로운 자료가 나온 것이다.

더 흥미로웠던 것은 소조상 속 인물들의 구도와 복식이 〈양직공도梁職貢圖〉에서도 똑같이 확인된다는 점이다. 〈양직공도〉는 520~540년대에 걸쳐 중국 양나라를 찾은 외국 사신들의 모습을 그리고, 그 나라의 풍습을 소개한 화첩이다. 가장 오래된 백제 사람의 모습이 그려져 있는 것으로도 유명하다. 그런데 이 소조인물상의 모습이 〈양직공도〉의 가장 첫머리에 등장하는 인물들과 거의 똑같은 형태를 하고 있는 게 아닌가. 〈양직공도〉에는 이 인물들을 '노국魯國'으로 표기했는데 다름 아닌 양나라의 라이벌인 '북위'에 해당한다.

정림사지의 소조상 중에는 무사나 시종, 승려 말고도 훨씬 격이 높은 인물상이 포함되어 있었다. 나는 이 소조상이 발원자인 성왕의 모습에 해당하지 않을까 추정하고 있다. 백제 성왕은 새로운 도성으로 천도하면서 정림사지라는 대규모 사원과 목탑을 건설했고, 그곳에 정치와 종교의 초월적인 지배자의 모습을 연출하고 싶었던 것이 아닐까. 이 소조상편이 새로 출토됨으로써 나의 추론이 더 설득력을 갖게 되

정림사지 소조인물상편(좌)과 〈양직공도〉의 사신(우)　부여문화재연구소에서 새로 찾아낸 인물상 파편은 비록 머리 부분이 사라졌지만, 〈양직공도〉의 가장 앞에 등장하는 '노국(魯國)' 사신의 모습과 매우 유사하다는 것을 한눈에 알 수 있다.

었다.

또 하나 잊을 수 없는 자료가 중국 난징에서 나왔다. 내가 정림사지에 관한 세 번째 논문을 투고한 2007년까지만 해도 중국 난징에서는 단한 점의 소조상도 공식적으로 소개된 적이 없었다. 그 때문에 내가 정림사지 소조상이 북조가 아닌 남조의 직접적인 영향을 받았다고 주장해도 믿을 수 없다는 분위기가 있었다. 그러나 간절히 원하고 때를 기다리다 보면 언젠가 그 자료는 나오게 마련이다.

2009년 봄에 백제사를 전공하는 몇몇 선생님들과 함께 중국 난징을 답사할 기회가 생겼다. 부여 정림사지 정비 복원을 위한 연구 용역의 일환으로 중국 상정림사 유적을 답사하고, 그곳에서 출토된 자료를 조사하기 위한 출장이었다. 나로서는 처음 가는 중국 난징 출장이었기 때문에 기대와 걱정을 함께 갖고 있었다.

그때 처음 난징 동쪽에 있는 쫑산의 상정림사 유적과 제사 유적을 방문할 수 있었다. 그리고 난징대학 허윈아오賀云翱 교수의 배려로 상정림사 유적에서 출토된 많은 유물들을 실견하게 되었다. 허윈아오 교수는

부여 정림사지 소조상 파편(상)과 난징 상정림사 소조상 파편(하) 정림사지 소조상 중에는 황갈색의 얇은 유약이 남아 있는 것이 여러 점 발견된다. 이것은 소조상을 만들 때 테라코타처럼 저화도에 구워서 완성했다는 증거다. 그런데 난징 상정림사에서도 눈이나 코의 형태조차 알 수 없지만 유약이 발린 소조상의 파편이 발견되었다. 이는 남조와 백제의 기술 교류 가능성을 보여 주는 직접적인 증거가 된다.

난징 지역의 고고학 발굴에 오랫동안 종사해 온 중견 학자로 한국뿐 아니라 일본에도 널리 알려진 분이다. 두 유적을 직접 조사했는데 출토 유물은 기와와 벽돌이 대부분이고, 일부 도자기와 금속 유물이 포함되어 있었다. 나의 눈을 사로잡은 것은 가장 나중에 꺼내 온 서너 점의 흙덩이 같은 것이었다. 전혀 예상하지 못한 자료로 소조상의 파편들이었다.

그 소조상들은 태토나 색깔, 제작 기법까지 모두 부여 정림사지 소조상과 일치했다. 특히 눈과 귀 일부만 남아 있는 두상의 파편에는 황갈색의 유약이 두껍게 발린 채 남아 있었다. 난징에도 소조상이 있고, 백제처럼 유약을 발라 구워 냈다는 것을 처음으로 확인한 순간이었다. 마침내 남조와 백제 소조상의 관계를 증명할 수 있는 실물 자료가 나온 것이다. 그날 밤 주체할 수 없는 흥분과 기쁨을 억누르지 못하고 고량주를 폭음하게 되었는데 그 뒤 무슨 일이 벌어졌을지는 상상에 맡긴다. 자연과학 분야가 아닌 역사학 연구에서 자신이 만든 가설이 신자료의 발견으로 증명되는 기쁨은 오직 그것을 경험해 본 사람만이 알 수 있다. 이때의 경험은 그 후 나의 연구를 지속시키는 커다란 원천이 되었다.

새로운 도전과 앞으로의 전망

정림사지 소조상에 대한 논문을 발표하고 나서 정림사지와 미륵사지 석탑의 건립 시기에 관한 논쟁에 마침표를 찍었다고 생각했다.

조급해하지 않고 혹시라도 내가 놓친 자료는 없는지 폭넓게 검토하려고 애썼다. 공부하는 사람은 누구나 그렇듯 자신이 쓴 글이 그 분야 연구의 마침표가 되길 바랄 것이다. 나 또한 그렇게 되길 진심으로 바랐다. 하지만 새로운 자료의 발굴은 결코 나를 가만두지 않았다. 부여문화재연구소의 세 번째 발굴에서는 내가 원하던 자료도 발견되었지만, 한편으로는 나의 가설을 위협하는 자료들도 함께 나왔다.

내 논문에 관한 가장 큰 반론은 정림사지의 건립 시기가 6세기 중엽이 아니라 6세기 후반이나 7세기 전반이라는 주장이다. 정림사지의 건립 시기를 늦춰 보는 근거는 자연과학적인 연대 측정 분석 결과 때문이다. 즉 정림사지 창건 이전에 해당하는 구지표舊地表에서 채취한 시료를 고지자기학적인 측정 방법으로 분석한 결과 625±20년이라는 연대값이 나왔기 때문에, 그 위에 흙을 다져서 세운 정림사지는 그보다 더 늦은 7세기 전반 이후에야 건립되었다는 것이다.

고지자기학은 지층에 기록되어 있는 과거 지질시대의 지구자기장을 연구하는 학문으로, 우리나라에서는 구석기시대처럼 시간 폭이 긴 분야를 연구할 때 활용되었다. 또 아직까지 한반도 지역의 시료를 토대로 작성된 고지자기의 변동 곡선이 없어서 서일본에서 축적된 자료와 비교해서 데이터를 추정한 것이다. 그 결과를 완전히 불신할 수는 없지만, 그렇다고 이를 맹신해서도 안 된다. 하지만 어찌된 일인지 부여문화재연구소 발굴에 참여한 사람들은 이를 전적으로 따르면서도, 내가 편년할 때 가장 중요하게 분석했던 소조상의 제작 시기나 봉안 장소에 대해서는 아무런 언급을 하지 않고 있다.

정림사지에 관한 내 주장에 대해 반론 논문이 나왔을 때, 처음에는 매우 기분이 나빴다. 아니 더 솔직히 말하면 잠이 오지 않을 정도로 심란했다. 내가 소심해서 그랬을 수 있지만 이런 일을 당했을 때의 심정은 그것을 겪어 본 사람이라면 공감할 수 있을 것이다. 그렇지만 얼마간의 시간이 흐르고 좀 더 마음을 가다듬고 나자 그런 반론들 속에서 내가 놓쳤던 부분이나 경청해야 할 부분이 있다는 것을 알게 되었다.

다만 정림사지에 관한 논쟁을 지켜보면서 여전히 안타까운 것이 있다. 논쟁이 처음 두 차례 발굴품을 보관하고 있는 부여박물관과 세 번째 조사를 주도한 부여문화재연구소 사이의 대립처럼 보인다는 점이다. 지금까지 내 논문에 대한 반론을 쓴 사람들은 모두 3차 현장 조사에 참여했던 부여문화재연구소 출신들이다. 부여박물관의 경우 나밖에 논문을 쓰진 않았지만 정림사를 주제로 한 특별전이나 일제강점기 발굴보고서를 재작성할 때 기본적으로 나의 주장에 동조한다. 부여문화재연구소 사람들은 처음 두 차례 조사에서 발굴한 자료들을 알지 못한 채 자신들이 직접 조사한 자료만을 강조하는 경향이 있고, 부여박물관 사람들은 과거의 중요한 자료들을 좀 더 신속하게 공개하지 못한 책임이 있다.

이런 경험을 통해 내가 깨달은 것이 하나 있다. 아무런 반응이 없는 긴 침묵보다 차라리 논란의 단초가 되는 것이 훨씬 더 낫다는 것이다. 내 논문이 모든 비판의 한가운데 있다는 것은 내 학설이 여전히 힘을 가지고 있다는 반증일 것이다. 부여 정림사지에 관한 글을 쓰면서 비로소 박물관에서 공부하는 재미를 느꼈다. 3년이라는 긴 시간을 투자해서 세 편의 글을 썼고, 그것으로 끝났다고 생각했다. 하지만 그것은 오히려 시작에 불과했다. 정림사지는 지금도, 그리고 앞으로도 계속해서 새로운 관섬에서 검토하고 발전시켜야 할 내 연구의 시작이자 끝이다.

제 4 장

이야기의 잃어버린
조각을 찾아서
_능산리 목간 연구

● 백제금동대향로 ●

훌륭한 예술품은 그 자체만으로 한 시대를 상징한다. 백제 문화가 가장 융성했던 사비기를 상징하는 유물이 바
로 이 향로다. 향로 받침에 표현된 용은 온몸을 비틀어 용틀임하는 역동적인 모습으로 마치 살아 움직이는 것
처럼 묘사되어 있다. 용이 뿜어내는 기운을 받아 향로의 몸통과 뚜껑이 만들어졌다. 활짝 핀 연꽃 모양으로 장
식한 몸통과 온갖 동물이 어슬렁거리는 산 모양의 뚜껑, 그 위에는 알처럼 생긴 둥근 물체를 밟고 비상하듯 날
개를 펼친 봉황이 우뚝 서 있다. 용과 봉황, 연꽃과 산악은 불교와 도교의 중요한 상징이다. 이 작은 향로에 백
제 사람들의 생각과 예술적 성취가 고스란히 담겨 있는 것이다. (부여 능산리사지 출토)

박물관에서 일하며
공부한다는 것에 대하여

2005년 10월 말, 용산의 새 중앙박물관이 오랜 기다림 끝에 개관했다. 개관한 지 40여 일만에 100만 명의 관람객이 다녀갈 정도로 큰 호응을 얻었다. 초기에는 안전을 위해 주말과 휴일에도 출근을 해야 할 정도였다. 지하철 입구까지 장사진을 친 관람객들을 보면서 그곳에서 일하는 모든 관계자들은 감사와 기쁨의 눈물을 흘렸다.

박물관이 개관했으니 새 박물관의 건축과 전시를 담당하던 건립추진기획단도 해체되어 파견 나간 사람들이 복귀할 때가 되었다. 당시 이영훈 학예연구실장(전 중앙박물관장)께서 전시과에 파견 나간 사람들이 그간 고생이 많았으니 희망하는 부서로 배치해 주겠다고 말씀하셨다. 그 무렵 나는 정림사지 소조상에 관한 논문을 학술지에 투고한 상태였다. 마지막 교정을 보면서 혹시라도 잘못된 것은 없는지 한 번 더 실물을 확인하고 싶었지만 그럴 수 없는 현실을 안타까워하고 있었다. 그래서 과감하게 '부여박물관에서 근무하고 싶다'는 의견서를 보냈다.

며칠이 지나 이영훈 실장님으로부터 직접 전화가 왔다. 전시과에 있던 모든 사람들이 서울 근무를 희망했는데, 나만 지방에 가겠다고 해서 정말 부여박물관에 갈 것인지 마지막으로 확인하기 위해 전화했다고 하셨다. 나는 먼저 일부러 연락 주신 것에 대해 감사드리고, 내가 전공하는 필드라고 할 수 있는 백제의 수도 부여에서 한번 살아 보고 싶다고 말씀드렸다. 그곳에 살면서 일도 열심히 하고, 공부도 열심히 하는 학예직의 역할 모델이 되고 싶다고도 감히 말씀드렸다.

부여박물관의 창고지기

그렇게 부여에 내려가게 되었다. 문을 열고 나가면 사무실까지 채 5분이 걸리지 않는 박물관 귀퉁이에 붙어 있는 작은 관사에서 살았다. 관내에 있었기 때문에 24시간 근무하는 것이나 마찬가지였다. 부여에 내려가서 알게 된 것인데, 부여박물관이 생긴 이래 자원해서 내려온 사람은 내가 처음이라고 했다. 지방의 다른 국립박물관과 달리 그곳은 '부여읍'이라는 시골에 위치한다. 그 때문에 일상생활을 하는 데 많은 불편이 따른다. 심지어 해가 지고 나서 궁남지宮南池에 산책이라도 나갔다 오면, 다음 날 몇몇 사람들로부터 어젯밤 운동 갔다 왔느냐는 인사를 받는 그런 곳이었다.

궁남지 서동요의 주인공 무왕이 만들었다는 우리나라 최초의 인공 연못으로 알려져 있다. 장기간의 발굴 결과 이곳에서는 배수로나 도로, 무논의 흔적만 발견되었을 뿐 정원의 흔적이 전혀 확인되지 않았다. 주변 지역의 물이 모여 웅덩이를 이루고 있던 것을 1960년대에 별다른 확인 없이 사적으로 지정해 버렸다. 이곳을 찾는 많은 사람들은 지금도 이곳을 백제 무왕이 만든 궁남지로 오해하고 있다.

부여박물관의 학예실에는 학예실장을 비롯해서 세 명의 학예사가 근무하고 있었는데, 비록 내가 나이는 어렸지만 경력이 가장 많아서 선임 학예사들이 맡는 유물 관리와 전시 업무를 담당하게 되었다. 출근한 지 보름쯤 되었을까? 두세 달 뒤에 문화부 감사실에서 정기 감사를 내려온다는 소식이 들려왔다. 일복이 많은 사람은 항상 일이 따르기 마련인 것 같다.

어쩔 수 없이 매일 아침 출근하자마자 수장고로 직행하는 일이 시작되었다. 나의 첫 임무는 소장품 현황을 파악하는 일이었다. 부여박물관에 등록된 유물번호 1번부터 모든 유물을 하나하나 꺼내서 눈으로 확인했다. 수장고에 쌓인 먼지도 털어 내고 바닥이나 천장도 열심히 청소했다. 고되고 힘들었지만 그 일로 인해 부여박물관 수장고에 어떤 유물이 보관되어 있는지 단기간에 알 수 있었다. 아무래도 창고 정리는 내 팔자인가 보다.

소장품을 파악한 뒤에는 발굴되어 인수해 왔지만 아직 박물관 소장품으로 등록하지 않은 자료들을 파악하기 시작했다. 수장고에는 서울에 있을 때는 미처 몰랐던 최신 발굴 자료들이 수북이 쌓여 있었다. 감사가 내려오기 전까지 최선을 다해 현황을 파악하고 소장품을 등록했다. 그 결과 감사는 수월하게 끝낼 수 있었다. 이미 다른 지방박물관을 다녀온 감사팀장은 오히려 이렇게 소장품 정리가 잘된 박물관은 처음이라며 격려해 주었다.

부여박물관 창고지기가 되고 나서 가장 먼저 든 생각은 '이곳이야말로 진정한 보물 창고구나'라는 것이었다. 부여와 그 주변 지역에서 일제강점기부터 수집한 거의 모든 자료가 보관되어 있었기 때문이다.

그처럼 오랜 세월, 이미 많은 사람들이 부여박물관을 거쳐 갔는데도 아직까지 소개조차 되지 않은 자료들이 남아 있다는 데 감사하지 않을 수 없었다. 그러나 너무 기대하지는 마시라. 대부분 깨지고 부서진 파편들이었으니까. 모처럼 만난 선후배들에게 수장고에서 뭔가 대단한 자료를 발견했다며 호들갑을 떨어도 사진을 보여 주면 모두들 실망을 금치 못하는 일이 다반사였다.

일하면서 갈고닦기

박물관 수장고에 남겨진 보물들은 그 가치를 알아보는 사람의 눈에만 보물로 보인다. 그런 의미에서 박물관의 전문직이라 할 수 있는 큐레이터의 역량이 중요하다. 그런데 대부분의 사람들은 박물관에서 일하는 사람들의 수준을 높이 평가하지 않는 경향이 있다.

박물관에서 일하는 사람으로서 그런 평가는 부당하다고 생각한다. 큐레이터의 연구는 대학교수의 그것과는 성격이 다른데도 불구하고, 항상 대학교수와 비교해서 낮은 평가를 내리기 때문이다. 박물관의 큐레이터는 소장품을 관리하고 조사·연구하는 것뿐만 아니라 맥락을 만들어 특별전시를 열고, 그 내용을 출판하거나 교육하는 일련의 일을 담당한다. 그에 반해 대학교수들은 특별전처럼 자신의 연구로 일반 대중과 직접 소통할 기회가 별로 없고, 실물을 다루기보다는 좀 더 이론적인 연구를 한다.

이런 차이를 생각하면 박물관 전문직인 학예연구사가 힘써야 할 일이 무엇인지가 자명해진다. 바로 소장품에 관한 철저한 정리와 분석적인 연구, 그리고 그렇게 얻은 지식을 일반인과 공유하는 전시와 교육이 무엇보다 중요하다. 하지만 박물관 내부에서 일하는 사람들이 모두 그렇게 하는 것은 아니다. 오히려 극히 일부 사람들만이 그렇게 하고 있다. 특별전을 한두 번 맡고 나면 자기가 그 분야 최고 전문가라고 착각하는 사람도 많다. 바로 그 때문에 외부에서 볼 때 박물관 사람들이 공부도 안 하고 실력도 없다는 인상을 갖게 된다.

박물관 학예연구사는 공무원 신분이다. 그 때문에 외부에 있는 대학원 선후배들에게 가끔씩 "박물관에서 일하면서 공부하는 것이 가능한가?"라는 질문을 받는다. 사람마다 다르고 상황에 따라 다르겠지만 나는 "쉽지 않지만 못할 것도 없다"라고 대답한다. 나는 스스로가 그것이 가능하다는 것을 보여 주는 역할 모델이 되겠다고 다짐했다. 보통 박물관에 입사한 학예연구사들은 유능하다는 평가를 받고 들어오지만, 얼마 지나지 않아 학계에서 이름조차 잊힌 존재가 되는 경우가 많다. 박물관 내부에서는 좋은 논문을 써서 학계에서 인정받는 연구자보다는 전시나 교육, 행정 업무를 잘하는 사람을 더 좋게 평가하는 경향이 없지 않기 때문이다.

두 가지를 모두 겸비하면 좋겠지만 그렇게 하기가 쉽지 않다. 박물관이나 연구소에서 공무원 신분으로 일하면서 연구를 연명하는 방법은 '매일매일 조금씩' 끊임없이 하는 방법밖에 없다. 박물관의 학예연구사는 1년에 최소 서너 개의 업무를 맡는다. 자신의 일이 아니지만 함께 협업하거나 갑자기 처리해야 하는 잡무도 비일비재하다.

박물관에서 공부를 하지 않았다고 나무라는 사람은 아무도 없다.

박물관에서 공부는 오로지 자기 자신의 양심에 달린 문제처럼 보인다. 매일 스스로 반성하고 준비하시 않으면 우연히 찾아온 행운도 자신을 지나쳐 버리고 말 것이다. 이를 극복하려면 자신이 하는 일과 연구를 '합치'시키는 것밖에 달리 도리가 없다. 자신이 맡은 일은 학술 연구처럼 철저히 하고, 스스로 하는 연구는 업무인 것처럼 성실하게 하다 보면 누구도 범접할 수 없는 진정한 실력자가 될 것이다. 수장고에 잠들어 있는 알려지지 않은 많은 유물들을 정리해서 분석한 다음, 다른 사람과 정보를 공유할 수 있도록 보고서나 논문을 작성하고, 전시를 통해 일반인에게까지 공개한다면 어느 누가 박물관 사람들의 수준이 낮다고 말하겠는가?

이영훈 실장님께 '공부도 열심히 하는 학예직의 역할 모델'이 되고 싶다고 말한 것도 이런 생각에서 비롯한 것이었다. 박물관의 수준은 진귀한 소장품이나 웅장한 건물에 있는 것이 아니라 그것을 움직이는 큐레이터의 실력에 달려 있다. 나는 내가 일하면서 공부하는 후배들에게 롤모델이 되고, 박물관의 수준을 높이는 큐레이터가 되길 바란다. 그리고 이것이 바로 내가 오늘도 일하면서 갈고닦기를 게을리하지 않는 이유이고, 지금까지 백제를 연구해 올 수 있었던 동력이다.

능산리사지 대표 유물,
백제금동대향로

부여박물관 수장고의 유물 현황을 개략적으로 파악한 다음에는 이것을 나의 백제 연구에 어떻게 활용할 수 있을지를 고민했다. 우선은 단기간에 끝낼 수 있는 것과 좀 더 많은 시간이 필요한 일을 구분했다. 그러고 나서 마침내 부여박물관에서 직접 발굴한 능산리사지에 관한 자료를 정리하는 것부터 시작하기로 결정했다.

능산리사지 발굴은 능산리고분군을 찾는 관람객들의 편의를 위해 주차장을 건설하려는 일이 계기가 되었다. 공사 전에 큰 기대 없이 시작한 발굴 조사에서 아무도 예상하지 못한 금동대향로가 출토되었다.

금동대향로는 능산리사지를 넘어 부여박물관을 대표하는 유물이다. 더 크게는 부여뿐 아니라 백제를 대표하는 유물로 초중등 교과서

능산리고분군과 능산리사지의 전경 사비도성의 동쪽을 남북으로 가르는 동나성의 외곽에 능산리고분군이 위치하고, 그 서북쪽에는 능산리사지가 있다. 부여와 논산을 오가는 길목에 위치하면서 도성의 주요 시설들 가까이에 배치되었기 때문에 경관으로나 기능으로 볼 때 매우 중요한 장소였을 것으로 추정된다.

에도 실려 있다. 높이 64센티미터, 최대 지름 19센티미터의 이 향로는 그 유례가 없을 정도로 대작이다. 국내외 많은 관람객들이 이 유물 한 점을 보려고 부여박물관을 찾는다. 그만큼 명품이 갖는 의미는 각별하다. 부여박물관에 근무하는 동안 나도 금동대향로에 대해 공부를 하게 되었다. 외부에서 중요한 손님이 오면 안내를 해야 했고, 학생이나 일반인을 대상으로 가끔씩 교육을 해야 했기 때문이다.

향로는 본래 악취를 제거하고 부정을 없애기 위해 향을 피우는 도구를 가리킨다. 중국 한나라 때는 바다를 상징하는 승반承盤 위에 짧은 다리를 두고 그 위에 잔 모양의 몸체와 산봉우리 모양의 뚜껑을 갖춘 박산향로博山香爐라는 것을 많이 사용했다. 백제금동대향로는 박산향로의 형식을 따르고 있지만 백제인이 도달한 사상적인 경지와 예술적인 재능이 유감없이 발휘된 최고의 예술품이다.

향로의 받침 하단 부분은 온몸을 비틀어 용틀임하는 용의 모습으로, 상상의 동물인 용이 마치 살아 움직이는 것처럼 사실적으로 묘사되어 있다. 그런 역동적인 용의 머리 위에 활짝 핀 연꽃 모양으로 장식된 받침과 호랑이와 사슴, 사자 등 65마리의 온갖 동물이 어슬렁거리는 산 모양의 뚜껑이 있다. 뚜껑의 가장 높은 꼭대기에는 알처럼 생긴 둥근 물체를 밟고 비상하듯 날개를 펼치고 있는 봉황이 서 있다.

나는 향로를 설명할 때 받침에 표현된 용을 강조해서 설명한다. "용의 다리가 몇 개인지 세어 본 적이 있는가", "용두사미龍頭蛇尾라는 사자성어가 있는데 그렇다면 용의 꼬리가 어떻게 생겼는지 살펴본 적이 있는가"라는 질문도 자주한다. 왼쪽 앞발을 치켜들어 변화와 파격을 준 백제 사람들의 놀라운 예술적 감각은 물론 용이 뿜어내는 기운을 받아 비로소 완성된 몸통의 불교 세계와 뚜껑의 도교 세계의 조화로움도 빼놓지 않는다.

　그러나 아무리 이런 미사여구를 사용해서 설명을 해도 아쉬움이 남는다. 실제 발굴에 참여했던 사람들의 생생한 증언을 뛰어넘을 수는 없기 때문이다. 그래서 능산리사지에 관한 첫 번째 작업으로 이 절터에서 나온 최고의 보물 금동대향로의 발굴 과정을 재조사하기로 했다.

금동대향로의 발굴 과정

　먼저 향로 발굴에 참가했던 실무자를 만나 발견 당시의 사정을 탐문했다. 향로는 부여박물관에서 직접 발굴한 자료였기 때문에 다양한 버전의 뒷이야기를 들을 수 있었다. 이야기를 정리하면 대충 이랬다.

　때는 1993년 12월 12일 오후 4시 무렵. 능산리고분군과 동나성 사이, 당시에 제3건물지로 이름 붙인 건물지의 물웅덩이에서 금속 파편이 살짝 노출되기 시작했다. 그곳에는 검게 탄 흙과 함께 많은 기와와 토기 파편, 금속 파편이 섞여 있었다. 처음에는 며칠 전에 주변에서 발견된 금동광배의 파편으로 생각하고 대수롭지 않게 여겼지만, 아래쪽을 더 팠는데도 끝이 보이지 않아서 뭔가 대단한 물건이 나왔다는 것을 직감했다고 한다. 현장 책임자는 곧바로 관장과 실장에게 보고해서 처리 방법을 논의했는데, 그날 곧바로 발굴하는 것으로 정해졌다.

　혹시라도 중요한 정보가 새어 나갈 것을 우려해 인부들이 모두 퇴근한 뒤 관장을 포함해 다섯 명이 직접 유물을 수습했다. 좁은 공간에서 교대로 작업을 했는데 물웅덩이 안에서 계속 물이 솟아나는 바람에 차가운 물을 스펀지로 닦아 내면서 대꼬챙이로 향로 주변의 흙을 조심스럽게 파내야 했다. 저녁 8시 30분, 세 시간 넘는 작업 끝에 마침내 향로의 실체가 드러났다.

여기까지는 당시 관장이었던 신광섭 선생님과 술 한잔 마셔 본 사람이라면 한두 번 들어 본 이야기일 것이다. 나는 평소 '향로를 발굴한 다음 그 안에 있던 흙은 어떻게 처리했을까'라는 의문을 가지고 있었다. 이야기를 들어 보니 당시 박물관 사람들은 향로를 수습하자마자 사무실로 돌아와 향로를 뜨거운 물에 담가서 이물질을 제거했다고 한다. 겨울밤, 서너 시간을 추위에 떨다가 겨우 실내에 들어왔으니 그 심정을 이해 못하는 바 아니다. 하지만 향로의 몸통이나 뚜껑에서 나온 많은 유기물과 흙덩이들을 아무 의심 없이 버렸다는 대목은 두고두고 아쉬움으로 남는다. 혹시라도 그 속에 백제 사람들이 실제로 사용한 향나무 파편이 남아 있었을 가능성을 배제할 수 없기 때문이다.

향로가 발견됐다는 구덩이가 어떤 상태였는지도 궁금한 부분이다. 2000년에 발간된 발굴보고서를 보면 향로가 발견된 제3건물지(보고서에서는 공방지工房址1로 부름)는 세 개의 방으로 구성되어 있으며, 그중 가운데 방에서 향로가 출토된 것으로 나온다. 향로를 발견한 직후에 그 아래를 발굴하자 너비 10센티미터 정도의 나무판자 네 장과 측면에 덧댄 것으로 보이는 쇠못이 발견됐고, 향로가 발견된 구덩이가 원래는 공방에 필요한 물을 저장하던 수조였을 것이라는 견해가 실려 있다.

또한 향로 위로 각종 금속편과 토기편, 기와편이 차곡차곡 쌓여

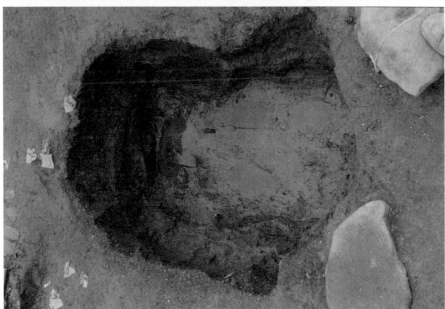

금동대향로 발굴 모습(상)과 발견 직후 모습(하) 금동대향로가 출토된 구덩이의 발굴 상황을 보면 전쟁과 같은 급박한 상황에서 누군가 의도적으로 이 유물을 파묻었다는 것을 확인할 수 있다. 만약 이 향로가 발굴 과정에서 발견되지 않았다면 누구도 이것을 백제에서 만들었다고 주장하지 못했을 것이다.

있어서 향로가 자연스럽게 매몰된 것이 아니라 누군가 의도적으로 묻었을 것으로 보았다. 흥미로운 것은 구덩이 안에서 나온 기와편 중에 공방지1 건물 본체의 바닥에서 출토된 것과 접합되는 것이 섞여 있었다는 부분이다. 이는 구덩이가 매몰된 시점이 건물이 폐기된 시점과 거의 같은 시기라는 것을 말해 준다.

보고서의 서술만으로는 왜 이곳을 공방의 수조로 보았는지, 또 구덩이가 매몰된 시점이 구체적으로 언제였는지가 명확하지 않았다. 그래서 당시 연구원으로 근무하며 실무를 담당했던 지인에게 문의했더니 보고서에는 나오지 않는 몇 가지 흥미로운 사실을 들려주었다. 먼저 이곳을 수조라고 생각한 이유는 나무판자 위에 가는 모래가 얇게 깔려 있었기 때문에 원래 물을 채웠던 흔적이 아닐까 추정했다고 한다.

또 지붕이 내려앉은 벽체 아래에서 통일신라의 인화문토기印花文土器편을 발견했다고 한다. 인화문토기는 토기의 표면에 무늬가 있는 도장을 찍어 장식한 통일신라시대의 대표적인 토기이기 때문에 이 절이 폐사된 시점을 알려 주는 좋은 자료다. 향로가 발견된 구덩이는 백제가 멸망한 어느 시점에 급박하게 매몰된 것을 짐작할 수 있다.

마지막으로 이 향로는 뚜껑이 없는 나무 상자에 담긴 채로 묻혔는데 상자에 넣기 전에 향로를 비단 같은 섬유로 한 번 더 감쌌다는 것도 알 수 있었다고 했다. 그 이유를 묻자 향로를 수습할 당시 뚜껑에 있는 구멍 부근에서 가느다란 실이 군데군데 남아 있었는데 노출되자마자 산화되어 사진조차 찍을 수 없었다고 했다. 보고서만으로는 전혀 알 수 없던 생생한 경험담을 듣게 되었고, 실제 발굴했던 실무자와의 면담이 왜 필요한지를 실감하게 되었다.

사실 나는 군대에서 향로의 발굴 소식을 들으며 언젠가 한번은 향로에 대한 논문을 써 보리라 다짐했었다. 하지만 내가 석사 논문을 쓰고 부여에 갔을 때는 이미 향로에 관한 뛰어난 논문들이 많이 나와 있었고, 내가 전공하는 분야도 그와는 약간 거리가 있었다. 그래도 어떻게 하면 향로를 연구하는 데 조금이나마 기여할 수 있을지를 고민했다. 그 결과 내가 좋아하는 방식, 즉 향로 자체가 아닌 그것이 발견된 능산리사지를 전체적으로 설명하는 방식을 택했다.

능산리와
목간

    부여 능산리사지는 백제 사비기의 왕릉으로 알려진 능산리고분군과 사비도성 외곽을 방어하는 동나성 사이의 계곡에 위치한다. 우연히 금동대향로가 출토된 뒤로 많은 예산을 투자해 연차적인 발굴 조사를 시행했다.

    1999년부터는 중문지 남쪽 일대에 관한 발굴에 착수했다. 백제의 절터에서는 남문이 발견된 적이 없었는데 이번에 이를 확인할 수도 있을 것이라는 기대가 컸다. 하지만 발굴 결과 남문은 나오지 않고 어지럽게 배치된 배수로와 배수 시설이 나타났다. 그리고 배수로들 안에서 나무로 만든 수레바퀴 살이나 지게의 발채, 나무 삽, 나무 그릇 등 많은 목제품과 함께 수십 점의 목간이 발견되었다. 이 발견은 새로운 측면에서 세간의 이목을 집중시켰다.

목간木簡이란 문자를 기록하기 위해 만든 나무 제품으로 특별히 '발굴 조사에서 출토된 문자가 쓰여 있는 나무편'을 가리킨다. 고대 동아시아 사회에서 종이가 보편화되기 전에 대나무나 나무를 얇게 가공하여 붓으로 글씨를 기록했는데 이것이 바로 목간이다.

목간은 예외 없이 물기가 많은 곳에서 발견된다. 나무는 유기물로 쉽게 썩는 성질을 가지고 있어 오랫동안 보존되려면 우물이나 연못, 저습지처럼 물이 항상 공급되는 밀폐된 환경이 필요하기 때문이다. 골짜기에 위치해 지금도 물이 흘러내리고 있는 능산리사지는 목간이 보존될 수 있는 매우 좋은 환경을 갖추고 있었다.

능산리사지 출토 목간 능산리사지에서 발굴된 목간의 대부분은 중문지 남서쪽과 동남쪽의 초기 자연배수로에서 출토되었다. 목간의 종류는 내용에 따라 불교의례·제의·주술, 물품 이동(꼬리표), 문서 행위, 기타로 구분된다. 자기사(子基寺)명 목간(좌)은 상부에 V자형 홈이 파여 있는 전형적인 부찰(꼬리표)이다. 보희사(寶憙寺)명 목간(우)은 앞면에는 지진(智眞) 등 보희사의 승려로 보이는 인명이 기록되어 있고, 뒷면에는 소금 1석을 보낸다는 기록이 있다. 능산리에 있던 절에 물건을 보낸 것으로 추정된다.

능산리 출토 목간에 대한 논란

당시까지 우리나라에서는 목간에 관한 연구자들의 인식이 부족해 목간을 어떻게 발굴하고 정리해서 보고하는지 잘 알지 못했다. 그런 시행착오를 겪은 대표적인 곳이 바로 능산리유적이다.

능산리 출토 목간은 발굴을 담당한 부여박물관 학예사가 2001년 학계에 처음 보고했다. 그는 이 목간들이 능산리사지와 관련된 것으로 소개하고 함께 발견된 토기나 기와, 목간에 기재된 한자의 서체 등을 근거로 사비 천도 직후인 540년 전후부터 위덕왕 대 중반인 570년대 사이에 사용한 것으로 추정했다. 목간들이 능산리사지 중문지 남쪽에서 출토되었기 때문에 많은 연구자들은 목간이 당연히 출토지 북쪽에 있는 절터와 관련이 있을 것으로 믿었다.

그러나 2002년 실시된 8차 발굴 조사의 현장 설명회가 개최된 이후 그 가설이 흔들리기 시작했다. 8차 조사는 6·7차 조사 당시 가장 많은 목간이 발견된 중문지 남서쪽 초기 자연배수로와 석축으로 만들어진 서쪽 대大배수로의 선후 관계를 밝히기 위한 목적에서 실시되었다. 6차와 7차 조사 당시 능산리 일대에서 약 40점의 목간이 발견되었는데 거의 대부분이 중문지 남서쪽에 있는 배수로에서 발견되었다. 목간이 집중적으로 발견된 배수로는 석축이 없는 자연배수로와 돌을 쌓아 만든 석축배수로가 섞여 있었기 때문에 둘 중 어느 것이 먼저 축조되었는지를 밝힐 필요가 있었다.

8차 조사 결과 자연배수로가 석축배수로 아래를 통과하는 것이 확인되었다. 이것은 초기에 자연배수로가 있었고, 나중에 그것을 정비

능산리사지 중문지 남쪽 발굴 모습 사진 왼쪽이 중문지, 정면이 능산리고분군이다. 중문지 남쪽에는 사원의 남문이 있을 것이라는 기대와 달리 많은 배수로들이 어지럽게 배치되어 있었다.

하여 석축 대배수로가 만들어졌다는 것을 뜻한다. 한 장소에서 자연배수로와 석축배수로가 함께 발견되고, 두 배수로 사이에 시기적인 차이가 존재한다면 인공이 가미된 석축배수로가 나중에 만들어지는 것은 어쩌면 당연한 일이다. 자연배수로와 석축배수로의 선후 관계가 정리된 후 대두된 다음 문제는 초기 자연배수로가 과연 언제부터 기능했을까 하는 것이었다.

8차 조사를 담당했던 부여박물관에서는 그 상한을 동나성 축조 시기인 520년대까지 소급할 수 있다는 견해를 발표했다. 8차 조사 때 배수로 내부에서 발견된 암키와의 문양이 새끼줄 무늬로 고졸하다는 것이 가장 큰 근거였다. 이러한 편년안編年案은 발굴을 담당했던 조사단 내부에서도 논란을 빚었기 때문에 나중에 보고서가 간행될 무렵에는 철회되었지만 이미 그러한 내용이 대외적으로 공표되었기 때문에 많은 혼란을 주었다.

8차 조사 결과가 공개된 이후 곧바로 제기된 것이 곤도 고이치近藤浩一라는 일본인 유학생의 '나성 축조 목간설'이다. 능산리사지가 만들어지기 전에 쌀을 나누어 주거나 도사道使와 같은 하급 관료가 표기된 목간을 제작해 사용할 정도의 시설이 있었다면 그것을 나성 축조 공사를 책임졌던 거점 시설 말고는 상정하기 어렵다고 했다. 이렇게 되면 이곳에서 발견된 목간은 능산리 사원과 관련된 '능산리사지 목간'이 아니라 단순히 능산리라는 지역에서 발견된 목간이라는 의미의 '능산리 목간'으로 부르는 것이 더 적절하다.

능산리 목간을 찾아 헤매다

상황이 이렇다 보니 내가 부여박물관에서 근무하게 되었을 때 많은 사람들이 '거기 가면 제발 능산리사지 목간 좀 정리해서 발표해 달라'는 이야기를 자주 했다. 나 또한 대학원에서 문헌사를 공부했기 때문에 금석문을 비롯한 문자 자료에 남다른 관심을 가지고 있었다. 부여에 내려와 능산리 목간에 대한 논문을 쓰고 싶었지만 여러 가지 일이 겹쳐 계속 미루게 되었다. 그러나 기회는 그리 오래지 않아 찾아왔다. 부여에 내려간 지 1년 정도 지났을 때 친한 선배로부터 한국목간학회 창립 기념 국제 학술 대회에서 능산리 목간에 대해 발표해 줬으면 좋겠다는 부탁을 받았다. 늘 능산리 목간에 대해 뭔가를 해야 한다고 생각하고 있었기 때문에 거절할 명분이 없었다.

　능산리 목간은 발굴 초기부터 조사자에 의한 간단한 보고와 함께 부여박물관의 특별전 도록, 국립창원문화재연구소에서 간행한『한국의 고대 목간』등에 이미 좋은 사진이 소개되어 있었다. 그렇기 때문에 이미 모든 자료가 공개되었다고 생각했다. 그런데 부여박물관 보존실을 찾아보니 목간이 발견된 직후에 찍은 적외선사진 중에 그때까지 소개되지 않은, 전혀 모르고 있던 자료가 섞여 있는 것이 아닌가.

　우선 자료를 정리할 필요가 있는 것 같아 컬러사진과 적외선사진 그리고 수장고에 남아 있는 실물 자료를 대비하는 작업부터 시작했다. 수장고에 들어갈 수 없는 저녁 시간에는 발굴 당시 현장에서 기록한 야장野帳과 약略보고서 등을 참고해서 목간이 출토된 위치를 파악하는

부여 능산리에서 출토된 각종 목간　능산리사지에 관한 6·7차 조사에서는 40여 점의 목간이 발견되었는데 형태나 크기가 다양하고 문서나 짐 꼬리표, 주술 등 다양한 내용이 기록되어 있었다.

작업을 했다. 그 과정에서 기존에 공개되지 않은 목간이 더 많이 있다는 것을 알게 되었다. 놀랍기도 하고 어이가 없었다. 목간 연구자들은 목간 한 점을 보기 위해 천 리 길도 마다 않고 달려가는데 박물관 수장고에는 이미 발굴됐음에도 제대로 정리되지 않아 판독조차 하지 않은 목간이 남아 있다는 것은 충격이 아닐 수 없었다. 하지만 자료 보고가 허술하게 진행되고 미보고 자료가 남아 있었기 때문에 역설적으로 나에게 새로운 기회가 생겼다.

자료를 찾아 헤매던 일주일 동안 또다시 밤잠을 설쳤다. 내가 목간 발굴 현장에 참여하지는 않았지만 마치 내 손으로 직접 목간을 발굴하는 것 같은 짜릿함을 맛보았다. 정림사지 소조상을 처음 조사할 때의 놀람과 흥분이 재현되는 것 같았다. 자료에 대한 현황 파악이 끝나자 마침내 내가 무엇을 해야 할지 분명해졌다. 남들처럼 한 점의 목간으로 논문 한 편을 쓸 수는 없었다. 발굴된 상황을 염두에 두고 목간의 묵서 내용을 파악해야 한다고 생각했다. 그래서 능산리 목간에 대한 첫 번째 발표에서는 그것이 출토된 위치와 폐기된 연대를 분명하게 밝히고자 했다.

목간이 출토된 위치를 파악하는 작업은 능산리 목간 전체의 성격이나 그 후에 전개된 능산리사지 가람 중심부 건물들의 기능을 파악하는 데 반드시 필요한 일이다. 그리고 목간의 폐기 연대는 단순히 목간이 버려진 연대를 알려 주는 것뿐 아니라 능산리사지가 처음 건립된 시기를 파악하고, 이 일대에서 어떤 일이 벌어졌는지를 추정할 수 있는 중요한 기준이 된다. 나는 이 두 가지를 밝히는 것에서 능산리 목간 연구를 시작하려 했다.

목간의 출토 위치를 찾아서

목간이 출토된 위치를 확인하는 것은 발굴 당사자에게 직접 물어보면 그다지 어려운 일이 아닐 것이다. 그러나 당시 부여박물관에는 목간 발굴에 참여했던 연구원이 단 한 사람도 남아 있지 않았다. 잦은 인사이동으로 인한 구조적인 문제였다. 할 수 없이 현장 조사 일지나 야장을 분석하는 것에서 시작하는 수밖에 달리 방법이 없었다.

목간이 처음 발견된 6차 조사의 경우, 출토 수량이 그다지 많지 않아 야장에 기록된 내용을 바탕으로 발견 날짜나 출토 위치를 거의 대부분 확인할 수 있었다. 그러나 7차 조사에서 갑자기 많은 양의 목간이 출토되는 바람에 어느 순간부터 출토 위치를 전혀 확인할 수 없었다. 다행히 8차 조사에서는 단 한 점밖에 출토되지 않아 위치에 대한 논란의 여지가 없었다. 또 이 목간은 토양의 층위를 확인하기 위해 설치한 트렌치 둑에서 발견되어 폐기 시기를 추정할 때도 유용하게 활용할 수 있었다.

문제는 가장 많은 수량이 출토된 7차 조사에서 발견된 목간의 출토 위치였다. 궁여지책으로 생각해 낸 것이 6·7차 조사 당시 실제 발굴 현장에서 상주했던 연구원을 만나 보는 것이었다. 연락처를 수소문했더니 그는 이미 퇴사를 해서 전혀 다른 일을 하고 있었다. 나의 사정을 말하고 능산리 목간에 대해 궁금한 것이 있으니 한번 만나 줄 수 없겠냐고 부탁을 했다. 의외로 그는 흔쾌히 나의 요청에 응해 주었다.

두어 시간밖에 이야기를 나누지 못했지만 내가 알고 싶었던 목간의 출토 위치뿐 아니라 중문지 남쪽의 전체적인 발굴 상황까지 상세하게 들을 수 있었다.

그 덕분에 한 가지 중요한 사실을 알게 되었다. 능산리 목간이 중문지 남서쪽의 초기 자연배수로뿐 아니라 중문지 동남쪽의 초기 자연배수로에서도 발견되었다는 사실이다. 299호와 2001-8호 목간이 바로 그것이다. 그중 2001-8호 목간은 적외선사진은 남아 있었지만 유물을 찾지 못해 한동안 애를 태웠다. 그러나 학회 발표가 끝난 뒤 보존실의 격납장 안에서 결국 그 유물을 찾을 수 있었다. 이 목간이 담긴 플라스틱 용기의 바깥에는 'S100, W20 지점, 능산리 7차, 2001.7.3.'이라

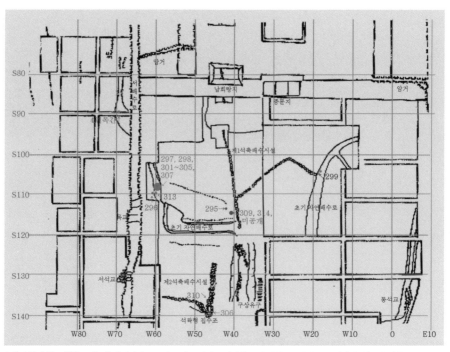

능산리 목간 출토 위치 도면 능산리사지 6~8차 조사 도면에 목간이 출토된 위치를 표기해 본 도면이다. 발굴 당시의 야장과 사진을 검토하고, 조사자를 면담하는 등 많은 시간을 들여서 그나마 이 정도를 복원할 수 있었다.

는 글씨가 선명하게 적혀 있었다. 박물관 사람들은 '수장고에 있는 유물은 찾지 못할 뿐 절대 분실되지 않는다'는 믿음을 가지고 있다. 그 믿음이 틀리지 않았다는 것을 확인한 소중한 순간으로 안도의 한숨을 쉬었다.

능산리 동남쪽 초기 자연배수로에서도 목간이 출토되었다는 사실은 목간의 성격을 논의할 때 매우 중요한 대목이다. 능산리 목간을 나성의 축조와 관련시켜 보거나 나성의 출입과 연관된 것으로 보는 연구자들은 목간이 제작된 장소로 서회랑 외곽의 평탄지를 지목하고 있었다. 동나성에 연접한 지역에 모종의 거점 시설이 있었고, 그곳에서 목간을 사용하다가 버린 결과 중문지 남서쪽 일대에서 목간이 집중적으로 발견된 것으로 본 것이다. 하지만 그 반대편인 중문지 동남쪽 일대에서도 분명히 목간이 출토되었기 때문에 이제 기존과는 전혀 다른 차원에서 그 성격을 논하지 않을 수 없게 되었다.

같은 위치에서 출토되었지만 폐기 시기가 다른 목간도 있었다. 능산리 목간의 대부분은 초기 자연배수로에서 출토되었지만 2002-1호 목간이나 306호와 310호 목간은 약간 늦은 시기에 폐기된 것으로 확인되었다. 그중 306호와 310호는 제2석축 배수 시설과 할석割石 집수조로 이름 붙인 남쪽 유구에서 출토되었다. 그런데 이 배수 시설은 이미 성토된 땅을 다시 한 번 더 판 다음 만들어졌기 때문에 다른 유구들보다 한 단계 늦게 축조된 것이 분명한 곳이었다. 이를 통해 능산리 목간이 제작되고 사용되다가 폐기된 시간이 비교적 긴 시간의 폭을 가지고 있다는 것을 짐작할 수 있다.

목간의 폐기 시기

그렇다면 능산리 목간의 '연대'는 언제로 추정할 수 있을까? 발굴 조사에서 발견된 목간의 연대를 말할 때는 ①목간에 글씨가 써진 연대, ②목간이 사용된 연대, ③목간이 폐기된 연대로 크게 나누어 볼 수 있다. 도성에 세금을 낼 때 매다는 꼬리표 목간의 경우 ①과 ②의 연대가 거의 합치된다. 그러나 ②와 ③이 반드시 일치하지는 않는다. 이 불일치는 목간의 보존 기간이나 사용 기간과 밀접하게 연관되며 다양한 시간의 폭을 상정할 수 있다. 그렇기 때문에 목간의 연대를 말할 때는 그것이 처음 작성되어 사용되다가 폐기된 여러 종류의 시간을 함께 고려해야 한다. 하지만 일단 이 글에서 ③폐기 연대를 기준으로 능산리 목간을 말하고자 한다.

능산리 목간의 상한을 추정할 때는 목간의 기재 내용이나 서체도 중요하지만 목간과 함께 발견된 자료를 비교하는 것이 더 객관적이다. 함께 출토된 자료 중에서 주목되는 자료는 절터를 평평하게 다지는 대지 조성 공사 최하층에서 발견한 세 점의 중국 청자편이다. 그중에서 청자첩화인물준의 아가리 파편으로 알려진 자료는 연대 추정 결과 대략 6세기 중엽에 해당하는 것으로 드러났다. 이 자료와 비슷한 시기에 만들어진 것으로 추정되는 자료들이 중국 남북조시대 귀족의 무덤에서 다수 발견되었는데 그 자료들의 절대연대가 6세기 중엽으로 알려졌기 때문이다. 청자편 외에도 능산리사지 발굴에서는 목간과 밀접한 관련이 있는 문방구 중 하나인 벼루도 여러 점이 발견되었다. 이것들 역시 공주 공산성이나 사비기의 다른 자료들과 비교했을 때 6세기 중엽

능산리 출토 중국제 자기편(1·2)과 참고 자료(3) 능산리사지의 최하층에서 발견된 중국제 청자 파편(1)은 오른쪽 청자첩화인물준(3)의 목 부분에 부착된 비천상 장식과 유사하며 이러한 도자기는 주로 6세기 중엽에 제작되었다. 청자벼루의 다리 파편(2) 또한 중국에서는 6세기 중후반에 주로 발견되는 형식이다.

으로 비정할 수 있었다.

　이러한 검토 결과는 매우 중요한 의미를 갖는다. 능산리사지를 비롯해서 능산리 목간의 성격을 언급할 때 항상 제기되는 세 가지 중요한 연대가 있다. 538년 사비로 천도한 연대와 554년 관산성전투에서 성왕이 죽은 연대, 567년 능산리사지 목탑 자리에 창왕명석조사리감이 묻힌 연대가 그것이다.

　그동안은 능산리사지가 동나성과 연접해 있고, 초기 자연배수로가 서쪽 대배수로보다 더 이른 시기에 사용되었다는 점에 근거해서 목간의 연대를 막연하게 538년 이전인 520년대로 소급시켜 보려는 연구자가 없지 않았다. 그러나 앞서 언급한 편년 자료들은 그 상한이 사비 천도까지 소급되기 어렵고, 오히려 554년의 사건과 더 밀접한 관련이 있음을 알려 주고 있다. 따라서 초기 자연배수로에서 출토된 능산리 목간들은 554년 전후부터 목탑이 건립된 567년 전후 사이의 어느 시기에 폐기된 것으로 보는 것이 더 적절하다는 결론에 도달하게 된다.

물론 모든 목간이 567년 이전에 폐기되었다는 말은 아니다. 앞서 언급한 2002-1호와 306호, 310호는 능산리사지에 건물이 들어선 다음에 폐기되었을 가능성이 높다. 특히 2002-1호 목간이 이를 단적으로 보여 주고 있다. 이 목간은 8차 조사에서 둑에 박힌 채로 발견되었는데 초기 자연배수로가 매몰되는 과정에서 다른 폐기물들과 함께 버려진 것으로 추정된다.

당시 어렵게 구한 토층도를 토대로 2002-1호 목간이 ⑥번층에서 발견되고, 그 아래에 있는 ⑦번층과 ⑪번층에서 앞서 언급한 새끼

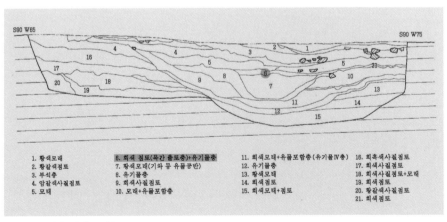

능산리 목간 출토 토층도

줄 문양이 찍힌 암키와와 목탑이나 금당에서 사용하던 수막새가 발견된 것을 확인할 수 있었다. 아래층에서 발견된 기와들은 가람 중심부 주요 건물을 건립하는 과정에서 내다 버린 건축 폐기물로 추정되는데 2002-1호 목간도 그 과정에서 버려진 것으로 짐작된다. 이처럼 늦은 단계에 폐기된 목간들은 능산리사지가 사원으로 기능하던 단계에 제작되어 사용하다가 버려진 것으로 사원의 운영과 연관될 가능성이 높다.

이와 같은 검토를 바탕으로 나는 능산리 목간에 대해 다음과 같은 결론을 얻을 수 있었다. 능산리 목간은 554년 백제 성왕의 비정상적인 죽음 이후 이 일대에서 행해진 각종 행사와 의례, 물품의 이동, 행정 행위와 관련이 있다. 대다수 목간은 567년 목탑의 건립 공사가 착수될 무렵에 폐기되었기 때문에 능산리사지 초기 건물군의 활동이나 성격과 관련이 있지만, 일부 6세기 후반에 폐기된 목간도 섞여 있기 때문에 능산리사지의 조영이나 운영과 관련된 측면도 함께 가지고 있다. 그런 점에서 능산리 목간 전체를 '능산리사지 축조 목간'으로 단순화하기보다는 좀 더 거시적인 관점에서 능산리사지의 조영과 정비, 운영 과정에서 파생된 것으로 보는 것이 적절하다.

이러한 결론을 도출하는 과정에서 한 가지 중요한 사항이 간과되었다. 그것은 바로 목간이 출토된 중문지 남쪽 일대의 각종 배수 시설들이 그 북쪽에 있는 배수 시설과 연결되어 있다는 사실이었다. 다시 말해 중문지 남쪽과 북쪽은 서로 다른 별개의 시설이 아니라 상호 긴밀하게 연동되어 있다는 사실을 망각하고 있던 것이다. 따라서 능산리 목간이 능산리사지의 조영과 정비, 운영 과정에서 파생된 것이라는 나의 추정이 힘을 얻으려면 목탑이나 금당, 강당 등 가람 중심부의 건물들이 어떻게 정비되었는지를 함께 설명할 필요가 있었다.

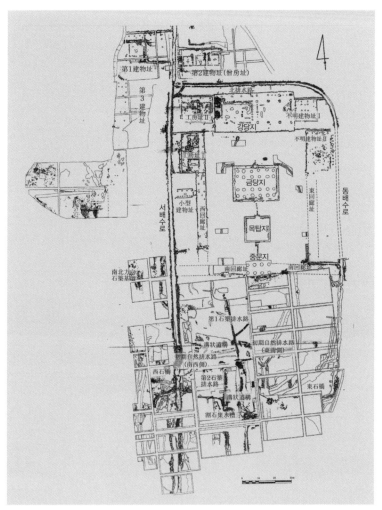

능산리사지 가람배치도 능산리사지는 중문과 목탑, 금당, 강당이 남북 일직선상에 배치되고 그 둘레를 회랑이 감싸는 구조를 하고 있다. 동서회랑지 북쪽에 공방지1과 불명건물지2, 강당지 동서쪽에 불명건물지1과 공방지2가 배치되었고, 강당지 북서쪽 일대에는 제2건물지(승방)와 제1건물지, 서회랑지 서쪽에는 남북으로 긴 제3건물지가 발견되었다. 중문지 남쪽에는 건물지가 확인되지 않았지만 그 대신 각종 배수 시설이 어지럽게 배치되어 있었다.

백제 성왕의 죽음과
능산리사지의 성격

능산리사지 가람 중심부의 정비 과정을 어떻게 설명할 수 있을까? 이때 다시 등장하는 방법론이 내가 석사 논문을 쓰면서 연마한 수막새에 관한 분석이다. 일본의 고대 사원 연구에서는 유적 전체에서 나온 모든 수막새를 분석해 가장 이른 시기의 수막새 형식이 가장 많이 분포하는 건물지를 제일 초기 단계에서 건립한 것으로 보는 방법론이 있다. 이 수막새를 보통 '창건와創建瓦'라고 부른다.

창건와는 가장 많은 수량이 출토될 뿐만 아니라 다른 유적에서는 발견되지 않는 특징을 보인다. 따라서 가람 중심부 건물지에서 창건기 수막새들이 어떻게 분포하는지를 밝혀내면 각 건물들의 건립 순서를 유추할 수 있다. 관건은 그러한 추론을 뒷받침할 수 있을 정도로 많은 양의 수막새가 남아 있어야 하고, 각 건물지별로 출토 위치 파악이 가능한 충실한 자료 정리가 이루어졌어야 한다는 점이다.

위와 같은 조건으로 보면 능산리사지는 매우 좋은 분석 대상이다. 이 절터는 창왕명석조사리감 명문으로 볼 때 567년에 사원이 창건되었고, 인화문토기편 등 다른 유물이나 유구 상황으로 볼 때 백제 멸망기인 660년 무렵에 폐사된 것이 확인되었다. 이곳에서 출토된 수막새들은 사비기의 다른 절터와 달리 통일신라시대나 고려시대 유물이 전혀 섞이지 않은 백제 당대의 것이다. 약 100년 동안 존속한 고대 사원이 어떤 경위로 건립되어 유지 보수되었는지를 파악할 수 있는 더 없이 좋은 사례인 것이다.

또한 이곳에서는 500점이 넘는 많은 수막새가 수습되어 계량적인 분석이 가능하다. 능산리사지 가람 중심부에서 출토된 수막새에 대해서는 이미 발굴 담당자가 작성한 선구적인 논문이 있었다. 그는 능산리사지 수막새의 형식 분류와 제작 기법, 상대 편년 등에서 중요한 지적을 했다. 그러나 그 논문에서 가장 중요한 한 가지가 빠져 있었으니 바로 출토 위치에 관한 정보였다. 그처럼 많은 수막새들이 어디에서 출토됐는지 아무런 정보가 없었다.

수막새를 찾아 다시 수장고로

나는 수장고에서 일하는 틈틈이 시간을 내서 능산리사지 수막새를 하나하나 뒤지기 시작했다. 그 작업은 예상보다 훨씬 더 많은 시간을 필요로 했다. 능산리 목간에 관한 논문을 구상하기 전부터 시작해서 학술 대회 발표가 끝난 이후도 계속되었다. 처음 수막새를 분석했던 발굴 담당자는 파편을 제외한 340점의 수막새를 다루었지만 나는 형식 분류가 가능한 모든 파편을 포함시켜서 전체 502점의 출토 위치를 확인했다.

수막새 전체의 출토 위치를 정리하는 작업은 예상했던 것보다 훨씬 더 까다로웠다. 일부 수막새에는 그것이 출토된 건물지 이름과 발견된 날짜가 자세하게 적혀 있었지만, 많은 경우 '940530-19'처럼 간단한 숫자만 적혀 있었다. 1994년 5월 30일에 발견된 19번째 수막새라는 의미일 것이다. 그중 일부는 야장에서 출토 위치를 확인할 수 있었지만 출토품 전체를 확정할 수는 없었다. 꺼림칙한 기분을 떨치기 어려웠다.

그런데 이번에도 우연을 가장한 행운이 나를 찾아왔다. 다른 일이 있어서 도서실을 찾았는데 발굴 유구 도면을 모아 둔 서랍장 속에서 능산리사지의 '발굴 유물카드'를 발견한 것이다. 발굴 초기에는 유물 하나하나에 출토지를 기록했지만 어느 순간 너무 많은 유물이 쏟아져 나오자 별도로 유물카드를 만들어 출토 위치와 특징을 정리해 두었던 것이다. 발굴이 끝난 뒤 유물카드는 다른 도면들과 함께 도서실 서고에 보관되었지만, 나중에 부임한 나로서는 그런 것이 있는지조차 몰랐다.

이를 토대로 오랜 시간과 정성을 들여서 〈능산리사지 출토 수막새의 출토 위치와 수량〉이라는 제목의 표를 완성했다. 이 표는 수막새의 각 형식별 출토 수량과 각 건물지별 분포 수량을 한눈에 알 수 있게 정리한 것이다. 한 페이지도 안 되는 표를 만들기 위해 거의 반년 이상을 소비했지만 이에 근거해서 가람 중심부 건물의 건립 순서를 새롭게 추론할 수 있게 되었다.

능산리사지 가람 중심부 건물의 건립 순서

능산리사지의 경우 출토 위치를 알 수 있는 502점의 수막새 가운데 1형식이 270점을 차지한다. 1형식 수막새는 능산리사지 외에 다른 지역에서는 발견된 적이 없다. 1형식을 '능산리사지식 수막새' 또는 능산리사지의 '창건와'로 부를 수 있다. 그런데 능산리사지의 창건와인 1형식 수막새가 특이하게도 금당지나 목탑지가 아니라 강당지와 그 주변 지역에서 가장 집중적으로 분포하는 현상이 확인되었다.

능산리사지의 창건기 수막새　능산리 일대에 처음 사원을 건립하면서 만들어진 창건기 수막새들이다. 맨 위 사진은 가마터에서 발견된 것인데 그와 똑같은 문양과 제작 기법을 가진 기와들이 강당지 일대에서 집중적으로 발견되었다. 이러한 창건기 수막새는 부여 지역의 다른 유적에서는 전혀 발견되지 않았다.

일반적으로 고대 사원은 목탑이나 금당이 먼저 축조되고 그 후 중문이나 강당이 건립된다. 백제의 기술자들이 파견되어 건립한 일본 최초의 사원 아스카데라飛鳥寺에는 이러한 건립 순서에 대한 비교적 상세한 기록이 남아 있다. 588년에 건립이 시작된 아스카데라는

590년에 건립에 필요한 재료들을 가져와 592년 금당과 회랑 공사를 시작했고, 593년 불사리를 목탑 심초석에 안치했다. 그리고 596년에는 가람의 대부분이 완성되어 승려가 머물게 되었다. 고대 사원을 건립할 때는 최소 10년 이상의 오랜 시간이 걸리고, 건물 한 채를 완성하는 데도 3년 정도의 시간이 소요되는 힘든 일이었음을 짐작할 수 있다.

그러나 능산리사지는 강당지와 그 동서쪽의 부속건물, 동서회랑지 북쪽에 위치한 불명건물지2와 공방지1이 먼저 건립되고 그 뒤에 목탑과 금당이 건립된 것으로 드러났다. 나는 강당지와 그 주변의 건물지들을 '초기 건물군'으로 부를 것을 제안했다. 이는 강당을 중심으로 한 초기 건물군이 목탑이나 금당을 중심으로 한 불교 사원과는 다른 특수한 목적을 수행했음을 시사한다. 물론 강당지와 목탑지에서 발견된 수막새의 형식이나 문양이 전혀 다르지는 않기 때문에 양자의 연대 차는 그리 크지 않다는 점도 염두에 두어야 할 것이다.

능산리사지의 강당지가 목탑지나 금당지보다 먼저 건립되었을 것이라는 의견은 결코 나만의 생각이 아니다. 강당지와 목탑지에 사용된 조영척이 다르다는 것에 착안해 양자의 시기 차를 상정하고 그중 강당지의 건립이 더 빠르다고 주장한 연구가 이미 있기 때문이다. 그러나 학술 논문은 동일한 결과가 나왔다고 해서 결코 무의미한 것이 아니다. 어떤 소재를 활용해서 어떤 관점과 방법론으로 그러한 결론을 도출했는지가 더 중요하다. 내가 시도했던 수막새 분석과 초기 건물군의 건립 시기에 관한 추론은 아마도 백제나 신라의 다른 유적에도 적용할 수 있는 좋은 사례가 될 것이다.

강당지의 초기 역할

나는 500점이 넘는 수막새를 분석해서 강당지를 중심으로 한 초기 건물군이 567년에 건립된 목탑지보다 먼저 조영되었을 것이라는 결론을 도출했다. 발굴보고서에 이와 관련된 흥미로운 내용이 남아 있었다. 능산리사지는 북쪽이 높고 남쪽이 낮은 골짜기에 위치하기 때문에 울퉁불퉁한 지형을 평평하게 하는 대규모 토목공사를 실시했다. 그러한 성토대지의 최하층 상태에 대해 발굴보고서는 "토층의 제일 하부에 퇴적된 회색니질점토는 이 절터가 들어서기 전에 형성된 자연토층으로 보인다. 이 토층은 이 지역이 항상 많은 물이 흐르는 습지인 관계로 소택지 내에서 형성되는 토층과 비슷한 양상을 보인다. 그리고 강당지에서 남쪽으로 약 43미터 떨어진 곳에서는 소택지상의 토층 상부에서 중국제 도자기편, 토기편, 각종 목제들이 굴 껍질 같은 각종 패각류와 함께 출토되었다. 이것을 보면 절터가 들어서기 전에 이 지역은 어떤 생활공간으로 활용되었던 것 같다"라고 언급하고 있다.

이것을 보면 능산리사지가 만들어지기 전에 이 일대는 물이 항상 고여 있는 습지대였고, 최하층에는 사원과는 무관한 인위적인 흔적이 있었음을 짐작할 수 있다. 이곳에서 발견된 중국제 도자기 파편은 앞서 언급한 대로 6세기 중엽을 중심 연대로 하고 있다. 따라서 이 일대에 들어선 가장 이른 단계의 인위적 흔적인 초기 건물군은 사비 천도나 능산리 사원의 건립보다는 인근에 있는 성왕릉의 조영이나 그에 수반되는 각종 의례와 관련시켜 보는 것이 더 적절할 것이다.

또한 초기 건물군 중 가장 규모가 큰 강당지의 경우 고구려나 신

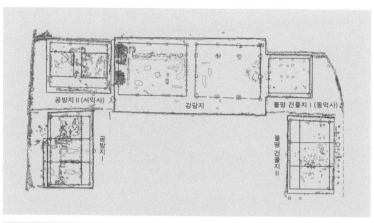

공방지 II (서익사)　　　강당지　　　불명 건물지 I (동익사)

공방지 I　　　불명 건물지 II

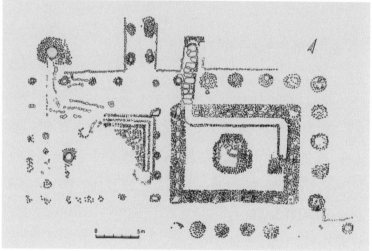

0　　　5m

능산리사지 초기 건물군(상)과 고구려 동대자유적 건물지(하)　　능산리사지 강당지와 주변의 초기 건물군은 하나의 지붕 아래 여러 개의 방으로 구성된 특징이 있다. 강당지는 하나의 지붕 아래 두 개의 방이 배치되어 있는데, 그 형태가 고구려의 동대자유적과 매우 비슷해서 발견 초기부터 유사성이 주목되었다.

라의 고대 사원에서 확인되는 일반적인 강당 건축과 차이가 난다. 이
건물지는 하나의 지붕 아래, 가운데 벽을 두고 두 개의 방이 배치된 소
위 '1동 2실' 구조를 하고 있다. 이러한 평면 형태와 규모, 내부에 온돌
이 설치된 구조 및 서실 중앙부에 배치된 대형 판석 등은 중국 지안集
安에 있는 고구려 동대자유적과 매우 유사하다. 동대자유적의 경우 일
반적인 주거 건축이 아니라 종묘와 같은 국가적인 제사 시설로 추정되
는 곳이다. 따라서 그 연장선에서 능산리사지 강당지도 종묘나 시조묘
처럼 국가적인 제사 시설이 아닐까라는 의견이 일찍부터 여러 연구자
들에 의해 제기되었다.

능산리고분군과 능산리사지

능산리사지 초기 건물군이 백제의 국가 제사와 연관된다면, 그 동
쪽에 위치한 백제 왕실의 능묘인 능산리고분군과의 관계를 함께 검토
할 필요가 있다. 특히 능산리고분군 가운데 중하총이 성왕의 무덤으로
추정되고 있는 것에 주목할 필요가 있다. 능산리사지가 성왕을 비롯한
능산리고분군의 능묘를 제사지내기 위한 원찰이나 능사陵寺였다는 것
은 석조사리감의 명문을 통해 어느 정도 유추가 가능하다.

금동대향로가 발굴된 다음 해에 발굴 조사를 진행하던 중 능산리
사지 목탑의 심초석 위에서 창왕명석조사리감이 출토되었다. 사리감
실의 좌우 양쪽에 각각 예서 풍의 글자가 10자씩 새겨져 있는데, 내용
은 다음과 같다. "백제창왕십삼년태세재 정해매형공주공양사리百濟昌

王十三年太歲在 丁亥妹兄公主供養舍利"이
사리감은 성왕의 아들로 554년 왕위에
오른 창왕(위덕왕)에 의해 567년 만들어
졌으며, 성왕의 딸이자 창왕의 누이인
공주가 사리를 공양했다는 내용이다. 왕
실 가족인 공주가 사리를 공양해서 절을
만들었기 때문에 왕실의 능묘인 능산리
고분군과의 연관성을 고려하는 것이 타
당하다.

창왕명석조사리감   사리감은 사리와 사리용기를
보관하던 바깥틀이다. 능산리사지 한가운데 위치한
목탑지에서 나왔다. 사리를 봉안한 시기와 발원자
를 명확히 기록하고 있어 백제 절터 중에서는 처음
으로 창건 연대을 알 수 있게 되었다.

  하지만 가람 중심부 주요 건물지의
건립 순서에서 알 수 있는 것처럼, 능산
리사지가 554년부터 능산리고분군의 원
찰이나 능사는 아니었다. 기존의 많은
연구자들은 567년을 목탑의 완성이나 사원의 완공 연대로 보려고 했
다. 하지만 567년은 사리감을 지하에 묻은 해이기 때문에 목탑의 완성
은 그보다 더 늦었던 것이 분명하다. 능산리에 있던 주요 건물들이 사
원으로 기능한 것은 적어도 567년 이후였다. 따라서 목탑 건립 이전과
이후는 건물의 규모와 기능, 성격에 차이가 있었을 것이다. 567년 이
전에 목탑보다 먼저 들어선 초기 건물군은 단순히 사원 북쪽에 배치된
사원의 부속시설이 아니라 왕릉의 건립이나 그에 수반되는 각종 제사
를 위한 특별한 시설이었을 가능성이 높다.

  이상의 추론은 수막새가 기와 건물의 중요한 건축 부재라는 점에
착안하여, 그러한 수막새를 사용한 기와 건물들이 어떤 순서로 건립되

었는지를 추정한 바탕 위에서 도출한 것으로 논리적 비약이 있음을 인정하지 않을 수 없다. 그렇다면 이를 보완할 수 있는 방법은 없을까? 이럴 때 자주 사용하는 방식이 다른 나라와 비교해 보는 것이다.

　　중국에서는 황제릉을 축조한 다음, 무덤의 수리와 관리는 물론 각

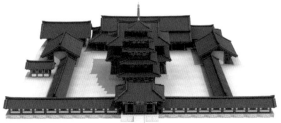

능산리사지의 발굴 모습(상)과 복원 이미지(하)　　능산리사지는 567년 목탑이 건립되고 금동대향로가 발견된 곳으로 정림사지, 왕흥사지와 더불어 부여의 가장 중요한 절터에 속한다. 현재 부여 백제문화단지에는 발굴 결과를 바탕으로 실제 크기의 건물이 복원되어 있다.

종 제사를 지내는 데 필요한 부속시설을 만들었다. 불교가 성행한 북위나 양나라에서는 능묘 옆에 불교 사원을 건립하기도 했다. 5세기 후반에 세워진 북위 사원불사思遠佛思는 영고릉永固陵과, 6세기 초에 세워진 남조 황기사皇基寺는 건릉建陵과 세트를 이루고 있다. 고구려의 경우도 정릉사지가 전 동명왕릉과 세트를 이루며 남북으로 배치되어 있다. 정릉사지의 내부 발굴에서는 '정릉定陵'이나 '능사'라는 명문을 가진 토기가 발견되기도 했다.

능산리사지와 능산리고분군은 백제에도 사원과 고분이 깊이 연관되어 있었다는 것을 극명하게 보여 주고 있다. 그래서 능산리사지 강당지를 종묘나 시조묘, 구태묘 등 사비기의 특정한 국가 제사 시설로 파악하려는 의견이 나오기도 했다. 게다가 중국의 문헌 기록을 보면 왕릉 부근에 위치한 제사와 관련된 여러 시설 가운데, 하나의 중심 건물을 두고 양쪽에 익사翼舍를 갖춘 건물을 '묘廟'라고 불렀다는 기록이 있다. 동서 양쪽에 익사를 갖춘 능산리사지 강당지의 구조와 매우 유사한 형태다. 따라서 나는 초기 건물군 중 강당지를 능산리고분군의 제사와 관련된 사묘祀廟나 사당祠堂 시설이었을 것으로 정리해 보았다.

나도 처음에는 종묘나 시조묘처럼 사비기의 특정한 국가 제사 시설의 하나로 지목하고 싶은 욕심이 없지 않았다. 그러나 그러한 국가적인 제사 시설들이 과연 곧바로 불교 사원의 일부로 바뀔 수 있을지 의문을 가질 수밖에 없었다. 나는 비록 '초기 건물군'이라고 해서 강당지와 그 주변 시설을 목탑 등 사원과 별개로 개념화했지만 567년 이후가 되면 그러한 건물들은 자연스럽게 사원의 강당이나 부속시설로 기능하게 되었다. 능산리 일대에 초기 건물군만 존재하다가 목탑과 금당이 건립되어 능사나 원찰이 되는 것은 매우 단기간의 변화였다.

　이상이 능산리사지 가람 중심부 건물의 조영 과정을 초기 건물군이 만들어진 시기의 목탑 및 금당이 만들어지는 시기로 나누어서 설명한 것이다. 그렇다면 능산리 일대에서는 왜 이런 일이 벌어졌을까? 그 것은 능산리사지나 그곳에서 출토된 유물들이 554년 관산성전투의 패전과 그 후 벌어진 위덕왕의 즉위 과정이라는 역사적 사건과 깊이 관련되어 있기 때문이다.

성왕의 죽음과 위덕왕의 즉위 과정

　관산성은 지금의 충청북도 옥천 지방에 있는 성곽이다. 관산성전투는 554년 백제가 신라의 관산성을 공격하다가 성왕이 패사한 전쟁으로, 이때 백제는 성왕과 더불어 좌평 4명과 군사 2만 9600명을 잃었다. 신라는 이 전투의 승리로 한강 유역을 점유하여 중국과 직접 교류할 수 있는 창구를 확보했다. 싸움에서 패한 백제는 이후 귀족들의 정치적 발언권이 강해지면서 왕권이 동요되고 국왕의 정치적 입지가 좁아지게 되었다.

　그렇다면 554년 7월 관산성전투에서 죽은 성왕의 시신은 어떻게 됐을까? 이에 대해 『일본서기』에는 두 가지 견해를 기록하고 있다. 하나는 말을 관리하는 노비였던 고도라는 자가 성왕을 참수한 다음 구덩이에 묻었다는 설이고, 다른 하나는 머리는 신라 경주로 보내고 뼈는 백제로 보냈다는 설이다. 둘 중 어느 것이 맞는지는 알 수 없지만, 창왕명사리감의 발견 이후 능산리 일대에 어떤 방식으로든 성왕의 무덤이 만들어졌을 것으로 생각하게 되었다.

　그렇다면 성왕은 어떤 과정에 따라 능산리고분군에 묻히게 되었을까? 만약 성왕이 554년 7월 부여의 왕궁에서 정상적으로 죽음을 맞았다면, 그는 백제의 3년상三年喪 전통에 따라 능산리에 묻히게 되었을 것이다. 무령왕릉의 지석을 보면 당시 백제 왕실에서는 27개월, 약 3년 동안 상을 치렀던 것이 확인된다. 무령왕의 아들인 성왕은 무령왕릉을 완성한 장본인이었기 때문에 아들인 위덕왕 역시 3년상을 치렀을 가능성이 높다.

　고대사회에서 선왕의 죽음과 새로운 왕의 즉위는 깊이 연관되어 있다. 특히 성왕의 죽음과 사후 처리 문제 역시 아들 위덕왕威德王(재위 554~598)의 즉위 문제와 직결되어 있었다. 이와 관련해서 주목되는 것이 555년 8월 위덕왕의 출가 발언이다.

　『일본서기』에 따르면 위덕왕은 여러 신하들에게 "나는 이제 돌아가신 부왕父王을 받들기 위해 출가하여 불도佛道를 닦고자 한다"고 선언한다. 새로 즉위한 국왕이 출가해서 승려가 되겠다는 폭탄선언을 한 것이다. 이에 여러 신하들은 과거 자신들의 만류에도 불구하고 무리하게 전쟁에 나가 국가를 위급한 상황에 몰아넣은 잘못을 꾸짖으면서 "만약 기로耆老들의 말을 들었다면 어찌 이런 상황에까지 이르렀겠습니까? 앞의 잘못을 뉘우치시고 속세를 떠나지 마시기 바랍니다. 만약 원하시는 바를 이루고자 한다면 모름지기 백성을 출가시키면 됩니다"라고 대답한다. 그 뒤 위덕왕과 신하들이 함께 방법을 의논하여 "일백명의 승려를 득도시키고 번개幡蓋를 많이 만들어 여러 가지 공덕을 닦

도록 했다"고 한다.

백제의 조정에서는 신라와의 전쟁에서 패배한 뒤 동요하는 국내 민심을 수습하기 위해 백 명이나 되는 많은 승려를 출가시키고, 여러 가지 공덕을 닦아 백성들을 위로하는 적극적인 불교 정책을 추진한다. 나는 그러한 불교 정책의 핵심적인 사업이 바로 능산리사지의 조영이 었다고 본다.

국가의 존엄을 회복하려는 노력

『일본서기』의 기록을 다른 각도에서 보면 555년 8월 무렵, 백제는 이미 성왕의 명복을 빌고 위덕왕이 출가할 수 있는 조건이 마련되어 있었다고 생각할 수 있다. 그 무렵 위덕왕은 이미 성왕의 주검을 일정한 시설에 모시고 제사를 지냈기 때문에 그러한 발언을 했던 것은 아닐까? 능산리사지의 초기 건물군은 바로 그러한 성왕의 추복追福을 위한 각종 제사를 담당한 시설은 아니었을까?

목탑에 심초석이 안치된 567년이라는 연대도 주목할 필요가 있다. 554년 이후 궁지에 몰렸던 위덕왕은 이 무렵 대내적인 체제 정비를 완료하고, 북조 국가들과 대외 교섭을 재개하는 등 왕권 강화 작업을 본격화했기 때문이다. 정림사지 소조상 연구에서 언급한 것처럼 백제는 5세기 말 이후 북조 국가와의 공식적인 외교 교섭이 단절되어 있었다. 그런데 바로 이 해에 북조와 외교를 재개하고 있다. 국내에서 정치적 입지가 약할 때 외부에서 활로를 모색하는 것은 예나 지금이나 큰 차이가 없었던 것 같다.

부여 능산리 일대의 경관　부여 능산리 일대에는 도읍을 방어하는 동나성과 동문지, 왕실 발원 사원인 능산리사지, 왕릉군인 능산리고분군이 차례로 배치되어 있다. 사비도성은 남쪽이 강이나 저습지였기 때문에 도성의 동쪽에 이러한 국가적인 시설들을 의도적으로 배치해서 국가의 존엄을 대내외적으로 과시하고자 했다.

　　더불어 사리를 공양한 주체가 국왕이 아닌 '매형공주妹兄公主'라는 점도 유의할 필요가 있다. 사리감에 등장하는 이 표현을 두고 매형과 공주 두 사람인지, 아니면 매형공주 한 사람인지 논란이 있었다. 최근에는 여러 공주들 가운데 가장 나이가 많은 '맏누이 공주'로 해석하는 것이 일반적이다. 공양의 주체가 공주인 것을 통해 이 무렵에는 왕과 왕실, 귀족 세력 사이에 일정한 세력 균형이 유지되고 있었음을 추정할 수 있다. 577년에 제작된 왕흥사지 목탑지 출토 사리함에 '창왕' 즉 위덕왕이 사리 공양의 주체로 표기된 것과 좋은 대비를 이루고 있다.

　　백제 왕실에서 567년 능산리사지 목탑을 건립하고 사리를 공양

석조사리감 발굴 모습　석조사리감의 발견으로 이 절터가 567년 전후 백제 왕실이 발원한 곳임을 알게 되었다. 하지만 발굴 당시 사리감과 심주는 이미 비스듬하게 넘어진 채로 발견되었다.

한 것은 부처님의 진신사리가 가진 상징성을 적극적으로 활용하여 능산리고분군과 능산리사지의 '신성성'을 고양하기 위한 의도적인 조치였다. 이리하여 부여 능산리 일대는 왕실의 능묘인 고분군과 왕실에서 발원한 사원, 그리고 도성의 방어 시설인 동나성이 차례로 배치되어 백제 왕실의 존엄을 대내외적으로 과시하는 독특한 경관을 연출하게 되었다.

　　한편 567년 사리를 공양한 목탑지에서는 돌로 만든 사리감만 발견되었을 뿐 그 안에서 단 한 점의 사리장엄구도 발견되지 않았다. 왕흥사지나 미륵사지의 화려한 사리장엄구를 고려하면 매우 아쉬운 일이 아닐 수 없다. 그런데 어떤 사람들은 이에 대해 일제강점기에 일본 사람들이 도굴한 것이 아니냐거나 심지어는 발굴한 사람들이 몰래 빼돌린 것이 아니냐는 황당한 주장을 하곤 한다. 그래서 이 문제에 관해 약간의 부연 설명을 해 두고자 한다.

발굴보고서를 보면 목탑지의 한가운데서 심초석과 사리감, 심주가 함께 발견된 것으로 나온다. 심초석은 가장 아래쪽에 놓인 네모난 모양의 돌로 별다른 특이점은 없다. 그 위에 지름 50센티미터 전후의 느티나무로 만든 심주와 위가 둥근 아치 모양을 한 심초석이 발견되었다. 심주는 도끼로 절단되어 동쪽으로 비스듬하게 기울어진 채 발견되었는데 주변에서 심주를 자를 때 생긴 나무 부스러기가 22센티미터 두께로 수북이 쌓여 있었다고 한다. 사리감 또한 동쪽으로 비스듬하게 넘어진 채 놓여 있어서 심주와 함께 파괴된 것으로 보인다.

이러한 파괴가 자행된 시점은 이 사원이 폐사된 직후, 즉 금동대향로가 급박하게 땅속에 묻힌 직후인 백제 멸망기의 어느 때였을 것이다. 전쟁기의 혼란을 틈타 사리기와 같은 보물을 노린 도굴꾼들에 의해 목탑의 심주가 파괴되고 사리감 속에 모셔진 값비싼 금속공예품들도 사라져 버렸다. 백제 멸망기에 이루어진 도굴의 흔적은 바로 인근에 있는 능산리고분군에 관한 2016년도의 발굴에서도 확인할 수 있었다. 과거에 이루어진 문화재 도굴을 모두 일본인의 소행으로 치부하는 것도 현대인이 가진 또 하나의 편견이다.

목간으로 복원한
능산리사지

능산리 목간이 북쪽에 있던 가람 중심부의 변천과 밀접한 연관이 있을 것이라는 나의 주장은 사실 전혀 새로운 것은 아니다. 오히려 이 목간을 처음 소개한 발굴 담당자의 견해를 반복하는 것에 불과할지도 모른다. 그러나 능산리 목간이 나성 축조나 나성의 출입과 관련된 자료라는 반론이 나왔기 때문에 출토 목간 전체에 대해 고고학적인 관점에서 기재된 내용을 바탕으로 재반론하지 않을 수 없었다.

불명건물지의 용도를 찾아서

부여박물관 수장고에서 작업을 할 때 목간과 함께 출토된 암키와
와 수키와, 수막새를 비롯해 대소형의 토기들을 관찰할 기회가 있었다.
관찰 결과 가람 중심부에서 출토된 기와나 토기들과 거의 같다는 것을
쉽게 알아챌 수 있었다. 중문지 남쪽의 유물들이 북쪽이 높고 남쪽이
낮은 지형적 특성으로 인해 아래쪽으로 휩쓸려 내려왔던 것이다.

그런 점에서 볼 때 초기의 능산리 목간들은 이 절터에서 가장 빠
른 인위적 흔적인 초기 건물군과 밀접한 관련이 있다고 할 수 있다. 이
처럼 목간과 건물을 함께 생각하게 되면서 지금껏 그 기능을 제대로
알지 못했던 '불명건물지'의 용도에 대해서도 새로운 추정이 가능해졌
다. 북쪽에 세워진 건물과 목간에 남아 있는 기재 내용을 함께 고려하
는 방법으로 이 문제에 접근할 수 있게 된 것이다.

이때 찾는데 애를 먹었던 두 점의 목간이 다시 중요해진다. 누차
강조한 것처럼 299호와 2001-8호 목간은 중문지 동남쪽 초기 자연배
수로에서 나왔다. 이 두 점의 목간은 발견된 위치로 볼 때 북쪽에 있던

능산리 299호 목간(좌)과 출토 모습(우)   능산리 목간이 중문지 동남쪽 초기 자연배수로에서도 출토되었다는
것을 확인시켜 준 목간으로 출토 당시의 사진 한 컷이 남아 있었다.

초기 건물군 중에서도 특히 '불명건물지2'로 이름 붙인 곳에서 사용하다가 버려진 것으로 보인다. 능산리사지 동쪽으로 약간 높은 언덕이 자리하기 때문에 이 건물지 말고는 다른 건물을 상정하기 어렵다.

그중 299호 목간에는 많은 인명이 나열되어 있어서 사람의 이름을 적은 인명부나 제사를 지낼 때 사용한 위패位牌 같은 것으로 추정한 의견이 있었다. 그러나 이 목간의 뒷면에는 乙(을)과 같은 부호가 반복적으로 나열되어 있어 단순한 인명부 같지는 않다. 또 목간의 절반이 칼처럼 날카로운 도구에 의해 쪼개져서 폐기된 것으로 보이는데 이는 어떤 의례가 끝날 때 일부러 잘라서 버린 행위의 결과로 생각할 수 있다. 따라서 299호 목간은 그것이 위패였다고 단정할 수는 없지만 제의와 관련된 목간일 가능성이 높다고 생각한다.

2001-8호 목간은 사면에 묵서 흔적이 있지만 한 면밖에 읽을 수가 없다. 가장 위쪽에는 가迦라는 글자를 쓰고, 약간의 공백을 두고 다시 엽葉이라는 글자를 썼다. 이 목간이 출토된 위치나 폐기된 연대를 고려할 때 '가'라는 글자와 연결시킬 수 있는 글자는 석가釋迦나 가섭迦葉처럼 불교적인 명칭 말고는 쉽게 떠오르지 않는다. 더욱이 두 글자 사이에 약간의 공간이 있기 때문에 이를 단정할 수 없다. 하지만 능산리 일대에서 보희사寶憙寺나 자기사子基寺처럼 사원과 관련된 목간이 함께 발견되었기 때문에 불교와 관련된 자료라는 것은 부정할 수 없을 것이다.

이렇게 보면 불명건물지2에서는 299호나 2001-8호 목간을 제작하거나 그것에 기재된 어떤 업무가 이루어졌을 가능성이 있다. 오늘날 종무소 같은 건물을 연상하면 좋을 것이다. 초기 건물군 중에서 강당지로 이름 붙인 건물은 가장 핵심이 되는 시설이었기 때문에 목간을 제작했다고 보기는 어렵다. 그에 반해 불명건물지2는 직사각형 모양의 방 세 개가 나란히 연접해 있는 형태이기 때문에 승려나 하급관료들이 사무를 보았다고 해도 문제될 것이 없다. 불명건물지2는 목간의 기재 내용처럼 제사나 의례를 준비하는 사무 공간 혹은 승방과 같은 역할을 했을 것이다.

능산리사지 강당지 북쪽에는 승방(2건물지)으로 생각되는 건물이 따로 존재한다. 2건물지 역시 세 개의 방으로 구성되었는데 각 방마다 난방을 위한 온돌이 설치되어 있다. 승려들의 침식이 이루어지던 생활 공간인 말 그대로 승방이라 할 수 있다. 불명건물지2는 강당지 북쪽의 승방과는 기능적으로 약간 달랐을 것이다. 앞서 본 목간의 기재 내용을 고려하면 좀 더 공적인 업무를 수행하던 공간이 아닐까 생각한다.

불명건물지2의 맞은편 서쪽에는 공방지1이라는 건물지가 배치되어 있다. 바로 금동대향로가 출토된 곳이다. 공방지1이라는 건물이 처음부터 공방으로 기능한 것 같지는 않다. 아마 이 절이 폐사될 무렵인 멸망기 즈음에 공방으로 기능이 변했다고 보는 것이 더 타당할 것이다. 불명건물지2의 기능을 고려할 때 공방지1 역시 공적인 업무를 처리하는 승방과 같은 곳이었을 가능성이 있다. 공방지1에서 사용하다가 폐기한 목간들이 서쪽의 자연배수로를 타고 떠내려와 중문지 남서쪽 일대에 집중적으로 매몰되었던 것이 아닐까?

이처럼 목간의 출토 위치와 기재 내용에 관한 분석은 그전까지 자료가 없어서 감히 접근조차 할 수 없었던 각 건물지의 성격이나 기능의 문제까지 새롭게 접근할 수 있는 단서를 제공해 주었다. 그리고 능산리 목간에서 도출한 이러한 추론들은 나중에 동서회랑지 북쪽에 위치하는 '부속건물지'의 성격이나 기능에 관한 문제가 쟁점이 되었을 때 나의 학설을 뒷받침하는 가장 중요한 근거가 되었다.

창고는 어디에 있었나

능산리 목간 대부분이 567년 목탑 건립 이전에 폐기되었지만 일부는 그보다 더 나중에 버려진 것도 있다. 그 대표적인 것이 2002-1호 목간이다. 능산리 목간에 관한 연구를 시작할 때 가장 먼저 내 마음을 사로잡은 자료였다. 이 목간은 남아 있는 길이가 44센티미터 정도로 크기가 크고, 사면에 글자가 쓰여 있는데 내용상 1·2면과 3면, 4면으로 나눌 수 있다. 그중 1·2면은 '지약아식미기支藥兒食米記'라고 부를 수 있는 장부고, 3면은 이와 전혀 성격이 다른 내용이 적혀 있으며, 4면에는 낙서처럼 생긴 습서習書가 적혀 있다.

가장 첫머리에 등장하는 '지약아식미기'가 원래 명칭이었던 것 같다. 이는 '지약아의 식미 기록'으로 보거나 '지支'를 지급하다는 동사로 보고 '약아에게 지급한 식미의 기록'으로 해석할 수 있다. 지약아나 약아는 어느 경우든 약재와 관련된 업무에 종사하는 실무자로 생각되며 식미는 '먹는 쌀' 정도로 해석된다. 그 아래에는 "첫날 4말, 2일 4말 1되, 3일 4말 ……"처럼 매일 지급한 식미의 양이 기록되어 있다. 따라서 1·2면은 능산리사지 주변에서 활동하던 약과 관련된 일에 종사하는 사람들에게 매일 지급한 식미의 양을 기록한 것으로 보인다.

3면과 4면에는 이와는 전혀 다른 내용이 기록되어 있다. 따라서 이 목간은 처음에는 지약아식미기라는 장부로 사용됐지만 메모로서의 수명을 다하자 그 일부를 깎아 낸 다음 재활용하면서 전혀 다른 내용을 기록하거나 글자를 연습한 용도로 사용된 것 같다.

이 목간을 검토하면서 자연스럽게 떠오르는 생각이 있다. 바로 능산리사지의 어딘가에 식미를 보관하는 '창고'가 있었을 것이라는 추정이다. 300호 목간이 이를 뒷받침해 준다. 이 목간은 상단 좌우에 V자 모양의 홈이 있다. 이렇게 생긴 목간은 보통 물품을 수송할 때 사용한 꼬리표 같은 것이다. 묵서 내용은 "3월에 중경仲椋 안으로 올리는 무엇" 정도로 해석된다. 중요한 것은 목간에 보이는 '중경'이 '가운데 있는 창고'라는 뜻이며, '상·중·하'의 '중'이기 때문에 상경上椋이나 하경下椋도 있었음을 유추할 수 있다.

그중 '경椋'이라는 글자를 한 번 더 자세히 살펴볼 필요가 있다. 이 글자는 오늘날 자전에 '푸조나무'라는 나무의 한 종류로 나온다.

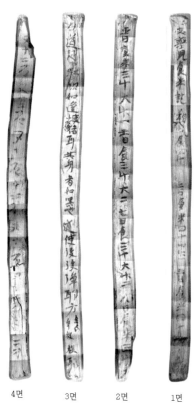

4면　　3면　　2면　　1면

2002-1호 목간 적외선사진　8차 조사를 할 때 층위를 파악하기 위해 남겨 둔 트렌치 둑에 박힌 채로 발견된 목간이다. 원래는 부러진 채 발견된 것을 현재처럼 이어 붙였다. 사면에 묵서가 확인되는데 어지간한 비석보다 더 많은 글씨가 남아 있다. 나를 능산리 목간의 세계로 이끈 바로 그 유물이다.

300호 목간의 컬러 및 적외선사진
남아 있는 글씨는 몇 자 되지 않지만 고대 사원이나 생활을 이해할 때 중요한 내용이 많이 남아 있는 목간이다. 나에게는 사원의 시설이나 경관을 복원할 수 있는 실마리를 제공해 준 중요한 목간이기도 하다.

그러나 백제뿐 아니라 신라의 목간에서도 발견되는 이 글자는 '공공 기관이 관리하는 곡물 창고'를 의미했다.

중국에서 사용된 한자 '京(경)'은 원래 곡물을 보관하는 창고를 의미했는데 창고 주변에 사람들이 많이 모여 살게 되면서 도읍 또는 수도라는 의미가 새로 생겨났다. '椋(경)'이라는 글자는 바로 이 '京(경)'과 '桴(부)'의 '木(목)'이 서로 합쳐져서 만들어진 글자로, 고구려의 '다락창고'를 가리키는 한자다. 이렇게 한반도에서 새롭게 만들어진 한자인 경椋은 일본 고대의 목간에서도 동일한 의미로 사용되었다. 이는 중국이 아닌 한반도에서 만들어진 한자가 일본에 전파되었음을 보여 주는 매우 중요한 사례. 일본 고대의 한자가 한반도의 직접적인 영향을 받았다는 사실은 그것을 활용한 고대 일본의 문서 행정이나 일본어의 기원에도 한반도의 영향이 있었음을 시사한다.

이 목간의 마지막 글자는 田(전)자나 丑(축)자처럼 보이지만 확정할 수 없다. 목간을 판독하다 보면 글자가 분명하게 보이지만 어떤 글자인지 모르는 경우가 종종 생기는데 오늘날 사용하지 않는 한자일 때가 많다. 일본 정창원正倉院에 남아 있는 신라의 고문서 「좌파리가반佐波理加盤」 부속 문서에 마지막 글자와 똑같은 글자가 있다는 것에 착안하여, 이 글자를 '인籾'의 약자로 보는 주장이 나왔다. 이 글자는 '탈곡

하지 않은 낱알'을 가리키는 글자로 순우리말 '뉘'에 해당한다고 했다. 그 견해를 수용한다면 이 목간은 '3월에 가운데 있는 창고[仲椋]에 올리는 탈곡하지 않은 쌀'에 부착했던 꼬리표였다고 할 수 있다.

이처럼 2002-1호와 300호 목간을 통해 능산리사지 부근에 창고가 있었던 사실을 분명하게 확인할 수 있다. 그렇다면 창고는 어디에 있었을까? 이 목간들이 절터의 서쪽이나 남서쪽에서 발견되었으므로 서회랑지 서쪽에 남아 있는 넓은 공터가 주목을 끈다. 이 일대에 대한 부여문화재연구소의 발굴에서 길이 20미터, 너비 4미터 정도의 남북으로 긴 장방형의 굴립주건물지掘立柱建物址가 발견되었다. 굴립주건물은 지면보다 약간 높은 곳에 생활공간이 있는 건물로, 이 건물지 내부에서 80개체 분량의 등잔이 함께 나오기도 했다.

나는 이 건물지가 바로 창고였을 것으로 보고 있다. 고대 사원에서 창고는 사원 운영에 필요한 다양한 물품을 보관하기 위해 반드시 필요한 시설이다. 앞서 언급한 정창원은 일본 도다이지東大寺라는 사원에 부속된 창고의 이름이다. 우리나라 고대 사원 중에서 창고의 위치가 밝혀진 사례는 지금껏 단 한 군데도 없다. 목간의 기재 내용과 고고학적 발굴 성과를 함께 고려하는 방법으로 이처럼 고대 사원의 모습을 좀 더 생생하게 복원할 수 있게 되었다.

목간 연구가 가져다 준 인연

이러한 연구 결과를 정리하여 2007년 1월 능산리 목간에 관한 논문을 처음 발표했다. 그리고 이를 보완해서 2008년 초에야 「부여 능산리 출토 목간의 성격」이라는 글을 투고했다. 그 사이 발표 당시에는 불완전했던 수막새에 관한 내용을 보완하고, 중국이나 일본의 유사 사례에 관해서도 폭넓게 공부했다. 그리하여 같은 해 하반기에는 「부여 능산리사지 출토 와당의 재검토」, 「부여 능산리사지 가람 중심부의 변천 과정」이라는 두 편의 글을 더 투고할 수 있었다. 투고한 시기는 서로 다르지만 내용적으로는 긴밀하게 연결되어 있다. 부여 정림사지에 관해서도 세 편의 글을 썼는데 어쩌다 보니 능산리사지도 세 편이 되었다. 원래 그런 성격이 아니었는데 나도 모르게 집요해져 버렸다.

2010년 여름에는 내가 쓴 논문을 바탕으로 능산리사지 특별전이 열리기도 했다. 그 무렵 나는 이미 부여를 떠나 서울에서 일하고 있었지만 후배들의 노력으로 가능했다. 특별전에서는 각 건물지마다 어떤 수막새가 출토되었는지 일목요연하게 제시한 전시 코너가 많은 사람들의 호평을 얻었다. 특별전이 종료된 뒤에도 그 진열장은 상설전시실로 옮겨져 지금도 부여박물관에서 확인할 수 있다. 단순히 자료를 나열하는 것이 아니라 깊이 있는 연구를 바탕으로 한 전시는 많은 사람들의 공감을 얻을 수밖에 없다는 것을 확인했다.

능산리사지를 공부하면서 많은 것을 얻었지만 그중 빼놓을 수 없는 것이 사람에 관한 것이다. 연구를 진행하면서 한국목간학회의 선생님들과 친분을 쌓을 수 있었다. 한국 고대사를 전공하는 선생님들은 물론이고 동양사나 국어사, 서예사 등 평소 만나기 어려웠던 다른 분야의 선생님들과 진솔한 대화를 나눌 수 있었다. 그래서 한국목간학회 학술발표회가 있는 날이면 거의 예외 없이 밤늦게까지 술자리가 이어져 새벽이 되어서야 귀가하곤 한다.

특별히 두 분의 선생님을 만나게 된 것이 내 인생에서 결코 잊을 수 없는 일이다. 먼저 일본 와세다대학의 이성시 선생님을 들 수 있다. 선생님은 한국목간학회 창립 기념 국제 학술 대회에서 내 발표를 들으시고 우리나라에 저런 연구자가 있다는 게 놀랍다며 어디서 공부한 사람인지 주변에 물으시며 관심을 보이셨다. 기존의 한국 목간 연구가 기재 내용에 관한 분석을 위주로 진행된 데 반해, 내 발표는 발굴 상황과 목간의 기재 내용을 함께 검토하는 것이었다. 그래서 참신하다는 느낌을 받으신 것 같다. 일본의 경우 나라문화재연구소에서 목간의 발굴과 내용 분석을 전문적으로 실시하고 있는데 한국에서 그것이 가능한 기관이나 대학이 있는지도 궁금해하셨고 내가 국립박물관에 소속되어 고고학 전시나 자료 정리를 한 경험이 있어 그런 발표가 가능했다고 생각하신 것 같았다. 그 뒤 목간뿐 아니라 박물관 업무 때문에 자주 인사드릴 일이 생겼고 결국에는 내가 일본 와세다대학에서 박사 학위논문을 제출할 때 지도 교수가 되어 주셨다. 선생님은 이제 나의 가장 든든한 후원자이기도 하다.

다른 한 분은 오사카시립대학에 계셨던 사카에하라 토와오榮原永遠男 선생님이다. 사카에하라 선생님은 일본 고대 노래목간[歌木簡]에 관한 저서를 쓰실 정도로 목간 연구에 정통하신 분이다. 한국목간학회는 출범한 지 얼마 지나지 않아 일본목간학회와 학술 교류를 시작했는데 선생님이 일본목간학회 회장 자격으로 한국에 오셨을 때 처음 인사를 드리게 되었다.

선생님과의 인연은 2002-1호 지약아식미기 목간 공부로 돈독해졌다. 목간을 공부할 때 누군가 일본 정창원문서 중에 그와 유사한 자료가 있을 것 같다는 사실을 귀띔해 주었다. 정창원문서라고 하면 신라의 촌락 문서 같은 것을 떠올릴 테지만 일본에는 '정창원문서'로 불리는 수만 점의 사경소 문서가 따로 분류되어 있다. 국내에서 접근할 수 있는 방법이 전혀 없었기 때문에 약 1년 간 일본에서 연수할 기회가 생겼을 때 이 문서에 대해 알아보기로 결심했다.

사카에하라 선생님은 오랫동안 정창원문서 연구회 회장을 역임하셨기 때문에 일부러 대중 강연회와 학술 대회가 있을 때 선생님을 찾아가 인사를 드렸다. 그리고 마침내 오사카시립대학의 정창원문서 세미나에 참석해도 좋다는 승낙을 받았다. 그러나 정창원문서는 1년이라는 짧은 기간 안에 실체를 파악하기 어려운 분야였다. 수만 장이나 되는 분량도 그렇고, 다루기가 매우 까다로워 일본 연구자들도 고개를 절레절레 흔드는 경우가 많았다. 나는 선생님의 세미나에 참석해서 정창원문서의 극히 일부분이라도 맛본 것에 만족할 수밖에 없었다. 그리고 이것이 계기가 되어 이후 『정창원문서 입문』(태학사, 2012)이라는 선생님의 저서를 번역하는 영광을 누렸다. 이 책은 국내에 소개된 정창원문서에 관한 거의 유일한 책이다.

일본 연수 이후에도 사카에하라 선생님과는 연락을 이어가고 있다. 이미 칠순을 넘기셨는데도 왕성하게 활동하시고, 항상 인자한 모습으로 쉼 없이 학문에 정진하시는 선생님을 보면서 내가 꿈꾸던 '죽을 때까지 공부하는 진정한 학자'의 모습을 만나게 된다. 박물관에 있기 때문에 뛰어난 제자를 얻는 기쁨은 없을지 몰라도, 인격적으로나 학문적으로 존경하는 선생님들이 있다는 것이 큰 자랑이다.

김해 봉황동에서 처음 확인된 논어 목간

　김해 봉황동유적은 우리나라에서 처음으로 논어가 쓰여 있는 목간이 발견된 곳이다. 부산대박물관에서 목간을 발굴했지만 중앙박물관 보존과학실에서 보존 처리를 실시했다. 나는 보존과학실 선생님들의 배려로 가장 먼저 목간을 판독할 기회를 얻었는데, 개인적으로 적외선 카메라를 이용해서 목간을 판독한 첫 번째 자료이기도 하다.

　목간의 글자를 판독하는 것은 약간의 인내와 훈련을 필요로 한다. 처음에는 거의 읽을 수 있는 글자가 없었지만 시간을 두고 한참을 들여다보니 몇 글자를 확실하게 읽을 수 있었다. 1면에 "불욕인지不欲人之"라는 글씨였다. 일반적으로 발견되는 꼬리표 목간은 아니라는 것을 직감했고, 혹시 문서 목간이 아닐까라는 생각을 하게 되었다.

　그 후 연구실에 돌아와 일본에서 발견된 유사한 자료를 찾다가 몇 주 전에 읽었던 일본의 논어 목간에 대한 논문을 떠올렸다. '혹시 논어나 효경과 같은 경전을 적은 것이 아닐까' 하는 생각이 들어, 이를 실마리 삼아 논어를 검색했다. 확실한 몇 글자로 원문을 검색했더니 정확하게 일치하는 구절이 나왔다. 원문은 "아불욕인지가제아야我不欲人之加諸我也, 오역욕무가제인吾亦欲無加諸人"로, 그 뜻은 "저는 남이 제게 해롭게 하는 것을 원치 않듯이, 저 역시 남에게 해롭게 하지 않으려고 합니다"라는 의미다. 이를

227

김해 봉황동 출토 논어 목간 경남 김해시 봉황동 저습지에서 발굴한 7세기 전후 목간. 길이 약 20센티미터의 나무를 사각 기둥 형태로 깎은 뒤 붓으로 논어의 구절을 각 면에 적었다. 유교 경전 목간이 발견된 것은 이 목간이 처음으로 7세기 한반도 전역에 이미 유교가 알려져 있었다는 것을 보여 주는 귀중한 자료다.

바탕으로 이 목간이 논어의 공야장 일부를 적은 파편이라는 것을 밝힐 수 있었다. 우리나라에서 최초로 논어 목간을 발견한 가슴 떨리는 순간이었다.

그러나 중앙박물관에서는 의뢰를 받아 보존 처리만 한 것이기 때문에 언론에 보도 자료를 내는 등 후속 절차는 전적으로 부산대박물관의 일이었다. 그렇다고 부산대박물관에서 나에게 보고서에 들어갈 고찰을 의뢰한 것도 아니었다.

내 이름으로 된 논문을 써야겠다고 결심하고 서너 달 자료를 모았지만 큰 진척이 없었다. 이후 일본 와세다대학의 하시모토 시게루橋本繁 씨가 김해의 논어 목간에 관한 논문을 발표했다는 소식을 접하게 되었다. 내가 미처 생각지도 못했던 여러 가지 역사적인 문제들까지 치밀하게 분석한 좋은 논문이었다. 나는 더 이상 이 목간에 대해 덧붙일 것이 없다는 걸 알았다.

부끄럽기도 하고 쓸쓸한 기분을 떨칠 수 없었다.

　김해 봉황대유적 출토 목간이 논어 목간이라는 것을 처음 밝힌 사람이 바로 나라고 외치는 것이 무슨 의미가 있을까? '임금님 귀는 당나귀 귀'라고 외치는 것과 별반 다르지 않다. 누구를 탓할 수는 없었다. 나에게 먼저 연구할 기회가 주어졌지만 그것을 분석해 낼 만한 준비가 되어 있지 않았다는 것을 깨달았다. 이 때의 경험 덕분에 능산리 목간과 마주쳤을 때 어떻게 헤쳐 나가야 할지 고민할 수밖에 없었다. 똑같은 어리석음을 되풀이할 수 없었기 때문이다.

부여 능산리고분군

제 3 부

이제 백제를
어떻게 할 것인가

제 5 장

일본이 탐한
백제사 연구

● 산수무늬벽돌 ●

흔히 백제 미술의 특징을 온화하고 부드러우며 귀족적이라고 말한다. 왜 그런 이미지가 만들어졌을까? 부여 외
리에서 발견된 여덟 종류의 무늬벽돌 영향이 크다고 말할 수 있다. 도교와 불교를 상징하는 산수무늬나 연꽃무
늬, 도깨비무늬는 고구려 고분벽화나 신라 금관에서 볼 수 없는 독특한 느낌을 주기 때문이다. 이 무늬벽돌이
발견된 이후로 백제를 알리는 전시회나 강연회, 서적의 표지까지 이 문양이 널리 활용되었고, 최근에는 초중학
교 교과서에 빠짐없이 등장한다. 그러나 이 무늬벽돌이 일제강점기에 한반도에서 활동한 일본인 고고학자들에
의해 발견되고, 의도적으로 확산되었다는 것을 아는 사람은 그다지 많지 않을 것이다. (부여 외리 출토)

일제강점기에 실시된
백제 고적 조사 사업

　　박물관에서 일하다 보면 전공과 무관하게 떠맡게 되는 업무가 많다. 전혀 관심이 없는 분야인데 어쩔 수 없이 준비해야 하는 전시나 보고서 작업은 얼마나 곤혹스러운지……. 그렇다고 못하겠다고 고집만 피울 수는 없는 일이다. 일의 중요도와 관심에 따라 주어진 시간을 적절하게 쪼개서 선택과 집중을 해야 하고, 또 어떤 경우에는 현실과 타협하는 수밖에 없다.

　　나에게는 부여 생활을 청산하고 중앙박물관으로 돌아와서 맡은 『한국 박물관 100년사』 편찬 작업이 그런 일이었다.

박물관사 편찬 작업

이제는 기억에서 많이 사라졌지만, 중앙박물관은 2009년 한 해 동안 '한국 박물관 개관 100주년 행사' 때문에 떠들썩했다. 1909년 대한제국의 마지막 황제였던 순종 황제가 제실박물관帝室博物館을 만들어 일반인의 관람을 허락한 것을 기념하기 위해 각종 행사가 열렸다. 하지만 이 사업에 대해 박물관 내부에서 찬반양론이 있었다. 그때까지 중앙박물관은 1945년을 개관한 해로 여기고 각종 행사를 추진해 왔다. 2005년 용산 새 박물관으로 이전 개관을 했을 때 '개관 60주년' 특별전을 함께 개최한 것도 그 때문이다. 60주년 특별전을 연 지 불과 4년 만에 다시 100주년 행사를 한다는 것은 불합리해 보였다.

이러한 논란의 이면에는 일제강점기 조선총독부박물관의 역사를 어떻게 평가할 것인가 하는 문제, 더 나아가 일제강점기 전체를 어떻게 평가할 것인가 하는 문제가 얽혀 있었다. 국정교과서 문제가 불거졌을 때 첨예한 논란이 되었던 '대한민국 정부' 수립이냐 '대한민국' 수립이냐는 표현의 차이가 가진 문제와 비슷한 측면이 있다. 다만 박물관에는 이 문제를 해결하지 않고도 논란을 살짝 비켜갈 수 있는 여지가 있었다.

먼저 첫 번째는 국립박물관 개관과 정부 수립의 선후 관계 문제다. 우리나라 국립박물관은 정부가 수립되지도 않은 상황에서 출범했다. 1945년 9월 미 군정청은 일제가 세운 조선총독부박물관을 인수해서 국립박물관으로 명칭을 바꾼 다음, 같은 해 12월 3일 개관식을 열었다. 미 군정청이 이렇게 개관을 서두른 이유는 소련과 북한을 의식했기 때문일 것이다. 북한에서는 소련군이 평양에 진주해서 12월 1일 조선중앙력사박물관을 개관했다.

미군이나 소련군이 정부가 수립되기도 전에 경쟁적으로 국립박물관 개관에 힘쓴 이유는 박물관이 가진 상징성 때문이다. 전근대 사회에서 옥새나 국새가 국왕의 상징이었던 것처럼 그들은 국립박물관을 자기들의 정통성을 알리는 상징처럼 여겼는지도 모른다. 어쨌든 1945년 12월에 국립박물관이 개관한 것은 1948년 정부 수립 훨씬 이전의 일이다.

다른 하나는 조선총독부박물관이 일제의 식민정책을 교육하고 홍보하는 수단으로 1915년에 개관했지만, 제실박물관은 그보다 앞서 개관했다는 점이다. 순종은 일제가 대한제국을 강제병합하기 전인 1909년 11월 1일에 제실박물관을 개관했다. 따라서 이를 기념하기 위해 100주년 행사를 하는 것은 일제의 식민 지배를 미화하거나 기존 국립박물관 60주년 행사와 상충되는 일이 아니라는 것이다. 이런 논란을 의식해서 사업 명칭도 '한국 박물관' 개관 100주년 사업으로 정리되었다.

조선총독부박물관 기념엽서　일제는 한반도 강점을 미화하고 자신들의 업적을 자랑하기 위해 1915년 시정 5년 조산물산공진회를 개최했다. 그리고 그때 전시한 문화재를 보존·전시·교육하기 위해 경복궁에 조선총독부박물관을 개관한다. 1945년 12월에 개관한 국립박물관은 총독부박물관 소장품이 가장 중요한 컬렉션이었다.

100주년 기념사업은 특별전과 문화 행사, 기념식 등 말 그대로 일회성 사업이 대부분을 차지했다. 그나마 나는 『한국 박물관 100년사』 편찬을 맡아 다행으로 생각했다. 그 작업은 전국의 모든 박물관과 미술관의 역사를 20세기 초부터 시작해서 간략하게나마 정리하는 일로 많은 시간이 소요되었다. 최종적으로 약 2,000페이지 분량의 본문과 자료집 두 권으로 간행되었다.

단순히 편집과 교정, 일정 관리만 한 것은 아니고 일부지만 집필자로 참여해 일제강점기 조선총독부박물관의 분관 중 하나였던 '부여 분관'에 대해 쓰게 되었다. 지방박물관의 역사를 정리하는 일에 불과했지만 그것을 계기로 부여 지역에서 행해진 고적 조사 사업의 내역이나 배경을 정리할 기회가 생겼다.

그러나 고대사의 연구 주제를 머리에 두고, 근대사 속에서 그것이 어떻게 전개되었는지를 밝히는 일은 여간 어려운 일이 아니었다. 이성시 선생은 『만들어진 고대』(삼인, 2001)라는 책에서, 근대의 역사 연구에서 고대사 속에 현재의 욕망을 매개 없이 투영하는 일이 매우 흔한 것이었다고 지적했다. 그러나 백제의 경우에는 이같은 일이 어떻게 나타났는지 밝히는 작업이 그때까지 단 한 차례도 시도되지 않았다.

백제의 고적 조사 사업을 정리하다

요란스럽던 한국 박물관 100주년 사업도 끝이 나자 이번에는 강제병합 100년을 맞아 그와 연관된 각종 학술 대회가 열렸다. 한국고대

사학회에서는 '식민주의적 한국 고대사 인식의 비판과 과제'를 주제로 한 세미나를 기획하고 있었는데, 그 세미나에서 백제의 고적 조사 사업에 대해 발표해 달라는 부탁을 받았다. 나는 앞서 부여분관에 관한 짧은 글을 쓰면서 일제강점기 부여 지역의 고적 조사 사업을 정리해 두었기 때문에 한성기와 웅진기의 주요 유적들만 추가하면 큰 무리 없이 발표할 수 있을 것 같아 수락을 했다. 이참에 백제 지역의 절터에 관한 연구사를 좀 더 체계화해서 학술 논문으로 발표하고 싶은 욕심도 있었다.

부여 지역뿐 아니라 서울과 공주, 익산 등지의 고적 조사 사업을 정리하는 일은 한국 고고학사 중에서도 백제의 고고학사를 체계화한다는 측면에서 반드시 필요한 작업이다. 하지만 경주나 평양과 달리 옛 백제 지역에 관한 고적 조사 사업을 정리한 논문은 그때까지 단 한 편도 없었다. 그런 상황에서 백제 옛 지역에 관한 고적 조사 사업의 내역을 정리하고, 일본인 고고학자들이 어떤 의도를 가지고 발굴을 실시했으며, 그것이 어떻게 식민정책에 활용되었는가를 평가하는 일은 굉장히 중요한 과제였다. 작업이 결코 만만치 않았다.

더욱이 연구사를 정리하는 동안 내가 전혀 예상하지 못한 데서 중요한 자료들이 불쑥불쑥 튀어나와 적잖이 당황했다. 게다가 고적 조사 사업을 추진한 주요 인물들의 이력이나 배경, 인맥에 대해서도 자료를 수집해야 하는 어려움이 따랐다. 고대사 연구자로서 근대사 관련 논문을 쓰는 것이 얼마나 어려운 일인지를 처음으로 실감했다. 그 무렵 이성시 선생님께서는 일본 연구자들은 매우 꼼꼼하게 자료를 정리해서 분석하니까, 그 사람들이 찔러도 바늘 하나 들어가지 못하도록 철저하게 써야 한다는 조언을 해 주셨다. 그 때문에 나는 혹시 빠뜨린 자료는 없는지 노심초사하면서 마지막 교정지를 보낼 때까지 계속해서 보완할 수밖에 없었다.

세키노 다다시와 초기의 고적 조사

일본인의 한반도에 관한 근대적 학술 조사 중 가장 기억할 만한 사건은 1902년 세키노 다다시라는 당시 도쿄제국대학 건축학과 교수의 고건축 조사였다. 그는 조사 결과를 『한국건축조사보고韓國建築調査報告』라는 책으로 간행했는데 일제강점기 내내, 그리고 오늘날까지도

미륵사지 석탑의 초기 모습(좌)과 콘크리트 보수 후 모습(우)　세키노는 고대 건축사를 전공했기 때문에 석굴암이나 미륵사지 석탑 등 고건축에 관심이 많았다. 석굴암 보수를 위해 시멘트 콘크리트를 실험적으로 사용한 그는 이듬해 1915년에도 미륵사지 석탑의 붕괴를 막기 위해 수백 톤에 달하는 시멘트를 사용한다. 두 장의 흑백사진은 그 전후의 모습을 보여 주고 있다.

건축사를 연구하는 사람들에게는 가장 중요한 저작으로 평가되고 있다. 세키노의 조사는 학문 연구가 아니라 일제의 침략 정책에 필요한 자료를 조사하는 것이 더 중요한 목적이었기 때문에 그 후 한반도의 문화재 조사나 문화재 행정의 지침서가 되었다.

세키노 다다시라는 이름을 빼면 초기의 고적 조사 사업을 설명하기 어렵다. 현재 국보나 보물로 지정된 중요문화재의 가장 오래된 사진은 거의 대부분 세키노와 그의 팀원들이 조사한 것이다. 그는 짧은 기간에 정말 많은 유적을 광범위하게 조사했고 그 결과를『조선고적도보朝鮮古蹟圖譜』 등의 책자로 공개했으며, 그 때문에 지속적으로 영향력을 미치게 되었다. 조선총독부에서 경주 석굴암의 보수를 위해 콘크리트 공사를 실시하기로 결정한 뒤에, 서울에 잠시 출장 온 세키노에게 마지막 검토를 받았던 것은 이를 상징적으로 보여 준다.

일본의 고대 건축사를 공부했던 세키노는 자신의 장점을 살리고 약점을 보완하기 위해 역사학을 전공한 야쓰이 세이이쓰谷井濟一, 도면을 잘 그리는 오가와 게이키치小川敬吉, 그림을 잘 그리는 화가였던 오바 쓰네키치小場恒吉, 자신의 친동생인 노모리 켄野守建 등으로 이루어진 조사단을 만들었다. 그중 세키노의 후계자라 할 수 있는 야쓰이 세이이쓰는 도쿄제국대학 국사학과를 졸업하고 교토대학 대학원 진학을 준비하던 중 사진 촬영 솜씨가 뛰어나고, 체력이 좋다는 이유로 세키노의 눈에 띄어 조사단에 참여하게 되었다.

세키노 조사단이 한반도의 고건축이나 고분을 본격적으로 조사한 것은 1909년 이후의 일이다. 1915년까지 계속된 이들의 초기 조사는 1902년에 시행된 고건축 조사를 계승한 것으로 이번에는 지역과 대상을 확대해 한반도 전체의 유적과 유물이 대상이 되었다. 그들은 객사나 사원 등 고건축물을 조사해서 문화재로서 보존해야 할 가치가 있는지, 철거나 개축을 해도 문제가 없는지를 판단하고 등급을 매겼다. 문화재로서 가치가 없다고 판단한 건물들은 경찰서나 헌병들을 위한 시설로 활용되었다.

세키노 조사단의 백제 옛 지역에 관한 고적 조사는 광주와 공주, 부여, 익산 등 백제의 도읍지에 관한 조사에 집중되었다. 오늘날 백제 유적이 집중적으로 남아 있는 서울의 잠실 일대는 당시 경기도 광주군에 속해 있었다. 따라서 광주와 공주, 부여는 한성기와 웅진기, 사비기의 도읍에 해당한다. 그런데 세키노는 익산 지역을 마한의 왕궁지로 이해하고 있었다. 『제왕운기帝王韻紀』를 비롯한 고려 중기 이후의 문헌 기록을 중시했기 때문이다. 그는 고조선의 위만에게 쫓겨 해로海路를 통해 남쪽 삼한 땅에 이른 준왕이 도착한 곳이 익산이며, 기준성箕準城(미륵산성)과 왕궁리유적, 쌍릉 등이 그러한 마한시대의 도읍이자 능묘 유적에 해당한다고 보았다. 그러나 익산을 마한의 도읍으로 판단한 세키노의 생각은 쌍릉에 대한 발굴 이후 뒤집히게 된다.

능산리고분군 발굴 경쟁

1909년부터 1913년까지 전국의 주요 유적들을 조사했던 세키노 조사단은 1915년부터 개성, 경주, 부여 등 특정 지역에 대한 고분 발굴에 집중했다. 그들이 '고분' 발굴에 집착했던 이유는 고분에서 자신들의 성과를 가시적으로 보여 줄 수 있는 많은 유물들을 쉽게 얻을 수 있었기 때문이다. 이 말은 유물을 얻는 것이 당시 조사의 가장 큰 목적이었다는 뜻이기도 하다.

　그중 백제와 관련해서 주목되는 것이 부여 능산리고분군의 조사다. 1909년 세키노가 부여를 처음 조사했을 때만 해도, 이 고분군의 존재를 알지 못했다. 능산리 일대에 산소가 있어서 공개되는 것을 꺼린 어느 지역 유지가 입단속을 했기 때문이라고 한다. 그 후 우연히 부여와 논산을 연결하는 도로를 만드는 공사 중에 고분의 석재가 노출되어

능산리 능안골고분군 조사 당시의 모습
1,500년의 긴 침묵을 깨고 마침내 사비기의 왕릉군으로 추정되는 능산리고분군이 세상에 모습을 드러냈다. 그런데 기대와 달리 고분 안에서는 거의 아무런 유물이 발견되지 않았고, 그 때문에 한동안 사비기의 고분 조사가 거의 이루어지지 않았다. 비바람에 봉토의 흙이 날아간 백제의 고분과 신발도 신지 않은 남루한 옷차림의 소년이 가슴을 아프게 한다.

고분군의 존재가 세상에 알려지게 되었다.

사실 능산리고분군을 처음 발굴한 사람은 세키노가 아니라 구로이다 기쓰미黑板勝美라는 인물이다. 도쿄제국대학 국사학과 교수였던 구로이타는 조선총독부와는 별개로 학교의 명령을 받아 한반도 남부 지역의 유적들을 조사하고 있었다. 그가 한반도 남부 지역, 그중에서도 낙동강과 섬진강, 금강 유역을 조사했던 이유는 이 지역과 일본과의 관계, 특히 임나일본부를 물질적으로 밝히기 위한 것이었다. 그는 이 지역을 조사면서 〈매일신보〉에 「임나 고지 기행」이나 「남선南鮮 사적의 조사」를 연재했는데 "한국 병합은 임나일본부의 부활이니 우리들도 상고시대처럼 동국同國 동문화同文化라는 사상이 있으면 융합이 될 것이다"라고 하는 등 한일병합의 합법성을 고대사를 통해 증명하고자 했다.

경주와 가야 지역의 조사를 마치고 부여에 도착한 구로이타는 능산리고분군 중에서 가장 큰 중하총과 서하총을 발굴한다. 구로이타가 발굴을 시작하고 며칠 뒤에 부여에 도착한 세키노는 중하총 다음으로 규모가 큰 중상총 발굴에 착수한다. 구로이타와 세키노는 둘 다 도쿄제국대학 교수였지만 전자는 국사학과, 후자는 건축사 연구실에 속해 있었다.

세키노는 한반도의 초기 고적 조사를 주도해 온 자기보다 먼저 백제의 능묘를 파고 있는 구로이타의 모습을 보면서 자존심이 상하고, 묘한 라이벌 의식을 느꼈을 것이다. 당시 한반도에서 이루어진 고적 조사는 자신이 속한 대학이나 출신 학과, 인맥을 바탕으로 몇 개의 그룹으로 나누어져 경쟁하고 있었다. 서로 더 좋은 유적을 파서 더 많은

능산리 중상총의 금동금구(좌)와 일본 옥충주자의 금속테두리장식(우) 중상총 출토 금동금구는 중앙에 역(逆) 하트형 장식을 두고 아래쪽 좌우에 C자형의 구름무늬, 위쪽에 화염무늬를 표현했다. 그 문양이나 기술이 호류지에 남아 있는 옥충주자(玉蟲廚子) 수미단의 양쪽 테두리 장식과 매우 유사하다. 능산리 중상총 출토품은 테두리에 작은 구멍이 두 개씩 규칙적으로 뚫려 있어 머리에 쓰는 관에 부착한 장식이었을 것으로 추정되고 있다.

유물을 차지하려 했으며, 어떤 경우는 경쟁자들을 아예 참여조차 못하게 배제시키기까지 했다.

하지만 백제의 왕릉이라고 생각했던 능산리고분군의 발굴에서는 기대와 달리 거의 아무런 유물이 나오지 않았다. 이것은 그 후 전개된 백제 고적 조사 사업에 큰 영향을 미쳤다. 백제의 고분은 돌방으로 만들어져 도굴이 쉽고, 부장품이 거의 없기 때문에 조사를 해도 그다지 얻을 게 없다는 인식을 심어 준 것이다. 다만 세키노는 자신이 발굴한 중상총에 대한 보고문을 쓰면서 '금동금구金銅金具'라는 유물 한 점에 대해 다음과 같은 평가를 내리고 있다. "이것은 옛날 당나라 군대에게 도굴될 때 남은 것이다. 그 테두리 곡선에 뚫음 기법으로 장식한 당초 문양 등은 완전히 일본 아스카시대飛鳥時代의 문양과 거의 한 치의 차이가 없다고 해도 좋다. 아스카시대의 예술이 백제 스타일의 판박이였다는 것은 이 한 편의 금구로도 명확하게 증명할 수 있다"고 했다.

나아가 세키노는 이 금속 장신구를 중국 육조시대나 일본 아스카시대의 유물과 같은 계통으로 보았기 때문에 고대 동아시아 문화 관계를 설명하는 데 매우 중요한 자료로 평가했다. 이러한 세키노의 인식은 백제 문화를 중국 남조와 왜 사이에 위치시키고자 한 그의 동아시아 문화 계통론을 처음으로 표출한 것이다. 세키노는 백제의 주체적인 역할을 인정하지 않고, 백제를 그저 중국과 일본 사이에서 고대 문화를 매개하는 전달자나 교량 같은 것으로 한정시키려 했다.

나중에 보고하겠다는
무책임한 태도

조선총독부에서는 1915년 경복궁 내에 시정 5년 조선물산공진회를 열어 자신들의 식민 통치를 대내외에 선전했다. 미술관으로 세워진 건물을 이어받아 같은 해 연말에 박물관으로 개편한 것이 바로 조선총독부박물관이다. 조선총독부에서는 1916년 7월에 고적 조사 사업을 제도적으로 뒷받침하기 위해서 〈고적 및 유물 보존 규칙〉을 제정하고, 중추원에 고적조사위원회를 설치하여 5개년에 걸친 사업 계획을 입안한다. 오늘날의 문화재보호법의 모태가 된 이 법령은 일본보다 3년이나 앞서 제정된 것으로, 당시로서는 매우 이례적인 일이었다.

이 법령을 처음 제안한 사람이 다름 아닌 구로이타 가쓰미였다. 이 법에 따르면 총독부가 직접 한반도의 고적을 조사하고, 총독부 소속의 조선총독부박물관에서 보존·관리의 행정 사무를 맡는다. 즉 고적에 대한 조사와 보존은 물론 그것을 지정·관리·교육·활용하는 모든 행위를 총독부박물관이 하도록 한 것이다. 구로이타는 이것을 '일본 최초의 통일적 문화 행정'이라고 선전했으며, 일본 내에서도 한반도와 같은 정책을 시행해야한다고 촉구했다.

1916년도부터 본격적으로 시작된 한반도 전역의 고적 조사 사업은 형식상 고적조사위원회가 중심이었다. 하지만 고적조사위원회는 오늘날 문화재위원회처럼 심의 자문 기구였고, 실제로는 조선총독부박물관의 고적 조사 주임이던 야쓰이가 핵심적인 실행자 역할을 했다. 세키노는 자신의 팀원이었던 야쓰이를 총독부박물관의 중요한 위치에 심어 두고 배후에서 조종하려 했다. 야쓰이는 백제의 옛 지역에 대한 가장 광범위하고 조직적인 조사를 실시했기 때문에 지금도 당시 조사한 내용이 중요한 의미를 가지고 있다. 그중에서 1917년에 이루어진 석촌동고분군 조사와 익산 쌍릉 조사는 백제와 관련해서 좀 더 언급할 필요가 있다.

석촌동고분군 발굴

일제강점기 석촌동이나 가락동, 방이동 일대에는 오늘날 경주나 중국 지안을 갔을 때처럼 수많은 고분이 남아 있었다. 그러나 1970년대 잠실 지구 개발 사업이 진행되면서 철저하게 파괴되어 지금은 그 흔적조차 거의 남아 있지 않다. 서울에 있던 백제 고분에 대해서는 20세기 초반에 작성된 도면이나 사진 말고는 달리 참고할 만한 자료가 없다.

석촌동고분군에 대한 최초의 믿을 만한 조사는 1912년 세키노 조사단에 의해 이루어졌다. 세키노는 그 조사 결과를 『조선고적도보』라는 호화 장정의 사진집으로 출간했다. 거기에는 당시까지 남아 있는 백제 고분 분포도 한 장이 남아 있는데 갑총 23기, 을총 67기가 표시되어 있다. 이때의 갑총은 돌방무덤인 석실분, 을총은 돌무지무덤인 적석총을 가리킨다. 세키노가 남긴 석촌동 일대의 고분 분포도는 일제강점기에 공표된 거의 유일한 자료였기 때문에 그 뒤 백제 초기 고분군의 규모나 현황을 파악할 수 있는 중요한 단서가 되었다.

광주군 석촌동 1호분 조사 모습　야쓰이 일행이 조사했던 석촌동 1호분 외형과 내부 모습이다. 이처럼 돌로 쌓은 적석총이 수백 기나 남아 있어 이 일대가 자연스럽게 석촌(石村)으로 불렸을 것이다. 불과 100여 년 전만 해도 잠실 롯데월드가 있는 석촌동과 가락동 일대에 적석총 수백 기가 남아 있었다는 것을 누가 상상이나 할 수 있겠는가.

1917년에 진행된 야쓰이 팀의 조사는 그보다 훨씬 더 정밀하게 분포를 확인하는 작업이었고 어떤 고분은 직접 발굴하기도 했다. 하지만 불행히게도 야쓰이는 세키노처럼 부지런하지도 않았고 고적 조사에 대한 사명감도 없었다. 그는 1912년보다 훨씬 더 많은 고분군을 조사했음에도 불구하고 채 다섯 매도 안 되는 평면도와 단면도, 흑백사진을 공개했을 뿐이다. 그는 보고서 말미에 상투적으로 "나중에 따로 상세히 보고하겠다"고 했지만 그것이 이루어진 적은 단 한 번도 없었다.

그런데 1942년에 간행된 『조선보물고적조사자료朝鮮寶物古蹟調査資料』라는 책자에는 경기도 광주군 석촌리·가락리 일대의 고분에 대해 "직경 5칸(약 9미터) 이상인 것이 약 95개소, 그 이하인 것이 22개소, 기타 알 수 없는 것이 섞여 있다"는 설명이 남아 있다. 세키노의 조사보다 훨씬 더 상세한 분포 조사가 이루어졌다는 뜻이다.

그렇다면 이 도면을 어디에서 찾을 수 있을까? 누군가 말했다. 유물이나 자료는 주인이 따로 정해져 있다고. 나는 위 기록을 실마리로 삼아 중앙박물관 자료실에 남아 있는 조선총독부 공문서를 찾아보았다. 그 결과 「광주군」편에 석촌리 1·2·3·4호분 실측도, 석촌리고분군 배치도, 가락리 1호분 실측도, 방이리고분군 분포도 등이 기록된 목록을 찾을 수 있었다. 실제 자료실에는 '다이쇼 6년 9월 조사, 다이쇼 8·9년 제도製圖'라는 기록이 있는 여러 장의 도면이 남아 있었다. 이 도면들은 1917년 9월 야쓰이 일행이 조사하고 1920년 보고서 제작을 위해 준비한 것들이다.

그 속에는 아무도 예상하지 못한 석촌동·가락동·방이동 일대의 고분 분포도가 섞여 있었다. 이 도면들은 A3 크기의 얇은 종이에 그려져 있었는데 이는 무엇인가를 베낀 복사본이라는 뜻이다. 백제 초기 고분군에 대한 분포도는 모두 여덟 장 정도가 남아 있었다. 그 분포도 에는 석촌동·가락동 일대에 280여 기, 방이동 일대에 16기의 고분이

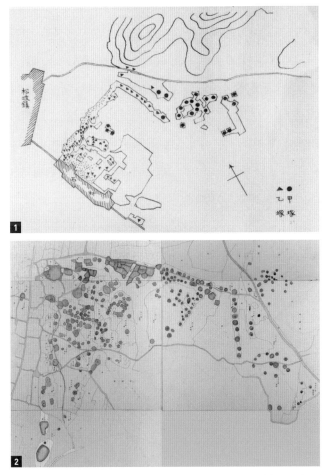

석촌동 일대 고분 분포도(1.세키노 조사 도면, 2.야쓰이 조사 도면) 세키노가 그린 도면에는 100기도 안 되는 고분이 표현되어 있지만, 야쓰이가 조사한 도면에는 약 300기의 고분이 그려져 있다. 야쓰이가 그린 도면은 모두 여섯 장으로 분리된 복사본을 이어 붙인 것이다.

표시되어 있었다. 과거 1912년 조사에서 약 100기도 되지 않았는데 갑자기 약 300기나 되는 고분군이 확인된 것이다. 경주 지역의 경우 일제강점기에 이루어진 고분의 분포 조사에서 약 200기의 고분이 확인되었는데 그와 비교해도 전혀 손색이 없는 엄청난 수량이다.

석촌동고분군이 본격적으로 발굴되기 시작한 1970년대에는 석촌동 3·4호분을 제외하면 외형을 유지하고 있는 고분이 거의 남아 있지 않았다. 그런데 동서 50.4미터, 남북 48.5미터에 달하는 초대형 적석총인 석촌동 3호분을 발굴했을 때 그 내부에서 비닐이 섞여 나왔다고 한다. 이것은 이미 누군가 손을 댔다는 얘기다. 아마 야쓰이 팀의 소행이었을 것이다. 하지만 야쓰이가 그것을 발굴했을 때 어떤 유물들이 나왔고, 어떤 자료를 남겼는지 전혀 알 수가 없다. 그것이 백제의 고이왕이나 근초고왕의 무덤일 수도 있는데 말이다.

2010년 내가 이 도면을 한국고대사학회에서 처음 공개했을 때 발표회장은 한동안 정적에 휩싸였다. 정말 아무도 예상하지 못한 엄청난 자료가 갑자기 튀어나왔기 때문이다. 그리고 그 뒤 서울대박물관에서 1970~80년대에 조사한 석촌동고분들과 당시의 분포도를 상세하게 비교 분석한 보고서가 출간되었다.

익산 쌍릉의 수수께끼

광주군 석촌동 일대에 대한 조사를 끝낸 야쓰이 일행은 그 뒤 부여로 이동해서 능산리고분군을 조사했다. 능산리고분군에 대한 두 번째 조사로 1915년 구로이타와 세키노가 조사하지 않은 3기의 무덤(동상총, 동하총, 서상총)과 그 서쪽에 위치한 7~10호분을 발굴했다. 그 당시 고적 조사는 해당 지역에서 가장 크고 중요한 것부터 파헤쳤는데 오늘날 우리들에게 커다란 비극이 아닐 수 없다. 게다가 능산리 7호분부터 10호분에 대한 발굴은 해당 무덤이 어디인지조차 알려지지 않아 애를 먹었다. 다행히 2016년도부터 한국전통문화대학교에서 해당 고분들을 다시 발굴하면서 약간의 새로운 정보를 알게 되었다. 그러나 이미 야쓰이 일행이 팠던 곳을 다시 파는 것이기 때문에 그다지 큰 기대를 하기 어렵다.

능산리고분군에 관한 조사가 끝난 뒤 야쓰이 일행은 곧바로 익산으로 이동해서 쌍릉을 발굴한다. 쌍릉 발굴을 마치고 서울로 돌아와 작성한 출장복명서에는 이 무덤을 백제 후기의 왕릉이나 그에 준하는 무덤이라고 서술하고 있다. 그의 은사인 세키노가 이 무덤을 마한의 분묘일 가능성이 높다고 판단한 것과 달리 야쓰이가 쌍릉을 백제 사비기의 고분으로 단언한 것은 이 고분 조사 직전에 발굴한 부여 능산리고분군과 쌍릉의 구조가 똑같았기 때문이다. 야쓰이는 세키노의 견해가 잘못됐다는 것을 확인하고서 어떤 생각을 했을까. 쾌재를 불렀을까, 아니면 죄송스러움? 그도 아니면……? 하지만 야쓰이는 쌍릉에 관해서도 채 한 페이지가 되지 않는 짧은 보고문과 몇 장의 사진을 공개했을 뿐이다.

쌍릉에 대한 자료는 한동안 전혀 알려지지 않았다가 일제강점기 조선총독부박물관의 주임을 맡았고, 나중에 교토대학 교수가 된 아리미쓰 교이치有光教一에 의해 1977년 갑자기 공개되었다.

익산 쌍릉의 대왕묘(상)와 발굴 모습(하)
쌍릉 중 크기가 큰 대왕묘를 발굴할 때
찍은 사진이다. 널을 놓는 자리와 내려
앉은 나무널, 뒤집혀 있는 토기가 확인
된다. 『고려사』 등에는 백제 무왕의 무덤
으로 기록되어 있지만 치아에 대한 최근
분석 결과 여성일 가능성이 제기되어 큰
논란이 일었다.

계기는 세간의 이목을 집중시켰던 1972년 일본 아스카 다카마쓰 즈카高松塚 고분의 발견이다. 이 고분은 한반도 계통의 고분벽화가 남아 있어 유명해졌는데, 그 내부가 일본 고분시대 말기의 독특한 형태를 가진 횡구식석곽橫口式石槨을 하고 있었다. 일본 학계에서는 그러한 고분의 원류가 어디일까 하는 문제가 논란이 되었다. 이때 아리미쓰가 고구려뿐 아니라 백제 사비기의 고분에도 그와 유사한 고분이 있다는 것을 보여 주기 위해, 1917년에 조사했지만 공개되지 않았던 부여 능산리고분군과 익산 쌍릉에 관한 미공개 도면을 처음으로 소개했다.

그는 자신이 입수한 자료의 출처에 대해 "야쓰이 위원 등이 제작한 실측도가 옛날 조선총독부박물관에 보존되어 있었던 것을 내가 그곳에서 재직하던 중 직접 투사透寫했다"고 밝히고 있다. 투사라는 말은 습자지를 대고 베꼈다는 뜻이다. 하지만 그가 베꼈다는 원본 도면은 현재 중앙박물관에 남아 있지 않다. 그가 정말 복사본만 가지고 있었는지는 향후 자료의 유출이라는 측면에서 따로 따져 볼 일이다. 어쨌든 아리미쓰의 보고를 통해 야쓰이의 조사에서 비교적 많은 도면과 사진 촬영이 이루어졌음을 짐작할 수 있다.

익산 쌍릉에 관한 첫 번째 보고서는 2015년 말, 발굴한 지 약 100년 만에 나왔다. 전주박물관에서《익산 쌍릉》이라는 보고서를 간행한 것이다. 이는 중앙박물관에 남아 있는 공문서와 도면, 흑백사진은 물론 익산 쌍릉 출토품으로 전하는 유물 전체를 집대성한 책이다. 이러한 보고서 발간 작업은 과거 일본인들이 자랑스럽게 내세웠던 고적 조사 사업의 한계와 문제점을 극명하게 드러내고 있다. 또한 이 보고서에는 기존의 통설과 다른 매우 파격적인 내용이 담겨 있어 더욱 충격을 주었다.

지금까지 쌍릉의 무덤 주인공에 대해서는 대왕묘에 미륵사를 창건한 무왕이, 소왕묘에 그의 왕비인 선화공주가 묻힌 것으로 알려져 있었다. 하지만 전주박물관에서는 1917년 대왕묘 내부에서 발견된 치아를 분석한 결과 20~40세 성인 여성의 치아일 확률이 높고, 또 대왕묘의 무덤 입구에서 발견된 납작한 형태의 소형완小形盌이 경주에서 만들어진 신라산産일 가능성이 높다고 보았다. 그러면서 무왕과 관련된 후대의 문헌 기록이 많이 남아 있는 익산시 금마면에 쌍릉이 위치한다는 사실만으로 대왕묘를 백제 무왕릉으로 결론지을 수 없다고 주장했다.

쌍릉 보고서 간행 직후 무덤 주인공과 관련된 학술세미나에서 토론자로 참여할 기회가 있었다. 그때 나는 과거 야쓰이가 발굴한 자료

익산 쌍릉 출토 금동장식 나는 우연한 기회에 쌍릉 중 소왕묘에서 출토된 것으로 전하는 유리건판 사진 한 장을 발견했다. 같은 시기 보존과학실에서는 오른쪽의 금동장식품을 출토지를 모른 채 수리하고 있었다. 나는 두 유물이 동일하다는 것을 알게 되어 기존에 알지 못했던 쌍릉 출토품을 새롭게 추가할 수 있게 되었다. 그 뒤 이 금동장식이 목관을 꾸미는 장식품의 하나로 소왕묘 출토품이라는 것을 알게 되었고, 문양이나 기술적인 특징에서 볼 때 대왕묘의 목관 꾸미개보다 이른 시기에 만들었음을 알게 되었다. 이러한 사실은 익산 쌍릉이 문헌 기록에서 말하는 것처럼 641년에 죽은 무왕과 642년에 죽은 무왕의 왕비 무덤은 아니라는 것을 가리킨다. 오히려 대왕묘가 무왕릉이라면 소왕묘는 그보다 먼저 죽은 무왕과 매우 가까운 사람, 즉 선화공주의 무덤일 가능성으로까지 확대해석할 수 있다. 소왕묘는 무왕 생전에 만들어졌을 가능성이 매우 높기 때문에 무왕의 익산 개발 의지를 대내외적으로 과시하는 중요한 상징을 가지고 있다고 평가할 수 있다.

들이 가진 한계점을 조목조목 비판하면서 쌍릉의 무덤 주인공을 그렇게 쉽게 단정할 수 없다고 주장했다. 야쓰이 일행은 능산리고분군, 익산 쌍릉, 나주 반남고분군을 차례로 발굴하고 서울로 복귀한 뒤 매우 단기간에 걸쳐 유물 정리를 실시했다. 이 과정에서 일부 유물이 섞이는 등 출토지에 착오가 생겼다는 사실을 간과해서는 안 된다. 특히 신라산으로 추정한 토기의 경우 익산 왕궁리유적이나 미륵사지에서도 수십 점이 발견된 지역색이 있는 토기라는 것을 지적했다. 따라서 현재 남아 있는 출토 유물들을 근거로 대왕묘의 주인공을 선화공주나 사택적덕의 딸, 무왕 등으로 단정하는 것은 모두 일정한 한계가 있다고 보았다.

1920년 간행된 쌍릉 보고문에서 야쓰이는 "상세한 내용은 후일 특별보고문에 상세히 기록하겠다"라고 했다. 그러나 그는 1921년 아버지의 병세를 핑계로 조선을 떠나 일본으로 건너간 다음 다시 돌아오지 않았다. 야쓰이의 무책임하고, 비윤리적인 행동 때문에 많은 연구자들이 논쟁을 벌이고, 지금도 여러 사람이 혼란을 겪고 있다. 그들이 별생각 없이 훑고 지나간 상처는 여전히 아물지 않았다. 2017년 가을부터 시작된 익산 쌍릉에 대한 재발굴을 계기로 새로운 논의의 장이 펼쳐지기를 기대한다.

식민정책에 활용된
백제 연구

　〈고적 및 유물 보존 규칙〉의 시행으로 활기를 띠던 고적 조사 사업은 1919년 3·1운동을 계기로 급속히 위축되었다. 조선총독부에서는 1920년부터 소위 '문화 정책'을 표방하면서 고적 조사 사업을 대폭 축소시켜 버렸다. 고적 조사 사업이 식민 통치에 그다지 의미가 없다고 판단한 것이다. 박물관이나 고적 조사와 관련된 부서가 대폭 축소되었고, 이들의 활동은 기존에 조사한 자료를 정리하거나 이미 알려진 유적을 보존하는 것에 머물게 되었다. 야쓰이가 떠난 자리는 후지다 료사쿠藤田亮策라는 새로운 인물이 맡게 되었다.

　조선총독부의 예산을 받아 발굴하는 것이 사실상 불가능해지자 박물관 운영과 고적 조사 사업, 보존 수리 사업 등에 많은 어려움이 발생했다. 이러한 어려움을 타개하기 위해 구로이타 가쓰미는 조선고적연구회를 조직한다. 1931년 8월에 조직된 이 연구회는 조선총독부 외곽단체로 고적조사위원회의 활동 중 고적·보물의 조사 연구 및 출판 부분을 담당하면서 1945년까지 한반도의 고적 조사 사업을 주도했다.

조선고적연구회와 이시다 모사쿠

조선고적연구회는 운영 예산을 전적으로 외부 기부금에 의존했다. 그 때문에 조직을 유지하고 사업을 지속시키기 위해서는 가시적이고, 즉각적인 성과를 낼 필요가 있었다. 그러다 보니 발굴만 하면 엄청난 유물이 쏟아지는 평양의 낙랑고분과 경주의 신라고분에 조사가 집중되는 편중 현상이 나타났다. 유물 수집 외에도 그들은 평양 지역에서 한사군 설치와 관련된 자료를, 경주 지역에서는 신공황후神功皇后 남선경영설南鮮經營說, 즉 임나일본부의 설치와 관련한 고고학적 증거를 확보하려고 애썼다. 한반도의 역사가 일찍부터 타율적으로 진행되었음을 역사적으로 규명하고, 이로 인한 식민 지배의 정당성을 확립하고자 한 고적 조사 사업의 본래 목적은 조금도 바뀌지 않았던 것이다.

조선고적연구회는 경비를 절감하기 위해 전임 연구원을 두지 않고, 총독부박물관이나 도쿄제실박물관의 관원 또는 도쿄·교토·경성제국대학의 교원들에게 여비를 주어 수시로 연구원으로 위촉하는 방식으로 운영되었다. 1935년부터 1939년까지 부여 지역 폐사지 조사를 전담했던 이시다 모사쿠石田茂作는 당시 도쿄제실박물관 감사관을 맡고 있었다. 그는 한 달 정도 출장을 와서 부여 지역 절터를 조사했을 뿐 상주하지는 않았다.

이시다 모사쿠는 어떤 생각으로 부여에 왔을까? 이시다가 처음 부여를 방문한 것은 1926년의 일이다. 그때 처음 만주와 한반도 각지를 답사했는데, 일본 귀국 후 "만약 경주가 나라奈良라고 한다면 부여는 아스카飛鳥에 해당한다"고 첫인상을 술회하기도 했다. 또 당시 한반도와 만주 일대에 대한 조사 성과를 바탕으로 한반도의 문화가 아스카·나라시대 일본 문화와 매우 유사하다는 것을 깨닫고, 고대 일본과 한반도의 교섭 과정을 정리한 논문을 발표하기도 했다.

불교고고학을 전공한 이시다는 일본에서 처음 불교문화가 나타난 아스카시대의 원류를 밝히기 위해서는 한반도, 그중에서도 특히 백제를 연구해야 한다는 것을 깊이 인식하고 있었다. 그래서 조선고적연구회 간사였던 후지다 료사쿠가 다른 곳도 아닌 백제의 절터 발굴에 참여하지 않겠느냐는 제안을 했을 때 이를 거절할 이유가 전혀 없었다.

최초의 백제 절터 발굴, 군수리사지

이시다 모사쿠는 1935년 9월 부여에 도착해서 군수리에 있는 절터를 발굴하기 시작했다. 한반도에서 고분이 아닌 절터가 본격적으로 발굴된 것은 이곳이 처음이다. 그는 군수리사지를 본격적으로 발굴하기에 앞서 먼저 어디를 파야 좋을지 예비 조사를 실시했다. 부여고적보존회가 전시하고 있는 유물이나 골동품상에 진열된 물건들을 보면서 일본 아스카시대의 유물과 가장 비슷한 수막새나 치미鴟尾, 벽돌이 어디에서 발견되었는지를 수소문했다. 그 결과 군수리 일대의 논밭에 많은 기와편이 흩어져 있고, 주변에 있는 민가에서 원형과 사각형의 초석들을 장독대로 사용하고 있는 것을 확인했다. 그것을 보면서 이 부근에 기와나 초석을 사용한 기와 건물이 있었다는 심증을 굳히게 되었다.

9월 29일 시작한 발굴은 첫날부터 느낌이 좋았다. 조사를 시작한 첫날, 첫 번째로 발굴을 시작한 구덩이에서 운 좋게도 남북으로 길

군수리 일대 조사 전 모습 군수리사지는 부여읍 남쪽의 야트막한 언덕에 위치하는 백제의 절터다. 이 부근에서 많은 기와편과 커다란 초석이 발견되어 이곳에 기와 건물지가 있을 것으로 예상하고 발굴을 시작했다. 건물의 초석을 빨래판으로 이용하는 아낙네의 모습이 정겹기도 하고 애잔하다.

게 세워 놓은 기와열을 확인했다. 나중에 알고 보니 목탑의 바깥을 지나가는 기단열이었다. 그 덕분에 발굴 첫해에 목탑과 금당의 대략적인 크기와 소식들을 확인하고 낳은 수막새와 서까래기와를 수집할 수 있었다.

이듬해 가을, 군수리사지에 관한 두 번째 발굴이 이루어졌는데 그 성과는 기대 이상이었다. 일본 역사서에서만 확인할 수 있었던 백제에서 건너온 기술 장인들의 존재를 확인할 수 있었기 때문이다. 당시 신문 인터뷰에서 이시다는 "부여에서 처음으로 일본 시텐노지四天王寺식 가람배치를 확인했고, 목탑지 하부에서 출토된 두 점의 불상은 아스카 시대의 그것과 완전히 일치하기 때문에 일본 아스카시대 불교문화가 백제에서 전래된 사실을 증명하는 최초의 사적이다"라고 그 의미를 강조했다. 군수리사지를 발굴한 결과 가람배치를 중심으로 한 유구의 측면에서나 불상이나 수막새 등을 중심으로 한 유물의 측면에서 모두 이러한 기록이 사실이라는 것이 증명되었다. 그동안 문헌 기록으로만 전해지던 백제와 일본 고대 사원의 밀접한 연관성이 군수리사지에 관한 첫 조사에서 구체적으로 증명된 것이다.

군수리사지는 중문과 목탑, 금당, 강당이 남북으로 일직선상에 배치되어 있다. 일본에서는 오사카에 있는 시텐노지라는 절터에서 이와 동일한 가람배치가 확인되어 '시텐노지식 가람배치'라고 부르고 있다. 문헌 기록에 따르면 시텐노지는 쇼토쿠 태자가 정치 라이벌을 물리친 후 직접 건립한 사원으로 일본에서 가장 오래된 사원 중 하나다. 군수리사지에서 확인된 일탑일금당식 가람배치는 오사카 시텐노지의 가람배치와 건물의 배치뿐 아니라 건물 간 거리의 비례까지 매우 유사

1 **군수리사지의 납석제여래좌상(1)과 금동보살입상(2)** **2** 군수리사지의 목탑지 심초석 상부에서 두 점의 불상이 발견되었다. 납석으로 만든 여래상과 금동으로 만든 보살상으로, 발견 직후부터 일본 아스카시대의 불상이나 호류지의 불상과 유사하다는 것이 크게 강조되었다.

하다.

또 목탑지 심초석 아래에서 발견된 납석제여래좌상과 금동보살입상은 물론 다량의 수막새와 서까래기와, 치미에 이르기까지 많은 유물들이 일본 아스카시대 사원에서 발견된 그것과 유사하다는 것이 밝혀졌다. 이시다는 "이 유적(군수리사지)의 검출은 종래 보기 어려웠던 백제 고도古都의 유적이라는 점에서 매우 중요하며, 일본 불교사의 고찰에도 간과할 수 없는 기여를 이룬 것으로 평가할 수 있다"고 했다.

호류지 논쟁에 이용된 백제 절터 발굴

이시다 모사쿠의 연구는 백제사 연구에도 도움을 주었을까? 이시다의 백제 사원에 관한 연구는 약간의 문제를 안고 있다. 앞에서 말한 것처럼 불교고고학을 전공한 그는 아스카시대의 원류를 밝히는 것을 학문적 과제로 가지고 있었다. 즉 백제 사원 자체보다는 일본 고대 문화 속 아스카와 호류지에 더 큰 관심을 가지고 있었다. 그는 당시 일본 학계에서 가장 첨예하게 대립하고 있던 '호류지 재건·비재건 논쟁'에 뛰어들면서 아스카 문화飛鳥文化의 원류에 관한 문제를 선결해야 이 논쟁이 끝난다고 믿었고, 아스카 문화의 원류를 해명하기 위해 부여의 절터 조사에 참여했다.

여기서 잠시 호류지 재건·비재건 논쟁에 대해 언급할 필요가 있겠다. 이 논쟁은 현재 세계에서 가장 오래된 목탑과 금당이 남아 있는 호류지 서원가람西院伽藍이 쇼토쿠 태자가 절을 창건했던 아스카시대의 것인지, 아니면 670년 4월 호류지에 큰불이 있었다는 『일본서기』의 기록을 참고해 불에 의해 소실되었다가 나중에 재건한 것인지에 대한 학술적인 논쟁을 가리킨다.

19세기 후반부터 시작된 이 논쟁에서 비재건설, 다시 말해 현재의 호류지가 아스카시대 쇼토쿠 태자가 만든 창건 당시의 사원이라는 주장을 가장 적극적으로 펼친 사람은 다름 아닌 세키노 다다시다. 세키노는 다른 사람들과 달리 호류지의 주요 건물들을 직접 실측한 경험이 있다. 그는 당시 조사 자료를 바탕으로 현재의 목탑과 금당의 조영척이 고구려척이라고 주장했다. 아스카시대의 건물들이 당척이 아닌 고구려척을 척도로 사용했기 때문에 서원가람도 창건 당초인 아스카시대에 속한다고 본 것이다. 나아가 그 연장선에서 아스카시대 주요 사원의 가람배치도 '호류지식 가람배치'가 '시텐노지식 가람배치'보다 더 빠른 가장 오래된 형식이라고 주장했다. 그러나 부여 군수리사지를 발굴한 결과, 예상과 달리 시텐노지식 가람배치가 검출되었다. 동쪽에 금당, 서쪽에 목탑이 배치된 호류지식을 가장 오래된 형식으로 보았던 세키노의 주장에 대한 재검토가 불가피해진 것이다.

결국 이 논쟁은 1939년에 호류지 내부에 있었던 와카쿠사가람若草伽藍의 심초석이 반환되어 심초석의 원위치를 찾기 위한 발굴이 실시되면서 종지부를 찍게 된다. 이 심초석은 원래 호류지 동남쪽에 옛날부터 와카쿠사가람으로 불리는 공터에 있다가 오사카에 사는 어느 귀족의 저택으로 옮겨져 정원석으로 사용되고 있었다. 1939년 호류지에 관한 논쟁이 격렬해지자 이시다가 이를 중재하기 위해 짧은 글을 신문에 투고했는데, 이 글에서 심초석을 언급한 것이 계기가 되어 반환이 이루어졌다.

호류지에서는 돌려받은 심초석을 어디에 놓아야 할지 논란이 있었고, 최종적으로 원위치를 찾기 위한 발굴을 실시하기로 했다. 그 과정에서 가장 중요한 역할을 한 사람이 바로 이시다 모사쿠였다. 그는 부여 지역에서 발굴한 경험을 바탕으로 호류지의 주지를 설득했다. 이미 논밭으로 경작되어 아무것도 남아 있지 않을 것 같은 땅속을 팠더니 땅 밑 20센티미터도 안 되는 곳에서 백제의 건물지가 나왔다며, 조사 당시의 사진과 도면을 직접 보여 주며 설득했다고 한다.

마침내 같은 해 12월부터 발굴이 시작되었다. 그 결과 와카쿠사가

와사쿠사가람의 심초석　호류지의 서원가람에서 유메도노가 있는 동원으로 가다 보면 중간에 넓은 공터가 있다. 이곳이 쇼토쿠 태자가 처음 사원을 건립했던 소위 와사쿠사가람이 있던 곳이다. 매년 여름, 일반인을 대상으로 하는 하계 단기 대학 강좌가 열릴 때 단한 차례 심초석을 볼 수 있는 기회가 주어진다.

람이 시텐노지식 가람배치를 하고 있으며 출토 수막새도 7세기 초반에 해당한다는 사실이 밝혀졌다. 다시 말하면 이미 불타 없어진 와카쿠사가람이 쇼토쿠 태자가 처음 건립한 창건 가람이고, 현재의 서원가람은 나중에 재건된 것이라는 점이 밝혀지게 된 것이다. 고구려척이라는 척도를 무기로 비재건설을 주장했던 세키노의 학설이 한순간에 날아가 버렸다.

이 논쟁을 해결하는 와사쿠사가람 발굴에 이시다 모사쿠가 참여할 수 있었던 것은 심초석을 언급한 글을 신문에 게재한 것도 이유 중 하나일 테지만 그가 당시 일본에서 거의 유일하게 백제 절터를 발굴한 현장 전문가였다는 점이 더 크게 작용했을 것이다.

이렇게 보면 부여 지역의 절터에 대한 발굴 경험은 일본 고대 사원의 발굴이나 연구를 진작시키는 데 크게 기여했다고 평가할 수 있다. 아니 오히려 그런 연습을 위한 좋은 훈련장이었다고 보는 것이 더 적절할 것이다.

이시다 모사쿠는 일본 학계의 미해결 과제인 아스카 문화의 원류, 특히 호류지 서원가람의 창건 시기를 해명할 수 있는 자료를 얻기 위한 속셈으로 백제 사원을 발굴했다. 그렇기 때문에 백제 사원에 대한 발굴 성과나 그에 관한 평가는 태생적으로 타자의 시각에서 정리되고 가공될 수밖에 없었다. 예를 들어 그들은 백제 사원과 일본 고대 사원이 매우 비슷하다는 것만 강조할 뿐 차이점에 대해서는 아예 언급조차 하지 않았다. 그로 인해 백제 사원과 일본 아스카의 사원이 똑같다는 새로운 신화가 만들어졌다.

오늘날 우리들이 백제의 절터를 둘러보면서 일탑일당식의 가람배치가 일본의 고대 사원과 비슷하다고 언급하는 것은 바로 이시다 모사쿠를 비롯한 일본인 고고학자들이 만들어 낸 개념이다. 백제와 일본의 사원이 실제로 똑같은지 어떤지가 중요한 것이 아니라 일탑일당식, 혹은 시텐노지식으로 불리는 가람배치의 공통성만을 강조함으로써 그러한 전통이 만들어진 것이다. 고고학이라는 근대적 학문을 동원해서 만들어진 이 개념들은 한반도와 고대 일본의 친밀함을 보여 주는 구체적인 증거로 선전되었고, 조선총독부에서는 그것을 '내선일체'라는 식민

정책에 직접적으로 활용했다. 당시 고적 조사에 참가한 일본인 고고학자들이 자신들의 행위가 순수한 학문적인 것이라고 아무리 변명을 해도, 일제의 식민 통치에 부회되동했다는 비판에서 결코 가벼로울 수 없는 이유다.

도쿄국립박물관의
백제 수막새

　도쿄국립박물관에 가면 정문 오른쪽에 동양관이라는 건물이 있다. 이 건물에는 아래층부터 중국실, 이집트실, 인도실 등이 있고 맨 위층 가장 구석진 곳에 한국실이 자리한다. 한국실의 대부분은 오쿠라 컬렉션으로 알려진 자료들로 채워져 있다. 일제강점기에 대구에서 전기회사를 운영하면서 막대한 부를 축적한 오쿠라 다케노스케小倉武之助라는 자가 한반도에서 수집해 간 유물 1,200여 점을 기증했기 때문이다.

　오구라 컬렉션은 회화, 조각, 공예 등 다양한 분야에 걸쳐 있는데 신라 금동관모 등 39점은 일본의 국가문화재로 지정될 정도로 그 가치가 높다. 그 때문에 도쿄국립박물관의 오쿠라 컬렉션은 고고학이나 미술사를 전공하는 사람들이 반드시 찾는 곳이다. 나도 도쿄에 갈 일이 있으면 혹시 새로운 자료가 전시되지 않았나 하는 생각에서 들르곤 했다.

　2013년 동양관을 리노베이션한 이후에는 한국실의 가장 후미진 귀퉁이에 부여 군수리사지 출토 수막새와 서까래기와가 전시되고 있는 것이 눈에 띄었다. 사실 이 기와들은 함께 전시된 여러 유물들과 비교해서 그다지 특이할 만한 유물은 아니다. 군이 특징을 들라면 한국관의 다른 유물들이 '전傳 경주 출토' 또는 '전 평양 출토'처럼 출토지가 명확하지 않은 것이 많은데 비해 이 기와들은 출토지가 명확하다는 점 정도가 아닐까 한다. 그렇다면 도쿄국립박물관에서는 어떤 경위로 군수리사지 출토품을 소장하게 되었을까?

도쿄국립박물관에 군수리사지 출토품이 전시된 것은 이시다 모사쿠와 연관이 깊다. 그가 군수리사지를 발굴할 당시 도쿄국립박물관의 전신인 도쿄제실박물관에 근무하고 있었기 때문이다. 게다가 도쿄제실박물관은 1932년 5000엔을 시작으로 해마다 많은 금액의 돈을 조선고적연구회에 기부하고 있었다. 도쿄제실박물관은 1937년에 일제의 대륙 진출을 선전하는 '조선만주실'의 신설을 계획하고 있었다. 그러나 전시실에 진열할 유물을 충분히 확보하지 못했다. 이 문제를 타개하기 위해 해결사로 나선 사람이 바로 구로이타 가쓰미였다. 그는 조선고적연구회에 기부금을 주는 대신 박물관 신축에 필요한 전시품을 기증받는 방식으로 이 문제를 해결하고자 했다.

도쿄제실박물관의 기부금으로 조선고적연구회는 경주와 평양의 고분을 집중적으로 조사했다. 그때부터 한반도 고적 조사에 도쿄제실박물관의 관원들이 조사원으로 참여하게 되었는데 아마도 기부금에 관한 반대급부의 하나로 발굴을 경험하게 했을 것이라고 생각한다.

중앙박물관의 조선고적연구회와 관련된 공문서 중에는 조선총독부박물관의 진열에 필요하거나 중복되는 유물을 선별하여 누군가에게 기증하기 위한 유물 목록이 남아 있다. 이 목록을 1954년 도쿄국립박물관에서 발간한 소장품 목록집에 등장하는 유물과 비교하면 정확하게 일치한다. 현재 도쿄국립박물관이 소장하고 있는 낙랑고분 등 한반도 출토품들이 조선고적연구회가 발굴한 자료에 해당하며, 기증이라는 명분으로 불법적으로 유출된 자료라는 것을 짐작할 수 있다.

이렇게 보면 군수리사지 출토품도 도쿄제실박물관이 조선고적연구회에 기금을 지원하고 발굴품의 일부를 기증받는 형식으로 취득했을 가능성이 높다. 도쿄국립박물관에는 군수리사지 출토품으로 수막새 37점과 암키와 5점, 수키와 4점, 서까래기와 6점이 소장된 것으로 나온다. 그런데 부여박물관의 보고서는 이와 다르다. 부여박물관은 2012년도에 일제강점기에 이시다 모사쿠가 발굴한 군수리사지 출토 유물에 관한 상세한 보고서를

군수리사지 수막새의 전시 모습　도쿄박물관 한국실에는 이시다 모사쿠가 발굴한 군수리사지 기와 두 점이 전시되어 있다. 아래쪽에는 경주 남산에서 출토된 것으로 전하는 사리기가 전시되어 있는데, 최근 불국사 석가탑에서 나왔다는 견해가 제기되기도 했다.

발간했다. 이 보고서에서 제시한 부여박물관 소장 수막새는 파편을 포함해서 46점이었다. 이시다 모사쿠가 전시나 연구를 명분으로 일본으로 반출한 수막새가 전체의 절반에 육박하는 엄청난 양이었음을 짐작할 수 있다. 이 유물들은 발견 장소나 경위가 명확하기 때문에 향후 문화재의 환수라는 측면에서도 반드시 검토할 필요가 있을 것이다.

동남리사지는 절터였나?

이시다 모사쿠가 부여에서 두 번째로 발굴한 곳은 동남리사지라는 절터다. 이 절터에 관한 조사는 조선총독부에서 부여신궁 조영을 공표한 직후인 1939년 4월부터 20여 일 동안 실시되었다. 조사 결과 중문과 금당, 강당이 일직선상에 배치된 것은 확인되었지만 백제의 다른 사원들과 달리 불탑이 발견되지 않았다. 그 때문에 발굴 초기부터 이곳이 정말 사원이었는지에 관해 논란이 있었다.

발굴을 담당했던 이시다는 이곳에서 비록 불탑이 발견되지는 않았지만 납석제불상 파편이나 청동으로 만든 불상 파편, 다량의 수막새 등이 출토되었기 때문에 백제의 절터라는 것을 의심할 수 없고, 군수리사지와 다른 백제 사원의 새로운 양상을 보여 주는 자료라고 주장했다.

이와 달리 1942년부터 부여 지역의 발굴을 전담했던 후지사와 가즈오는 이곳에 원래 쌍탑이 있었을 것이라는 완전히 새로운 가설을 펼쳤다. 그는 중문과 강당 사이, 금당과 강당 사이에 있는 넓은 공터에 경주 불국사와 같이 쌍탑이 배치되었을 것이라고 생각했다. 이시다가 백제의 불탑은 하나밖에 없다는 선입견을 가지고 금당 남쪽 중앙 부분만 조사했기 때문에 그 흔적을 찾지 못한 것이고, 양옆을 다시 파 보면 쌍탑의 흔적이 나올 것이라고 했다.

그 뒤 1993년과 1994년에 충남대박물관에서는 동남리사지의 가람배치와 성격을 규명하기 위한 재조사를 실시했다. 금당지 남쪽 일대에 정말 불탑의 흔적이 있는지를 확인하는 것도 중요한 관심사였다. 그 결과 금당과 중문 사이에는 어떠한 건물의 흔적도 확인되지 않았다. 다시 말해 동남리사지에 불탑이 없는 게 분명해진 것이다.

　　이렇게 되자 동남리사지가 절터가 아닌 전혀 다른 성격의 건물지였다는 견해가 나오기 시작했다. 그중에는 이곳에 대형 기와 건물이 있었고, 중국제 청자와 벼루 등 고급스러운 유물이 출토된 점에 근거하여 사신의 접대나 외교 의례와 관련된 영빈迎賓 시설이었을 것이라는 견해도 나왔다. 그 때문인지 충남대박물관에서는 보고서의 명칭을 동남리사지가 아닌《부여 동남리유적》으로 출간했다.

　　그러나 이곳에서는 세 점의 불상 파편이 함께 발견됐기 때문에 사원일 가능성이 가장 높다. 따라서 이를 합리적으로 해석할 필요가 있다. 가장 먼저 제기된 것이 사택捨宅 사원설이었다. 중국 남북조시대의 도성 내 사원 중에는 귀족의 저택을 개조하여 사원으로 활용한 사례가

동남리사지 발굴 조사 모습　동남리사지 발굴에 참여한 이시다 모사쿠와 조사자들의 모습이다. 수많은 기와 편들이 어지럽게 널려 있으며, 한가운데 있는 이시다 옆에는 일본 군인으로 생각되는 인물이 함께 앉아 있다. 이처럼 당시의 발굴은 군인이나 경찰의 보호 속에서 철저하게 일본인 위주로 진행되었다.

자주 발견되기 때문에 동남리사지처럼 불탑이 건립되지 않아도 사원이 될 수 있다는 것이다. 불탑이 없어도 사원이 될 수 있다는 점을 일깨워 준 것은 긍정적인 견해다. 하지만 이곳이 원래 귀족의 저택이었다는 증거는 없다. 다른 합리적인 해석이 필요했다.

수막새 연구로 본 동남리사지의 성격

2014년 가을, 부여박물관에서 일제강점기에 발굴한 동남리사지 보고서를 다시 발간하면서 마침내 나에게도 기회가 찾아왔다. 박물관 수장고에는 일제강점기에 조사됐지만 보고되지 않은 동남리사지 기와와 토기 파편 743점이 남아 있었다. 그중 572점이 연화문수막새였다. 나는 이곳에서 출토된 수막새들을 분류하고 정리하는 작업에 동참함으로써 다시 한 번 더 백제 수막새를 정리할 기회를 마련했다.

이곳에서 출토된 수막새들은 두 가지 특징이 있다. 첫째, 동남리사지 수막새의 96퍼센트가 군수리사지 수막새와 같은 거푸집으로 제작한 동범품同范品이고, 군수리사지 출토품 중에서는 약 90퍼센트가 동남리사지와 동범품이라는 사실이다. 두 사원은 창건와뿐 아니라 한두 단계 늦은 보수용 기와까지 모두 똑같은 기와를 사용하는 등 공통성이 매우 강했다. 두 사원은 3킬로미터 정도 떨어져 위치하며 건물의 크기 등에서도 일정한 공통성이 확인되기 때문에 상호 긴밀한 관련성이 있다.

둘째, 동남리사지와 군수리사지에서 공통적으로 나오는 수막새들은 모두 백마강 건너편에 있는 정암리 가마에서 생산된 기와라는 것이다. 정암리 가마는 6세기 중후반부터 7세기대까지 장기간에 걸쳐 대규모로 운영되던 기와 공방이다. 부여의 왕궁과 관아, 사원 등 주요 건물에서 가장 많은 동범품이 발견되었다. 이처럼 국가적인 시설에 지속적으로 기와를 공급한 점이나 주목할 만한 공방의 규모, 규격화된 가마의 구조 등은 이 가마가 국가에서 관리하던 '관영공방'이라는 것을 보여 준다. 동남리사지는 관영공방에서 제작된 기와를 공급받았기 때문에 단순히 귀족의 저택으로 보기는 어렵게 되었다.

동남리사지와 군수리사지의 지리적 인접성과 출토 수막새의 공통성은 두 사원이 밀접한 관련성을 가진 세트 관계에 있다는 것을 보여 준다. 물론 군수리사지에만 불탑이 있다는 큰 차이도 존재한다. 이러한 공통성과 차이점에서 떠오르는 것이 일본의 초기 사원에서 보이는 승사僧寺와 니사尼寺의 관계다. '니사'는 비구니, 즉 여자 승려들이 머무는 사원을 가리킨다. 특히 일본 국분사國分寺와 국분니사國分尼寺는 매우 가까운 거리에 위치하면서 국분사에만 불탑이 있고 국분니사에는 불탑이 없는 현상이 관찰된다.

나는 한동안 국분니사에 불탑이 없다는 사실조차 모르고 지냈다. 그러다가 일본 동북 지방의 국분사를 답사하면서 바로 인근에 국분니사가 위치하고 그곳엔 불탑이 없다는 것을 알게 되었다. 자연스럽게 동남리사지가 떠올랐다. 그리고 그 뒤 일본의 초기 사원들 중에서 백제와 밀접한 관계를 가지는 아스카데라와 도유라데라豊浦寺, 와사쿠사 가람과 쥬구지中宮寺가 약 600미터 떨어진 가까운 거리에 위치하면서 동범으로 만든 기와를 창건와로 사용하고 있는 것을 확인했다.

일본의 초기 사원들에서 확인되는 승사와 니사의 모습은 사실 백제에서 유래했을 가능성이 높다. 『원흥사연기元興寺緣起』라는 일본의 고문서에는 이와 관련된 흥미로운 기록이 남아 있다. 일본 최초의 여승인 선신니善信尼라는 사람이 승려가 되는 수계의식受戒儀式에 관해 백제의 사신에게 묻는데 그때 다음과 같은 구절이 나온다. "백제에서는 법사사法師寺와 니사尼寺가 종소리가 서로 들리는 거리에 위치하고, 한나절에 다녀올 수 있을 정도로 가까운 곳에 위치한다"는 내용이다. 이것을 보면 백제의 승사와 니사가 '종소리가 서로 들릴 정도로 가까운 곳'에 위치했다는 것을 짐작할 수 있다.

지금까지 부여에서 발견된 많은 백제의 옛 절터 가운데 비구니가 머물던 사원을 추정할 수 있는 단서는 전혀 발견되지 않았다. 다만 동남리사지와 군수리사지의 입지적인 측면과 수막새의 출토 양상이 두 사원이 매우 유기적으로 연관된 '승사와 니사' 관계였음을 알려 주고 있다. 또한 동남리사지에 불탑이 없다는 것과 일본의 국분니사에 불탑이 없다는 것이 연관될 가능성도 높다.

동남리사지 기와에 대해 일제강점기 보고서에는 두 페이지에 걸쳐 15점의 수막새 사진이 실려 있을 뿐이다. 비록 많은 시간이 걸렸지만 우리 손으로 직접 572점의 수막새를 정리하고 분석했기 때문에 기존과 전혀 다른 새로운 관점을 제시할 수 있게 되었다.

식민사관을 극복하는 일

동남리사지에 관한 자료를 정리하고 논문을 작성하면서 '식민사관의 극복이란 어떤 것일까'라는 문제를 계속해서 고민했다. 식민사관은 일제가 한국 침략과 식민 지배의 학문적 기반을 확고히 하기 위해 조작된 역사관으로 일선동조론이나 정체성론, 타율성론으로 대표된다.

해방 이후 이를 극복하기 위한 많은 논설과 대안이 나왔다. 그렇다면 조선총독부박물관의 소장품을 고스란히 인수한 중앙박물관에서는 이 문제를 어떻게 극복할 수 있을까? 무엇보다 식민지 시기에 만들어진 자료의 오류를 바로잡고 보고되지 않은 자료를 정리하는 것이 선결되어야 할 것이다.

동남리사지처럼 일제강점기에 조사된 자료를 정리하는 일은 많은 인력과 비용이 투입되는 일이지만 그 성과는 그다지 잘 드러나지 않는다. 하지만 이와 같은 가장 기초적인 자료 정리가 이루어질 때 비로소 누군가 새로운 곳으로 올라갈 수 있는 토대가 마련된다. 내가 생각하는 박물관은 그런 일을 하는 곳이다. 동남리사지에 대한 자료 정리 작업은 나에게 박물관에서 일하는 의미와 즐거움을 다시 한 번 일깨워주었다.

부여신궁 조영 사업과
공개되지 않은 조사 기록들

　　군수리사지나 동남리사지, 그 후에 이루어진 백제의 폐사지에 관한 발굴은 부여신궁의 조영과 신도神都의 건설, 부여분관의 개관 등 부여 지역에서 전개된 일련의 사건과 긴밀하게 연관되어 있다. 일제는 식민 통치를 실시하면서 군대와 경찰을 내세워 총칼로 위협하는 한편 신사神社를 세워 한민족의 정신을 통제하려 했다.

　　신사는 도시에서 가장 입지가 좋고 넓은 곳에 세워졌다. 한반도에 있는 신사들 중에서 가장 격이 높은 것은 서울 남산에 있던 조선신궁과 충남의 부여신궁이다. 이 중에 부여신궁의 조영 배경을 알기 위해서는 1940년을 전후로 벌어진 소위 '기원 2,600년 기념사업'에 대해 설명할 필요가 있다.

부여신궁 조영 사업

일제와 조선총독부에게 1940년은 매우 특별한 해였다. 일본의 일부 역사가들은 현 천황 가문의 실질적인 조상을 진무천황神武天皇으로 여기고, 초대 천황으로부터 일본 황실의 혈통이 단 한 번도 단절된 적이 없이 이어져 왔다며 소위 만세일계萬歲一系를 강조했다. 그 학설에 따라 초대 천황으로 등극한 진무천황 원년부터 계산했을 때 1940년은 기원 2,600년이 된다. 일제는 일본 본토는 물론 식민지에 이르기까지 이 해를 크게 기념하여 황국식민화정책과 군국주의를 한층 더 고조시키려고 했다.

조선총독부 입장에서는 이 해가 식민지 지배 30년이 되는 해였기 때문에 더 호들갑을 떨었다. 기원 2,600년 봉찬전람회를 비롯하여 시정 30주년 기념박람회, 2,600년 봉축식전까지 거의 일 년 내내 기념행사를 계속했다. 그 와중에 1939년 3월 3일에는 내선일체의 상징물로 부여신궁을 조영하겠다는 내용을 발표했다. 같은 해 8월 1일에 부여신궁 조영의 시작을 알리는 청불식淸祓式이라는 의식을 거행했는데, 바로 이날 중견청년수련소의 개소식과 총독부박물관 부여분관의 개관식이 동시에 열렸다. 중견청년수련소는 매년 각 도지사가 추천한 남녀 500명을 입소시켜 한 달씩 정신교육과 간단한 군사훈련을 실시하는 곳이었다. 총독부박물관 부여분관은 1929년에 발족한 재단법인 부여보존회를 그대로 인수한 것이다. 1915년에 구성된 부여고적보존회는 한동안 거의 유명무실했는데 1928년부터 백제의 고적과 유물을 영구히 보존하고 세상에 널리 알린다는 목적으로 재단법인 설립 허가를 청원해서 1929년부터 본격적인 사무를 시작했다. 이 보존회는 조선시대 객사 건물에 백제관百濟館이라는 작은 전시실을 만들어 운영하면서 부여 지역 고적의 보존과 유물 수집, 부여 안내 책자나 관광 엽서 발행 등을 실시하였다. 프롤로그에서 언급한 낙화암에 세워진 낙화정이라는 정자도 이들이 만든 것이다.

이 단체는 1933년부터 조선총독에게 부여분관 설치를 요구하는 청원서를 제출하기 시작했다. 백제 구도 부여가 일본 불교의 출발지이자 고대 내선 관계의 중심지였기 때문에 경주분관처럼 조선총독부박물관의 분관으로 만들어 달라고 했다. 부여분관 건립은 그 당시에는 재정상의 문제로 실현되지 못했으나 1937년 중일전쟁 이후 강조된 내선일체의 강압 정책과 기원 2,600년을 기념하는 취지가 반영되어 갑자기 분관 설립이 결정되었다. 그런 점에서 부여분관의 개관은 내선일체의 심화와 신궁 건립 등 일제의 식민정책 의도가 반영된 산물이라고 할 수 있다.

부여신궁 조영이 결정되자 부여 시가지를 정비하기 위한 '부여 신도 건설 계획'이 수립된다. 일제가 핵심적인 시설이 들어설 신궁 부지로 예정한 곳은 부소산성, 그중에서도 현재의 삼충사三忠祠 일대를 생각하고 있었다. 이곳은 부소산성을 관람하는 사람들이 반드시 거쳐야할 길목이다. 이 계획대로라면 부여에 온 관광객들은 반드시 부여신궁을 거쳐야 했고, 이 길을 지나면서 천황에 대한 충성과 백제와 일본이한 뿌리임을 자연스럽게 받아들일 것이다. 부여 관광을 통해 내선일체가 자연스럽게 주입이 되도록 철저하게 고안한 것이다.

낙화암이나 낙화정, 고란사도 마찬가지였다. 의자왕이 잘못해서

부여분관(상)과 가시하라신궁(하)　조선시대 객사 건물에 백제관이라는 간판을 내걸고 부여분관의 전시실로 사용했다. 부여신궁의 경우 일본 아스카에 있는 가시하라신궁을 모델로 만들어졌다. 만약 일제가 패망하지 않았다면 아래 사진처럼 생긴 대형 건물이 부소산 중턱에 세워졌을 것이다. 상상만으로도 끔찍한 일이 아닐 수 없다.

백제가 멸망했다는 생각은 조선이 망한 것도 의자왕처럼 조선의 국왕이 잘못했기 때문이라는 관념을 자연스럽게 심어 주었다. 부여신궁 조영과 신도의 건설로 부여는 '내선일체의 영지靈地'로 포장되었다. 하지만 이러한 사업들은 1941년 말, 태평양전쟁이 발발하면서 더 이상 진척되지 못했다.

후지사와 가즈오의 부여행

부여신궁 조영 계획은 총독부의 공식 발표 이전부터 은밀하게 진행되고 있었다. 1937년 4월 미나미 총독은 약간의 수행원만 데리고 부여를 시찰한다. 나중에 부여박물관 초대 관장이 된 홍사준이 부여군청에서 비밀리에 그에 필요한 기초 자료를 작성했다고 한다. 그런 점에서 볼 때 앞서 살펴본 군수리사지나 동남리사지 등 부여 지역 절터에 관한 발굴 성과는 부여와 일본이 일찍부터 인연이 깊은 땅이라는 것을 선전하기에 더 없이 좋은 자료가 되었을 것이다.

조선총독부에서는 신궁 조영을 위해 '부여신궁 조영 봉사대'라는 것을 만들어 매일 전국의 중고등학교 학생 수천 명을 반강제로 도로 공사에 투입했다. 그 과정에서 많은 문화재들이 발견되었지만 체계적인 조사는 이루어지지 못했다. 중앙박물관 공문서에 따르면 1939년부터 1942년 7월까지 부여 지역에서 모두 14건의 발견매장문화재가 신고되었다. 오늘날도 마찬가지지만 당시에도 땅을 파다가 기와나 도자기가 나오면 국가에 신고하고 국가에서 지급하는 보상금을

부여신궁 건설을 위한 공사 현장 모습 부여신궁 조영이 결정된 뒤 많은 사람들이 반강제적으로 도로 공사 등의 노역에 동원되었다. 부여는 일본과 가장 인연이 깊은 곳으로 선전되고 마침내 '내선일체의 영지'로 포장된다. 그러나 태평양전쟁의 발발로 더 이상 공사가 진척되지 못했다.

받게 되어 있었다.

한 지역에서 단기간에 이처럼 많은 매장문화재가 신고된 것은 매우 이례적인 일이었다. 조선총독부에서는 이렇게 쏟아져 나오는 유물들을 처리할 대책이 필요했다. 이 문제는 부여분관 안에 백제연구소를 설치하여 연구원을 상주시키는 것으로 정리되었는데, 그때 부여에 온 사람이 바로 동남리사지 쌍탑설을 주장했던 후지사와 가즈오다. 1942년 7월부터 부여에서 일하게 된 후지사와는 일본 오사카부에서 문화재를 담당하던 기와 전문가였다. 그는 부여에 상주하면서 부소산사지와 구아리사지, 정림사지, 금성산폐사지 등을 조사하다가 1945년 해방이 되자 짐을 싸서 일본으로 돌아갔다.

후지사와는 일제강점기에 한반도의 고적 조사에 참가한 인물 중에서도 약간 독특한 성격의 소유자였던 것 같다. 부여의 많은 유적을 파고, 유물을 정리했음에도 불구하고 논문이나 보고서를 거의 쓰지 않았기 때문이다. 100세를 넘게 일면서 죽기 직전까지 보고서를 출산했던 아리미쓰 교이치와는 대비를 이룬다. 대신 후지사와는 부여 지역의 풍부한 발굴 경험을 바탕으로 어려운 문제가 발생했을 때 구체적인 비교 자료를 제시하면서 대안을 제시하는 약간 미스터리한 인물이라는 이미지가 있었다고 한다.

예를 들어 1956년과 1957년 나라문화재연구소에서 아스카데라를 발굴할 때의 일이다. 동금당과 서금당에서 특이한 형태의 기단과 초석이 발견되었는데 그것이 어디에서 유래했는지 전혀 짐작도 못하고 있을 때였다. 그때 자문 위원으로 현장을 둘러보던 후지사와가 자신이 발굴한 부여 정림사지 금당지에서 똑같은 자료를 보았노라고 말하며, 그것이 백제에서 유래했다고 알려 주었다. 또 1960년대 오사카 시텐노지를 발굴할 때, 중문지의 기단 형식이 남쪽과 동·서쪽 3면은 돌을 정성스럽게 다듬어 만든 석축기단인데 북쪽은 기와를 쌓아 만든 소위 와적기단瓦積基壇을 하고 있어서 당혹스러워하자 자기가 부여에서 처음 발굴했던 부소산사지의 중문지가 그와 똑같은 기단 형식이라는 것을 알려 주기도 했다.

이처럼 후지사와가 가지고 있던 자료는 자신이 필요할 때만 밖으로 나왔다. 일본의 고대 사원이나 고분, 토기나 기와에서 백제와 관련된 자료가 나오면 마치 기다렸다는 듯이 그와 유사한 자료들이 공개되었다. 하지만 그렇게 공개된 자료들은 한국 학계에는 거의 알려지지 않았다. 정림사지 금당지의 도면이나 부소산사지 중문지의 사진은 한 장밖에 공개되지 않았고, 그마저도 전혀 맥락도 알 수 없는 책자에 편집되어 있어 자료를 구하는 데 애를 먹었다. 이런 사정으로 나는 후지사와가 가지고 있는 자료들이 어느 정도이고, 어떤 것인지 관심을 갖게 되었다. 그러다 우연히 후지사와 유가족을 만날 기회가 생겼다. 그는 오사카의 작은 대학에서 교편을 잡고 있다가 막 정년 퇴임을 한 상태였다. 어릴 때 아버지로부터 부여에 관한 많은 이야기를 듣고 자랐기 때문에 부여나 백제에 남다른 애정을 가지고 있다고 했다. 간단한 인사가 끝나고 문제의 자료에 대해 문의했더니 선친이 가지고 있던 모든 자료들을 일본의 모 연구소에 기증했지만 한반도 관련 자료는 자택에 보관하고 있다며 이제 정년 퇴임을 했으니 자신이 직접 자료를 정리해서 공개할 테니 좀 더 시간을 달라고 했다. 그때가 2011년 봄의 일

백제구도(百濟舊都)　석양을 배경으로 부여 정림사지 5층 석탑 앞을 지나가는 나무꾼의 모습을 묘사한 판화 작품이다. 과거 이곳을 찾은 일본인들은 백제의 마지막 도읍인 부여를 이처럼 퇴락하고 쓸쓸한 이미지로 인식하고 있었다. 히라쓰카 운이치(平塚運一), 1939년 작.

이다. 그러나 2~3년이 지나도 아무런 소식이 들려오지 않았다.

2015년 부여박물관에서는 일제강점기에 조사한 정림사지 출토
품을 정리하는 보고서를 빌긴하면시 가을에 그와 관련된 특별전을 개
최할 준비를 하고 있었다. 나는 그곳에 있는 옛 동료들에게 부여박물
관 차원에서 후지사와 유족을 접촉해 보는 것이 어떻겠냐는 제안을 했
고, 의외로 호의적인 답변을 얻게 되었다. 그렇게 해서 공개된 자료가
1942년 6월 18일부터 같은 해 12월 29일까지 후지사와가 쓴 일기다.
거기에는 한국에 입국하기까지의 경위와 입국 후 정림사지, 부소산사
지, 구아리사지를 조사한 내용이 자세하게 기록되어 있었다. 특히 부여
지역 절터에 관한 내용은 간략한 스케치와 더불어 유물이 발견된 위치
등이 자세하게 기록되어 있어 자료적인 가치가 높았다. 아쉬운 것은
1942년의 일기 말고는 어떤 것이 더 남아 있는지 전혀 알 수 없다는 점
이다. 후지사와 자료가 모두 공개될 날을 학수고대하고 있지만 그날이
언제가 될지는 아무도 모른다.

식민지 조선의
일본인 고고학자

일제강점기에 이루어진 일본인 고고학자들의 고적 조사 사업에 대한 평가는 그 입장에 따라 큰 차이가 있다. 실제 조사에 참여했던 당사자들은 '일본인이 한반도에 남긴 사업 중에서 세계에 자랑해도 부족함이 없는 기념비적인 것이었다'고 주장한다. 자신들은 미개한 조선인들이 그 가치를 알지 못해 파괴한 많은 문화재들을 고고학이라는 근대적인 학문을 통해 철저하게 조사하고 보존했기 때문에 아무런 부끄럼이 없고 오히려 자랑스러운 일이라고 말한다.

그러나 대부분의 한국 연구자들은 '일본인의 고적 조사 사업은 우리 민족의 문화재를 파괴, 약탈하는 것이었고, 그 성과는 식민지 지배를 정당화하는 것이었다'고 주장한다. 나 역시 그들의 학문적 순수성을 도저히 인정할 수 없다는 입장이다. 앞서 살펴본 것처럼 부여 지역의 절터에 관한 조사는 조선총독부의 내선일체 정책과 부여신궁 조영을 고고학적으로 지원하는 것이었다. 특히 그들의 연구 목적과 시각은 철저하게 일본 고대사를 이해하기 위한 타자화된 시선에서 비롯되었다. 이시다 모사쿠와 후지사와 가즈오의 부여 지역 절터에 대한 조사는 일본 고대 문화의 시발점이 된 아스카와 그것을 상징하는 호류지 및 쇼토쿠 태자의 문제를 해결하기 위한 수단에 불과했다.

일제강점기에 이루어진 고적 조사 사업은 철저하게 일본인이 기획하고, 일본인만 참여한 일본인을 위한 학술 활동이었다. 이 사업에 참여한 식민지의 고고학자들은 고고학이라는 서양의 근대적 학문을 동원하여 조선총독부의 식민정책을 뒷받침했다. 그들은 운 좋게 한반도의 고적 조사에 참여하여 누구도 가질 수 없는 풍부한 현장 경험을 누렸다. 그 때문에 1945년 패전 후에도 일본의 학계나 국가기관의 요직에 오르는 경우가 많았다. 후지다 료사쿠는 나라국립문화재연구소 소장, 아리미쓰 교이치는 교토대학 교수, 이시다 모사쿠는 나라국립박물관 관장, 후지사와 가즈오는 데쓰카야마대학 교수를 역임했다.

일본 연구자들은 조선총독부의 정책이나 국가사업을 고고학적으로 지원하면서도 자신들의 행동이 당시에 누구라도 할 수 있는 보통의 것이라고 여겼다. 그러나 그러한 행동은 다른 사람의 처지나 다른 나라의 역사에 미치게 될 영향을 전혀 고려하지 않은 것이었다. 당시 조사된 자료의 유출과 미보고, 유물의 반출 등은 모두 그러한 '생각의 무능'에서 비롯된 잘못된 것이다.

한나 아렌트가 말한 '악의 평범성'이라는 말을 떠올리지 않을 수 없다. 악의 평범함이라는 말은 사람이라면 누구나 악인이 될 수 있다는 뜻이 아니다. 악은 무시무시하거나 특별한 무언가가 아니라 단지 다른 사람의 처지를 생각하지 못하는 무능력이다. 행위의 정도는 분명 다르다. 그러나 현재를 살아가는 우리가 그것을 어떻게 평가하고 받아들여야 할지 많은 교훈과 긴 여운을 준다.

내가 일제강점기에 조사된 부여 지역 절터들에 관심을 갖고 연구사 정리에 뛰어든 이유는 근대사 연구자의 입장에서 고적 조사 사업를 비판하고 평가하기 위해서가 아니다. 당시 조사된 절터들이 백제의 가장 중요한 유적이기에 하나라도 더 많은 정보를 얻고 싶은 고대사 연구자로서의 자료에 대한 욕심 때문이었다. 실제로 당시의 조사 사진이나 도면, 유물들은 현재 학계에서 논란이 되는 여러 가지 문제들을 해결하는 중요한 실마리가 되기도 했다.

백제 옛 지역에 관한 고고학사를 정리하면서 고대사 논문을 작성할 때는 한 번도 경험하지 못한 사관이나 인물에 대한 평가, 전통의 창조와 같은 문제를 처음으로 고민하게 되었다. 근대사 속에서 백제사가 어떤 위치를 갖는지 성찰하고, 나아가서는 현재 내가 가지고 있는 문제의식이 어떤 맥락에서 시작된 것인지를 객관화하는 좋은 계기가 되었다. 다른 논문을 쓸 때보다 훨씬 더 오랜 시간이 걸렸고 약간의 용기도 필요했다. 그래서 더욱 값진 경험으로 기억된다.

제6장

동아시아 문화 교류의 중심,
백제

● 여러 나라의 연화문수막새 ●

사비 천도 전후 백제의 연화문수막새는 중국 남조의 기와 제작 기술의 영향을 받아 발전하지만 남조와는 다른 백제 특유의 문양과 기술이 사용된다. 중국 난징에서는 연꽃잎이 볼록하고 한가운데 선이 있는 문양이 유행하지만 백제에서는 연꽃잎에 아무런 무늬가 없고 연꽃잎 끝이 살짝 반전하는 문양이 유행한다. 신라나 일본의 연화문수막새는 백제 수막새와 문양이 유사할 뿐만 아니라 제작 기술도 동일하게 나타난다. 이것은 6세기대 중국 남조와 백제, 신라, 일본 사이에 불교를 매개로 한 문화 교류가 있었고, 당시 백제가 매우 주도적인 역할을 했음을 보여 준다. (1.중국 남조, 2.백제, 3.신라, 4.일본)

백제를 향한
일본의 짝사랑

『삼국유사』에는 무왕과 선화공주가 사자사라는 절에 행차하다가 우연히 연못에서 미륵 삼존이 나타난 것을 보고, 그것을 메워 절을 만들었다는 기록이 남아 있다. 선화공주는 신라 진평왕의 딸로, 익산에서 마를 캐던 서동이 '서동요'를 만들어 유행시키면서 어쩔 수 없이 결혼하게 되었다는 로맨스의 주인공으로 유명하다.

그런데 2009년 1월, 익산 미륵사지 석탑을 보수하는 과정 중에 서 석탑에서 사리봉영기를 비롯한 사리장엄구가 발견되었는데 기존의 역사 기록과 다른 내용이 쓰여 있었다. 사리봉영기에는 미륵사의 발원자가 선화공주가 아닌 '사택적덕의 딸'로 기록되어 있었다.

새로운 자료에 대한 한국과 일본의 반응

'639년 백제 왕후 사택적덕의 딸이 발원하여 미륵사를 만들었다' 는 사실이 드러나면서 역사학계는 물론 고고학, 미술사학, 건축사학, 국어학 등에서 내로라하는 학자들이 모두 달려들어 백가쟁명식으로 자신의 주장을 펼쳤다. 그와 관련된 크고 작은 학술 대회가 쉴 새 없이 개최되었다.

재미난 현상은 백제사를 전공하는 사람들은 그럼에도 불구하고 선화공주를 부정할 수 없다며 기존 학설을 지지하는 데 반해, 신라나 다른 분야를 전공한 사람들은 1차 사료인 사리봉영기의 기록대로 사택 적덕의 딸이 미륵사 전체의 발원자이기 때문에 선화공주를 허구의 인물로 새롭게 보아야 한다고 주장했다.

사실 2009년에 미륵사지 사리봉영기가 발견되기 전, 2007년 말에도 백제사 연구자들에게는 경사스러운 일이 있었다. 바로 부여 왕흥사지에서 '577년 백제 창왕이 죽은 왕자를 위해 절을 만든다'는 내용이 적힌 사리기와 사리장엄구가 발견된 것이다. 왕흥사지와 미륵사지에서 발견된 명문과 각종 사리장엄구는 백제사 연구자뿐만 아니라 일반인들에게도 큰 감동을 주었다. 무령왕릉과 금동대향로 발견 이후 최고의 발굴이라고 해도 손색이 없을 것이다.

이런 소식에 더 흥분한 것은 일본 연구자들이었다. 일본 역사서인 『일본서기』에 따르면 588년에 백제에서 고위 관료와 승려, 와박사를 비롯한 기술자들이 건너와 일본에서 가장 오래된 최초의 사원 아스카 데라를 건립한 것으로 기록되어 있다. 아스카데라를 계기로 일본 고대

익산 미륵사지 사리장엄구 출토 모습(우)과 사리봉영기(좌)
미륵사지 사리장엄구는 탑신석 1층 내부 중앙의 심주석에 마련된 사리공 안에서 출토되었는데 유리제 사리병과 금제호, 금동제호로 구성된 사리기 일괄과 함께 각종 구슬 및 장신구, 동제합 등 다양한 사리공양구들이 발견되었다. 그중 사리봉영기에는 기해년(639) 백제 왕후 좌평 사택적덕의 딸이 사리를 봉안한 것으로 기록되어 있었다. 그로 인해 서동요로 유명한 신라 진평왕의 딸 선화공주가 실재했던 인물인지에 대한 의문이 강하게 제기되었다.

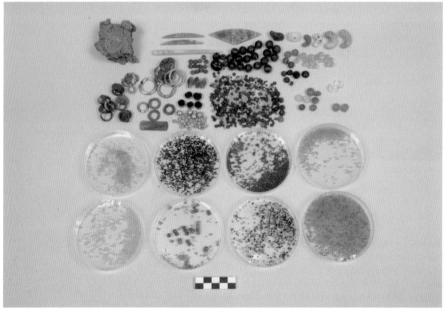

부여 왕흥사지 사리기(상)와 각종 사리장엄구(하)   왕흥사지 사리장엄구는 목탑지 하부에 놓인 심초석에 마련된 사리공 안과 그 주변
에서 출토되었다. 사리공 안에서는 금제병과 은제병, 청동합으로 구성된 사리기가 함께 발견되었는데 청동합 표면에 정유년(577) 백
제 창왕이 죽은 왕자를 위해서 사찰을 세웠다는 기록이 남아 있어 사리장엄구의 봉안 시기와 발원자를 알 수 있었다. 심초석 주변에
서는 많은 금속공예품들이 발견되었는데 『양서』에 의하면 538년 양 무제가 장간사(長干寺)에 쌍탑을 건립하고 불사리를 안치할 때 왕
후와 귀족을 포함한 백성들이 금은 팔찌 등 진귀한 보물을 희사하여 채워 쌓았다는 기록이 있어 사리를 안치할 때 왕족이나 귀족들이
공양한 물품이라는 것을 짐작할 수 있게 되었다.

의 불교문화가 시작되었기 때문에 이 사원은 아스카 문화의 상징과 같은 존재이지만, 그전에는 이 기록을 증명할 물질 자료가 전혀 확인되지 않았다. 그런데 부여에서 이보다 10여 년 전인 577년에 조영된 절터가 발견된 것이다. 그 속에서 발견된 각종 유물과 건물지가 아스카데라에서 발견된 것과 매우 비슷했기 때문에 더 놀라지 않을 수 없었다. 〈아사히신문朝日新聞〉이 1면 톱으로 "아스카데라의 모델, 한국의 왕흥사일까"라는 기사를 내보낸 것은 이런 분위기를 잘 보여 준다. 외국에서 발견된 문화재 관련 기사가 중앙 일간지의 톱으로 소개된 것은 일본에서도 거의 유례가 없는 일이다.

왕흥사지의 흥분이 채 가시기도 전에 미륵사지 사리장엄구가 발견됐으니 백제나 불교 사원에 별다른 관심이 없었던 국내 연구자들은 이 엄청난 자료들을 어떻게 정리하고 연구해야 할지 당황했다. 그런데 각종 학술 단체나 지방자치단체에서 계속해서 학술 대회를 개최하는 바람에 한 해 동안 비슷한 주제로 자그마치 여덟 차례나 열리게 되었다. 비정상적인 일이었다. 백제와 조금이라도 관련이 있는 사람은 최소 한두 번은 발표를 하게 되었을 것이다. 그 때문에 미륵사지나 왕흥사지를 주제로 한 학술 대회는 똑같은 주제를 사람만 바꿔 가며 열린다는 피로감이 있었다. 짧은 시간에 준비해서 급조된 학술 대회다 보니 심도 있는 발표가 될 리가 없었다.

나 역시 공주대 백제문화연구소에서 '백제 불교와 왕권'이라는 주제로 작은 학술 대회가 열렸을 때 토론자로 참석했다. 그리고 그곳에서 안식년으로 한국에 체재하고 계시는 와세다대학의 이성시 선생님을 만나게 되었다. 그날도 부여 왕흥사지와 익산 미륵사지 사리기에 나온 금석문을 중심으로 다소 진부한 발표와 토론이 오갔다. 학술 대회가 끝나고 서울로 돌아오는 길에 내 차로 이성시 선생님과 함께 귀경하게 되었다. 이성시 선생님과 단둘이서 오랫동안 이야기를 나눈 것은 그것이 처음이고, 그 짧은 만남이 어떤 의미를 줄지 당시에는 상상도 하지 못했다.

이미 많은 시간이 흘러 자세히 기억나진 않지만 국내 학계의 백제사에 대한 비판에 대해 이야기 했었다. 나는 한국 학계가 조급증을 떨쳐 버리고, 좀 더 거시적인 관점에서 차분하게 자료를 검토할 필요가 있다고 말씀드렸다. 선생님께서는 내 이야기를 들으시며 일본 학계의 분위기를 들려주셨다. 일본의 일반인이나 연구자들에게 아스카데라는 최초의 사원이고, 가장 오래된 사원이다 보니 감히 함부로 비판해서도 안 되는 약간 신비스러운 것으로 여긴다고 했다. 그리고 아스카의 고향으로 여겨지는 부여에서 마침내 그것과 가장 가까운 시기에 조영된 왕흥사지가 발굴되고, 또 미륵사지에서도 백제의 뛰어난 기술을 보여주는 많은 보물들이 쏟아져 나오자 이제 비로소 문자로만 알고 있던 백제 불교의 진면목을 만나게 되었다며 백제를 다시 평가하는 분위기가 만들어지고 있다고 했다.

약간 무거운 이야기였지만 이성시 선생님과의 대화는 항상 지나치리만큼 솔직하게 오가는 경우가 많았다. 나의 일본어 실력과 선생님의 한국어 실력이 부족해서 서로 오해 없이 대화하기 위해서는 어쩔 수 없이 솔직하게 이야기하게 되는 것 같다.

나라미술연구소에서의 발표

　그런 일이 있고 나서 얼마 뒤 일본 와세다대학에서 연락이 왔다. 이성시 선생님과 같은 대학에 계시는 와세다대학 나라미술연구소의 오하시 가즈아키大橋一章 선생님께서 학술 대회에 초대하고 싶은데 와서 발표해 줄 수 있느냐는 내용이었다. 외국에서 발표하는 첫 번째 기회였기 때문에 마다할 이유가 없었다. 발표 주제나 내용은 어떤 것이든 좋지만, 가능한 '백제 사원'과 관련된 것이면 좋겠다고 했다. 고민 끝에 '부여 정림사지 소조상과 가람배치에 대하여'라는 제목으로 발표를 하기로 했다.

　앞에 언급한 것처럼 정림사지는 내 백제 사원 연구의 첫 번째 주제였다. 이미 세 편의 논문을 발표했지만 국내에서는 그다지 반향이 없었다. 그럼에도 불구하고 이 사원을 건립하면서 사비기 백제 사원의 프로토타입이 만들어졌고, 이곳에서 발견된 소조상이나 가람배치가 중국 남조와 일본의 교류 관계를 잘 설명해 주기 때문에 발표 주제로 적합하다고 판단했다. 나는 세 페이지에 달하는 짧은 발표문에 그러한 내용을 압축해서 담으려고 애썼다. 국내와 달리 일본에서는 학술 대회 발표문이 한 주제당 두 페이지를 넘지 않는 것이 보통이다. 발표 시간도 20분 이내로 제한했고, 대부분의 발표자들은 그것을 준수했다. 하지만 그날 내 발표에는 50분이라는 꽤 긴 시간이 주어졌다. 내가 한국어로 말하면 일본어로 통역해 주는 순차통역으로 진행됐기 때문에 다른 사람들보다 더 많은 시간을 할애해 주었지만 나는 오히려 짧게 느껴졌다.

국내에서도 마찬가지지만 어떤 학회나 기관에서 외국 학자를 초청할 때는 보통 두 가지 측면을 고려한다. 발표자의 명성과 새로운 자료의 소개가 그것이다. 외국의 유명 대학의 교수나 명성이 높은 학자를 초대해 학술 대회의 구색을 맞추려고 하는 경우도 많고, 국내에서 관심이 있는 새로운 자료가 발굴되었을 때 관계자를 초대해 자료를 소개하게 한 다음 나중에 해당 기관을 방문했을 때 편의를 도모하려는 경우도 많다. 아마 나의 경우는 후자였을 것이다.

평소 같으면 그다지 긴장하지 않았을 발표회에 나는 유달리 걱정이 되었다. 국내에서 인정받지 못한 나의 학설을 외국에서라도 인정받고 싶은 욕심도 있었고, 내가 단순히 백제의 새로운 자료나 소개하는 그저 그런 사람이 아니라 것을 보여 주고 싶은 욕심도 있었다. 출국 전에 미리 만들어 간 발표 자료를 대여섯 번은 읽고 멘트를 가다듬었다.

그날 발표는 계획에서 한 치의 어긋남도 없이 성공적으로 마무리되었다. 많은 질문을 받았고 새로운 사람들과 인사를 나눌 수 있었다. 발표가 끝난 뒤 오하시 선생님은 좋은 발표를 해 줘서 고맙다며, 곧바로 내년에도 나라미술연구소에서 발표해 줬으면 좋겠다는 부탁을 하셨다. 그렇게 시작된 나라미술연구소에서의 발표는 선생님께서 정년퇴임하실 때까지 무려 5년 동안이나 계속되었다. 나라미술연구소는 와세다대학 산하의 작은 연구소에 지나지 않지만, 그곳과 아무 관계도 없는 외국의 젊은 연구자를 5년 동안 계속해서 초청한 것은 매우 이례적인 일이었다.

오하시 선생님은 일본 아스카시대부터 나라시대에 걸치는 고대 불교조각사를 전공하는 유명한 미술사학자로, 중국 남조와 한반도의 백제라는 틀 속에서 일본의 초기 불교조각사의 성립 과정을 설명하려 애쓰고 계셨다. 선생님의 첫 번째 논문이 아스카데라에 관한 것이었기 때문에 백제 사원이나 백제의 불교 조각에 관심이 많았지만, 그때까지 이를 해소시켜 줄 새로운 자료나 연구자를 만나지 못했다고 했다. 왕흥사지와 미륵사지가 발굴되면서 백제 사원을 제대로 공부하고 싶었는데 그때 마침 나를 만나게 된 것이다. 오하시 선생님은 비록 나보다 30살이나 많은 인생의 대선배이자 훌륭한 학자이지만 항상 진지한 자세로 내 얘기를 경청해 주셨고, 내가 일본의 초기 사원에 관한 문제에 관심을 가질 수 있도록 이끌어 주셨다.

일본 아스카에서 살게 되다

한번 맺은 인연은 결코 쉽게 끊어지지 않는다. 와세다대학에서 발표를 하고 일 년 뒤 나는 일본 간사이에 있는 나라현립가시하라고고학연구소奈良縣立橿原考古學硏究所에 11개월간 연수를 떠나게 되었다. 가시하라연구소는 일본에서 만들어진 최초의 고고학연구소로 1939년 호류지의 와사쿠사가람 발굴에도 참여한 적이 있는 오랜 전통을 가진 곳이다.

연구소 바로 인근에는 6~7세기 일본 정치·사회·문화의 중심지인 아스카가 위치한다. 아스카는 일본인들의 마음의 고향으로 일컬어지며 우리나라의 부여에 비견되는 곳이다. 내가 아스카를 처음 방문한 것은 부여박물관에 근무하던 2006년 겨울이다. 그때 처음으로 책에서만 보던 아스카를 걷게 되었다. 그 당시 나는 부여의 왕궁과 사원에 대해 공부하면서 같은 시기에 일본의 왕궁과 사원은 어떻게 연구되고 있는지 궁금했었다. 내가 아스카에서 가 보고 싶었던 곳은 세 군데 정도였다. 일본 최초의 사원인 아스카데라와 화재로 생긴 폐기물을 갖다 버린 가와라데라川原寺 뒷산[裏山] 유적, 아스카를 한눈에 조망할 수 있는 아마카시노오카甘樫丘 언덕이 그것이다.

아스카데라는 일본 최초의 사원으로 백제 기술자들이 만들어 준 것으로 알려져 있기 때문에 반드시 가 보고 싶었다. 그러나 아스카대불飛鳥大佛 말고는 예전 모습을 짐작할 수 있는 것이 없어 약간 실망했다.

가와라데라 우라야마 유적은 익산 제석사지 폐기장 유적을 공부할 때 자주 참고했던 곳이라 일찍부터 관심을 가지고 있었다. '우라야마裏山'라는 말이 안쪽에 있는 산이라는 뜻으로, 우리말로는 '뒷산' 정도로 해석된다는 것도 그때 처음 알았다. 그러나 1970년대에 어떤 장소를 조사했는지 아는 사람이 없어서 처음 갔을 때는 그 부근만 서성이다가 되돌아와야 했다.

아마카시노오카는 아스카에 있는 야트막한 언덕으로 그 주변의 지형이나 유적을 한눈에 조망할 수 있는 곳이다. 하지만 첫 답사 때는 시간에 쫓겨 올라가 보지도 못하고 멀리서 바라보기만 하고 돌아와야 했다. 결국 나의 첫 번째 아스카 답사는 약간의 실망감만 안겨 준 채 끝나 버렸다.

나는 어느 곳이든 처음 방문하면 주변 자연경관이나 둘러볼 뿐 자세히 관찰하지 않기 때문에 별다른 감흥을 받지 못하는 편이다. 그래

아마카시노오카에서 바라본 아스카데라 한가운데 높은 기와지붕이 아스카대불을 모시고 있는 현재의 아스카데라 본당이다. 지금의 아스카는 과거의 화려했던 영화를 짐작조차 할 수 없을 만큼 한적한 시골이지만, 일본인의 마음의 고향으로 불릴 만큼 인기가 많다.

서 아스카의 절터나 왕궁터를 둘러보면서도 반드시 다시 와야겠다고 다짐했다. 상투적인 표현이기는 하지만, 꿈을 가지고 기다리다 보면 언젠가 반드시 실현되기 마련이다. 그 후에 재단법인 일한문화교류재단의 펠로우십 프로그램에 지원을 했는데 채택이 되어 처음으로 외국에서 생활할 수 있는 기회를 얻게 되었다.

　내가 대학이나 박물관이 아닌 가시하라연구소를 연수 기관으로 선택한 이유는 언제든지 마음만 먹으면 아스카로 달려갈 수 있고, 아스카와 관련된 가장 많은 자료와 발굴 현장이 운영되고 있었기 때문이다. 그러나 처음에는 어떻게 아스카를 연구해야 하는지 전혀 갈피를 잡을 수 없었고, 어디서부터 어떻게 시작해야 할지 난감했다. 그래서 한동안은 기존의 중요한 연구를 수집해서 읽고, 같은 유적을 두세 차례 찾아가서 재검토하기를 반복했다. 물론 틈나는 대로 다양한 주제의 크고 작은 세미나와 학술 대회에도 참석하려 애썼다.

그 과정에서 현재 일본 학계에서 중요하게 여기는 문제가 무엇이고, 미해결 과제가 무엇인지를 어렴풋하게나마 알게 되었다. 또 앞으로 내가 어떻게 연구해야 할지 연구 방향도 모색했다. 무엇보다 소중한 경험은 책이나 논문으로만 보던 연구자들을 직접 만나 대화를 나눈 것이다. 그들은 필담을 통해서라도 항상 진지하고 성실하게 낯선 이방인인 나를 대해 주었다.

가시하라연구소 연수에서 빼놓을 수 없는 것이 매우 다양한 장소에서 발표회를 가졌다는 사실이다. 나중에 헤아려 보니 모두 여덟 차

일본 언론 보도 기사 백제 사원에 관한 나의 발표는 일본 고대 사원과의 연관성 때문에 일본 언론에도 종종 소개되었다. 이 기사는 백제와 일본 사원의 비교 연구를 위해 백제사 전문가가 가시하라고고학연구소에 연수를 왔다는 내용이다.(《요미우리신문》, 2011.1.13.)

례나 되었다. 내가 발표한 내용들은 대부분 백제의 절터에서 나온 유적과 유물에 대한 것이었다. 부여 왕흥사지와 익산 미륵사지 발굴 이후 급격하게 확대된 일본 학계와 일반인들의 관심이 반영된 것이다.

그때 내가 발표한 내용은 이미 2~3년 전에 국내에서 발표했지만 별다른 반향이 없던 것들이었다. 하지만 일본에서는 그렇지 않았다. 나중에는 왜 그렇게 내 발표에 관심이 많은지 생각해 보았다. 고민 끝에 일본인의 아스카데라에 대한 지대한 관심 때문이라는 결론을 얻었다.

일본은 중앙집권적인 고대국가로 나아가기 전, 6세기 말부터 한반도에서 새롭게 불교문화를 섭취하여 '아스카 문화'를 발전시켜 나간다. 그런 아스카 문화의 상징이 바로 아스카데라의 건립이다. 부여 왕흥사지가 발굴된 뒤 왕흥사지와 아스카데라의 공통점이 여러 방면에 활발하게 논의되고 있었다. 그래서 한국의 국립박물관에서 온 백제 사원 전문가가 어떤 이야기를 하는지 직접 듣고 싶어 했던 것이다. 우리도 마찬가지지만 똑같은 이야기를 해도 외국인이 이야기했을 때 좀 더 신뢰감을 갖는 경우가 있지 않은가. 그 때문인지 나의 발표나 일본에서의 연수 내용이 〈요미우리신문讀賣新聞〉이나 〈아사히신문〉 등에 몇 차례 기사화되기도 했다.

백제 사원의 영향을 받은
신라와 일본

    일본에 머물면서 한국에서는 전혀 알 수 없었던 몇 가지 새로운 사실을 알게 되었다. 그중 하나가 고대사원연구회를 통해 알게 된 내용이다. 이 연구회에서는 두세 달에 한 번씩 나라와 교토의 고대 사원에 관심이 있는 대학 교수나 발굴 기관의 연구원, 대학원생이 모여 답사 모임을 갖는다. 이들은 오전에 모여 유적을 답사하고, 오후에는 해당 유적을 발굴한 사람을 초빙해 그간의 연구 성과를 듣는데 여건이 허락되면 유물을 직접 관찰하기도 한다. 답사와 발표가 끝난 뒤에는 반드시 뒤풀이 자리를 마련해서 하루 동안 오간 내용들에 대해 허심탄회한 이야기를 주고받았다. 나는 기회가 닿는 대로 그 모임에 참가하려고 했다.

오사카 시텐노지 전경　오사카 시텐노지 중문에서 바라본 사원의 모습이다. 이 사원은 쇼토쿠 태자가 발원해서 만든 사원으로 알려져 있지만 2차 세계대전 때 공습으로 대부분의 건물이 파괴되고, 현재의 건물은 1971년에 재건한 것이다. 당시 재건을 책임진 사람이 한반도의 건축물을 조사하고 연구한 후지시마 가이지로(藤島亥治郎)였다.

시텐노지에서 1당 2실 건물의 성격을 깨닫다

어느 날 연구회에서 오사카 시텐노지를 함께 답사하게 되었다. 이 사원은 593년 쇼토쿠 태자가 세웠다고 알려진 곳으로 중문과 목탑, 금당, 강당이 남북 일직선상에 배치되어 있다. 그 때문에 일본에서는 이러한 형식의 가람배치를 '시텐노지식 가람배치'라 부르고 있다. 부여 군수리사지를 발굴한 이시다 모사쿠가 일본의 고대 사원과 똑같다고 말했던 시텐노지가 바로 이곳이다.

이날 연구회 모임을 주도하는 교토부립대학의 히시다 테츠오菱田 哲郎 교수가 나에게 백제 사원의 발굴 성과에 대해 발표해 줄 수 있냐는 부탁을 했다. 나는 히시다 선생을 비롯한 고대사원연구회에 이미 많은 신세를 졌기 때문에 흔쾌히 수락했다. 더욱이 그 장소가 백제와 가장 인연이 깊은 시텐노지가 아닌가.

나는 그곳에서 정림사지부터 능산리사지, 왕흥사지, 미륵사지로 이어지는 백제의 주요 사원들의 가람배치와 그것이 일본의 초기 고대사원에 주는 시사점에 대해 이야기했다. 그중에서도 정림사지에서 발견된 가람배치를 '정림사식 가람배치'로 부를 것을 제안하면서 그것이 시텐노지식 가람배치와 어떤 점이 같고, 어떤 점이 다른지를 설명했다.

그 과정에서 한 가지 흥미로운 사실을 알게 되었는데 부여와 익산에서 종종 발견되는 소위 '1동2실 건물지'의 성격에 대한 것이다(205쪽 도면 참조). 4장에서 말한 것처럼 이 건물지는 하나의 지붕 아래 두 개의 방이 있는 곳으로 능산리사지의 강당지를 비롯해서 익산 왕궁리유적, 미륵사지 강당지와 승방지 등에서 발견된 적이 있다. 또 중국 지안의 동대자유적을 비롯해서 신라의 황룡사지와 감은사지에서도 확인되었다. 그러나 그때까지는 1동 2실 건물지의 기능이나 성격이 어떤 것인지 아무런 추정을 할 수 없었다. 그런데 오사카 시텐노지에 이를 추정할만한 단서가 남아 있었다.

시텐노지에는 비록 헤이안平安 시대의 문헌 사료이기는 하지만 『사천왕사어수인연기四天王寺御手印緣起』(1007년)라는 문서가 남아 있다. 이 자료에는 시텐노지의 강당에 대해 "강당 1동 기와지붕에 8칸, 하당夏堂 4칸 아미타불 1구 장육, 동당冬堂 4칸 관음상 1체 장육"이라는 특이한 설명이 남아 있다. 다시 말하면 사천왕사에 강당 1동이 있는데 기와지붕으로 8칸 규모이며, 하당은 4칸으로 장육존상 크기의 아미타불 1구가 모셔져 있고, 동당은 4칸으로 장육존상 크기의 관음상 1구가 모셔져 있다는 뜻이다. 일본 연구자들은 여기에서 말하는 '하당'과 '동당'이 어떤 의미인지 전혀 짐작조차 못하고 있었다.

소위 1동 2실 건물과 하당·동당은 밀접한 연관성이 있다. 대표적인 1동 2실 건물지인 능산리사지 강당지의 경우 서쪽 방에는 온돌이 설치되었고, 동쪽 방에는 온돌이 설치되지 않았다. 하당과 동당은 한자의 뜻대로 풀이하면 여름에 사용하는 방과 겨울에 사용하는 방이 된다. 따라서 양자를 서로 연관시켜 보면 능산리사지의 온돌이 설치된 서실이 시텐노지의 동당처럼 겨울에 주로 사용하는 곳이 되고, 동실은 하당처럼 여름에 주로 사용하는 곳이 된다. 이것을 보고 나는 1동 2실 건물지가 건물의 기능이라는 측면에서 볼 때 계절에 따라 실내 공간을 다르게 활용하기 위해 고안되었다는 것을 알게 되었다. 고려시대나 조선시대의 건물 중에서도 한쪽 방에만 온돌을 설치한 사례가 많이 있다는 것은 훨씬 나중에 알게 된 사실이다.

시텐노지 강당에 이런 기록이 남아 있다는 이야기는 지금은 긴키대학으로 자리를 옮긴 아미 노부야網信也 선생이 처음 알려 준 것이다. 아미 선생은 일본 고대의 도성과 사원에 대한 풍부한 발굴 경험을 가지고 있었고, 시텐노지에 대해서도 여러 편의 논문을 썼기 때문에 정말 적절한 시기에 좋은 자료를 소개시켜 주었다. 일본에서 많은 발표를 했지만 그처럼 직접적인 조언을 받은 것은 그때가 처음이었다. 아미 선생은 나중에 내 논문을 인용해서 시텐노지의 가람배치를 재검토할 필요성을 일본에 발표하기도 했다. 열린 마음으로 상대방을 이해하려고 애쓴 결과라 할 것이다.

백제의 영향을 받은 신도하이치와 가메이시고분

다른 하나는 오사카 돈다바야시富田林市에 있는 신도하이치新堂廢寺와 가메이시고분龜石古墳에 대한 것이다. 이 유적은 한국에는 거의 알려지지 않았지만 데쓰카야마대학의 시미즈 아키히로 선생이 반드시 봐야 한다며 안내해 준 곳이다. 신도하이치는 7세기 전반의 고대 사원이고, 가메이시고분은 그 북서쪽으로 약 300미터 떨어진 거의 동시기의 무덤이다. 두 유적 사이에는 신도하이치에 사용되는 기와를 생산했던 오간지이케 기와 가마オガンジ池瓦窯가 위치한다.

가메이시고분은 다른 고분들과 달리 석관 주변에 암키와를 쌓아 벽체처럼 만든 특이한 시설이 남아 있었다(311쪽 사진 참조). 흥미로운 점은 그런 암키와의 형태와 제작 기법이 신도하이치나 오간지이케 기와 가마에서 발견된 기와들과 똑같다는 것이다. 그 때문에 이 고분에 묻힌 인물이 신도하이치 건립을 발원한 사람으로 추정되고 있다. 일본의 7세기대 여러 유적 중에서 이처럼 고분과 사원이 긴밀하게 연관된 모습을 보여 주는 곳은 이곳밖에 알려져 있지 않다. 부여 능산리사지와 능산리고분군의 관계, 즉 사원과 고분이 세트를 이루는 모습이 고스란히 재현되고 있다.

우연의 일치인지 모르겠지만 신도하이치와 가메이시고분을 처음

발굴한 사람이 바로 후지사와 가즈
오였다. 후지사와는 이 유적과 백
제의 관련성을 더 적극적으로 주장
했다. 그는 이 일대에서 발견된 암
키와의 제작 기법이 백제의 암키와
제작 기법과 동일하다는 점에 주목
했고, 오간지이케 기와 가마의 '오
간지'를 백제 오함사烏含寺에서 유
래한 것으로 보았다. 일본어로 '오
간지'와 '오함사'의 발음이 매우 유
사하기 때문이다. 오함사는 오늘날
보령 성주사지로 지목되고 있는 곳
이다. 하지만 신도하이치와 보령
성주사지의 수막새 문양과 제작 기
법이 서로 다르다는 것이 밝혀지면
서 두 유적의 상관성은 더 이상 논
의되지 못했다.

신도하이치는 고분과 사원이
세트를 이루는 유적이라는 점 말

신도하이치 주변 유적(상)과 가메이시고분 모습(하) 오른쪽에 신도하이치, 북서쪽에 가메이시고분이 위치하며, 그 중간에 오간지이케라는 연못이 있다. 연못의 동북쪽 귀퉁이에서 기와를 생산하던 가마터 흔적이 발견되었다. 가메이시고분의 석관 둘레에는 사진처럼 여러 겹의 암키와가 함께 묻혀 있었다. 이 기와들은 신도하이치나 오간지이케 가마에서 생산된 암키와와 똑같은 기술로 만들어졌다. 이 세 유적을 조사한 사람이 부여 지역에 상주하면서 백제 유적을 조사한 후지사와 가즈오였다.

고도 한 가지 더 주목할 점이 있다. 동서회랑지 중간 부분에서 '동방건
물'과 '서방건물'로 이름 붙인 특이한 형태의 건물지가 확인되었기 때
문이다. 발굴자들은 이러한 특이한 형태의 건물 때문에 '신도하이치식
가람배치'로 불러야 한다고 주장하기도 했다. 그러나 동방건물과 서방

건물이라고 하는 곳은 정림사식 가람배치에서 말하는 소위 동서 부속 건물지와 다름없다. 오히려 이 사원이야말로 백제 사원의 가람배치를 가장 충실하게 모방하고 있는 것이다. 백제처럼 사원과 고분이 세트를 이루면서 백제식 암키와와 백제식 가람배치를 가진 이 유적들이 비록 보령 성주사지는 아닐지라도 백제 사원을 모델로 했다는 것은 거의 틀림이 없다. 시미즈 선생이 귀한 시간을 내서 일부러 나를 안내한 이유를 충분히 짐작할 수 있었다. 그날 밤에도 아스카의 나마비루なまビール (생맥주)가 동이 났다.

경주공고에서 출토된 연화문수막새

11개월의 아스카 연수 기간 동안에는 논문 한 편만 제출하면 됐기 때문에 내 인생에서 가장 여유롭고 자유로운 시간을 보냈다. 정창원문서 세미나에 참석하는 것 말고는 고정된 일정이 없어서 자유롭게 주변의 박물관이나 발굴 현장을 찾아다녔다.

일본에서의 생활이 익숙해질 무렵 이제 슬슬 뭔가 새로운 것을 시작해야 한다는 부담감이 들기 시작했다. 무엇을 어디에서부터 시작해야 할지 몰라 주저하고 있었는데 마침 교토대학에 유학 와서 삼국시대의 기와를 공부하고 있던 한 유학생이 고古신라의 수막새에 관한 논문을 썼다며 논문을 보내왔다.

이제까지 진행된 6세기대 신라의 기와에 관한 연구는 초기에는 고구려계와 백제계가 함께 영향을 미치다가 6세기 후반이 되면서 점차 신라의 독자적인 기와 제작 기술이 완성되어 간 것으로 이해하고 있었다. 그런데 그 논문에서는 6세기 중엽 이전, 신라 초기의 기와에 고구려의 기와 제작 기술은 확인되지 않고 전적으로 백제의 기와 제작 기술의 영향만 보인다는 다소 파격적인 주장을 펼치고 있었다. 연화문수막새의 문양과 제작 기술뿐 아니라 암키와, 수키와의 제작 기술까지 폭넓게 조사해서 내린 매우 흥미로운 결론이었다.

그 논문을 읽다가 갑자기 과거 경주박물관이 조사했던 경주공업고등학교에서 발견된 수막새들이 떠올랐다. 2008년 경주공고 운동장에 배수 시설을 마련하기 위한 공사를 하던 중에 갑자기 많은 양의 기와가 쏟아져 나와 경주박물관에서 긴급 수습 조사를 실시한 바 있다. 그때 '興(흥)'자나 '寺(사)'자가 써 있는 문자기와가 발견되어 이곳이 신라 최초의 사원인 흥륜사興輪寺일 가능성이 대대적으로 보도되었다. 경주박물관에서 보도자료를 배포하면서 문자기와와 더불어 연화문수막새 사진 한 컷을 함께 공개했는데 나는 그 사진을 보고 백제계 수막새라는 것을 직감했다. 그리고 그것을 마음속에 담아 두었다.

이미 오래전에 발굴했기 때문에 보고서가 나왔을 것이라 생각하고, 경주박물관에 해당 보고서의 PDF 파일을 구할 수 있는지 알아보게 되었다. 메일을 보낸 다음 날 곧바로 경주박물관에서 회신이 왔다. 아직 발굴보고서는 나오지 않았으며 3월 말까지 보고서를 간행하지 않으면 문화재청으로부터 행정 제재를 받기 때문에 서두르고 있다는 내용이었다. 아울러 경주공고에서 출토된 백제계 수막새에 대해 나에게 고찰을 써 달라는 부탁을 할지 말지 고민하고 있었는데 의향이 있는지를 물어왔다. 나중에 들으니 외국에 나가 있는 선배에게 업무를 부탁하는 것 같아 미안해서 주저하고 있었다고 한다. 나는 일단 사진이나 도면을 보내 주면 그것을 보고 판단하겠노라고 했다.

다음 날 아침 경주공고에서 출토된 연화문수막새의 사진과 도면을 받았다. 나는 그날 아침의 감동을 잊을 수가 없다. 경주박물관에서 보내온 30컷 남짓한 자료들은 전혀 기대하지 않은 곳에서 새로운 자료를 만났을 때 맛볼 수 있는 짜릿함을 선사해 주었다. 누군가라도 붙잡고 보물을 발견했다고 자랑하고 싶은 그런 심정이랄까. 그렇게 시작된 경주공고 출토 고식古式 연화문수막새에 관한 논고는 불과 일주일 만에 완성되었다.

대통사 수막새와 흥륜사 수막새 비교

내가 경주공고에서 출토된 연화문수막새를 보고 나서 흥분했던 이유는 그것이 공주 대통사지에서 출토된 수막새와 문양뿐 아니라 제작 기법까지 정확히 일치했기 때문이다. 527년 무렵에 건립된 공주 대통사의 주변에서는 소위 '대통사식 수막새'로 불리는 특징적인 수막새가 발견되었다. 이 대통사식 수막새는 경주 흥륜사지나 나중에 설명할 일본 아스카데라 수막새와 비교할 때도 반드시 등장하는 중요한 자료이기 때문에 약간 어려운 내용이 포함되어 있지만 그 특징을 설명해 두고자 한다.

이 수막새는 여덟 잎으로 된 연꽃잎 안에 아무런 장식이 없고, 연판의 끝을 돌기로 표현하여 부드럽게 반전하는 느낌을 준다. 한가운데 동그랗게 표현된 작은 중방에는 1+6이나 1+8의 연자가 배치되어 있다. 수막새의 뒷면에는 회전대를 사용해서 마무리한 흔적이 관찰되는데 이를 보통 '회전 물손질 흔적'이라 부른다. 특히 연화문이 있는 드림새 부분과 수키와를 접합시킬 때 수키와 끝부분을 비스듬하게 잘라 내고 두 차례 조정해서 접합시키는 특징적인 기술이 관찰된다. 이를 '수키와 가공 접합법'으로 부르기도 한다.

이러한 특징을 가진 수막새가 공주 대통사를 만드는 과정에서 처음 등장했기 때문에 보통 '대통사식 수막새'라 부른다. 이러한 문양과 제작 기술은 중국 남조에서 기원한 것으로 520년대 후반부터 공주 지

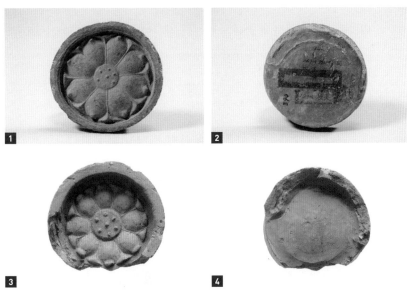

대통사지(1·2)와 흥륜사지(3·4) 수막새 연꽃잎에 아무런 무늬가 없고 작고 낮은 중방이 배치되었다. 수막새 뒷면에는 회전대를 이용한 것을 보여 주는 물손질 흔적이 남아 있다. 이처럼 대통사지와 흥륜사지의 수막새는 문양과 제작 기술이 모두 일치하기 때문에 기와 제작 공인이 직접 이동해서 기술을 가르쳐 줬을 가능성이 높다.

역에서 나타나기 시작해서 538년 사비 천도 이후가 되면 백제의 가장 주류적인 위치를 차지하게 된다. 내 학문의 동지라 할 수 있는 시미즈 아키히로 선생은 대통사식 수막새의 원류와 백제에서의 전개 과정, 그 것이 일본의 고대 사원에 미친 영향에 대해 가장 정열적으로 논문을 작성한 사람이다. 그런데 시미즈 선생조차 전혀 예상하지 못한 자료가 튀어나온 것이다. 흥륜사지로 알려진 경주공고 일대에서 대통사식 수 막새와 동일한 수막새가 발견될지 누가 예상이나 했겠는가.

나는 흥륜사를 창건할 때 처음 만들어진 수막새 중에서 공주 대 통사식 수막새를 모델로 만들어진 기와들을 '흥륜사식 수막새'로 부를 것을 제안했다. 지금까지 백제와 일본의 사원이나 기와밖에 몰랐던 내 게 갑자기 신라의 자료들이 눈에 들어오기 시작했다. 다시 한 번 더 국 립박물관에서 일하고 있다는 사실에 감사했다. 마치 공부하기 싫어하 는 나를 끌어다가 억지로라도 공부를 시켜 주는 느낌이랄까.

백제 기술자들이 만든 흥륜사지 창건 기와들

경주공고 출토 보고서는 예정대로 2011년 3월에 간행되었다. 하 지만 나는 경주공고 출토 연화문수막새의 고찰을 쓰면서 못내 아쉬운 것이 있었다. 그것은 실물 자료를 관찰하지 못하고 글을 썼기 때문에 혹시라도 실수한 것은 없을까라는 걱정이었다. 일본 연수를 마치고 박 물관에 복귀한 다음 기와를 보기 위해 경주박물관에 가려고 했지만 좀 처럼 기회가 생기지 않았다. 내가 경주에 가서 해당 유물을 직접 만져

보게 된 것은 이듬해 여름, 일본에서 온 고대사원연구회 사람들과 함께였다.

물론 그 사이 경주공고 출토 기와에 대해 나름대로 연구를 진전시키고 있었다. 가장 큰 발견은 백제계 수막새와 관련된 암키와와 수키와, 암막새를 찾은 것이다. 경주공고에서 출토된 연화문수막새가 백제 기와 제작 기술의 영향을 받아 만들어진 것이라면, 수막새 이외의 다른 기와들은 백제와 아무런 관계가 없는 것일까라는 의문에서 출발한 성과였다.

먼저 암키와를 살펴보았다. 그러자 의외로 많은 암키와들이 백제의 암키와와 동일한 제작 기법으로 제작된 것을 발견할 수 있었다. 백

흥륜사지 출토 각종 기와들　경주공고에서 출토된 암키와(1·2)는 통쪽와통의 흔적이 관찰되며, 유단식 수키와(3)는 단을 이루는 끝부분을 별도로 제작한 후 회전대를 이용해서 마감한 것이 확인된다. 끝에 단이 져 있는 유단식 암키와(4)는 반대편에 붉은색 주칠 흔적이 남아 있어 암막새였을 가능성을 높여 주고 있다. 암키와 중에는 하단에 내박자를 두드린 흔적(1번)이 남아 있는 사례도 확인된다.

제의 암키와들은 너비 5센티미터 내외의 판자를 잘라서 만든 와통瓦桶을 이용해 기와를 제작했는데 이를 '통쪽와통'으로 만든 암키와라고 부른다. 통쪽와통의 흔적은 기와통이 없거나 원통형와통을 사용한 기와들과 구별되는 백제 암키와만의 특징으로 여겨진다. 경주공고에서는 의외로 많은 암키와들이 바로 이 통쪽와통으로 제작된 것을 확인할 수 있었다.

수키와도 마찬가지였다. 수키와의 경우 수키와 끝부분에 단이 있는 유단식과 단이 없는 무단식으로 구분되는데 백제에서는 유단식으로 만든 경우가 많다. 유단식 수키와는 다시 수키와 끝부분을 한 번에 만드는 방식과 별도로 만드는 방식으로 나뉜다. 공주 정지산유적에서 출토된 수키와들은 유단식 수키와 끝의 단을 이루는 부분(이를 '미구'라고 부른다)이 병 모양 토기의 구연부처럼 점토띠를 이용해서 만드는 것이 확인되었으며, 수키와의 바깥쪽 등 부분에 회전대를 이용한 흔적이 남아 있었다. 그런데 경주공고에서도 공주 정지산유적에서 발견된 유단식 수키와와 똑같은 기술이 적용된 수키와를 발견했다.

암막새의 경우는 어떨까? 백제에서는 드림새 부분에 문양이 베풀어진 일반적인 형태의 암막새가 7세기 중엽 이후에 나타나기 시작했다. 그보다 앞선 6세기대에 암막새가 있었는지에 대해서는 많은 논란이 있다. 흥륜사지 출토 암키와 중에서도 끝부분이 단段이 져 있는 특이한 모양의 암키와 한 점이 눈에 띄었다. 나는 이와 똑같은 형태의 선단 유단식 암키와를 부여 능산리사지와 구아리사지 출토품 중에서 살펴본 적이 있다. 하지만 이것이 단지 특이한 모양의 암키와인지 정말 암막새인지에 대해서는 자신할 수가 없었다.

이러한 자료들을 사전에 분석한 뒤에 일본 고대사원연구회 멤버들과 함께 실물을 관찰하게 되었다. 나는 수막새나 암키와, 수키와가 백제계라는 것에는 어느 정도 자신이 있었지만 암막새만큼은 확신이 서지 않았다. 그런데 문제의 유단식 암키와를 이리저리 돌려보던 히시다 데츠오 선생이 이 선생의 말대로 이 기와는 암막새가 맞는 것 같다고 하는 게 아닌가. 그 이유를 물어보니 암키와의 바깥쪽, 보통 기왓등이라고 부르는 부분에 아주 얇지만 붉은색으로 칠한 흔적이 남아 있기 때문이라고 답했다.

이를 이해하기 위해 약간의 부연 설명이 필요할 듯하다. 보통 기와지붕의 끝부분에 놓이게 되는 암막새나 암키와는 위치상 나무로 만든 처마와 맞닿게 된다. 처마와 그 아랫부분은 붉은색으로 색칠하고 단청 같은 것으로 장식을 하는데, 처마와 암막새가 직접 닿아 있다 보니 칠을 하다가 우연히 기와에 칠이 묻는 경우가 생긴다.

경주공고에서 발견된 유단식 암키와의 기왓등에 붉은색 칠흔이 발견된 것은 바로 이 기와가 암막새로 사용되었다는 반증이다. 이것은 보고서의 사진이나 도면만 봐서는 도저히 알 수 없는 것으로 유물을 실제 만지면서 관찰했기 때문에 얻을 수 있는 성과였다.

경주공고에서 출토된 대통사식 수막새와 통쪽와통으로 제작된 암키와, 미구 부분을 점토띠로 접합한 유단식 수키와, 선단을 유단식으로 만든 암막새 등은 이곳에서 출토된 기와 전체가 백제계 기와 제작 기술로 만들어졌다는 것을 알려 주었다. 실로 엄청난 발견이라 할 수 있다. 이러한 사실은 기존의 문헌 기록과는 매우 다른 것이었다. 신라 최초의 사원인 흥륜사에 대해서는 『삼국유사』를 비롯한 많은 문헌 기록이 남아 있지만, 그것이 백제의 영향을 받았다는 내용은 단 한 곳에도 등장하지 않는다. 그러나 이곳에서 출토된 기와들은 그것이 전적으로 웅진기 백제의 기술이 적용된 것이며, 북조보다는 남조에서 시작된 기술이라는 사실을 알려 주고 있다. 지금까지 신라의 불교 수용 과정에서 빠져 있던 백제의 영향을 처음으로 실물로서 확인시켜 준 것이다.

내가 흥륜사지 창건기 기와들이 모두 백제의 영향을 받았다고 말하자 어떤 사람은 '단순히 기와 몇 점만으로 백제의 영향을 확대해석하는 것은 아닌가'라고 반문했다. 이것은 고대 사원의 조영에 대한 이해가 부족한 데서 오는 것이다. 기와 건물 하나를 완성하기 위해서는 토목이나 건축 기술뿐 아니라 돌, 나무, 금속을 다루는 기술 등 여러 기술이 합쳐져야 한다. 사원 조영 기술은 고분을 만드는 것보다 기술의 상호의존도와 제휴도가 높다. 588년 일본 아스카데라를 만들 때 백제에서 사공寺工과 노반박사, 와박사, 화사 등을 함께 보낸 이유도 바로 이 때문이다. 이것을 참고하면 경주 흥륜사지에는 기와 말고도 다른 기술 부문에서 백제의 영향이 있었음을 유추할 수 있다. 나중에라도 경주공고 일대에 대한 전면적인 발굴이 진행된다면 나의 이러한 가설이 증명될 수 있을 것으로 믿고 있다.

일본 최초의 사원,
아스카데라는 어떤 절일까?

아스카데라는 일본 나라현 다카이치군高市郡 아스카무라明日香寺에 있는 사원이다. 아스카시대의 유력 귀족으로 친親백제파였던 소가씨蘇我氏가 발원했고, 일본에서 가장 오래된 본격적인 가람이다.

이 절의 이름은 『일본서기』에 법흥사法興寺, 원흥사元興寺, 명일향사明日香寺 등 다양한 이름으로 등장한다. 일본 초기 사원들은 처음에 그 소재지의 이름을 따서 아스카의 절, 토유라의 절豊浦寺, 이카루가의 절斑鳩寺 등으로 부르는 경향이 있었다. 아스카데라도 그렇게 불리다가 나중에 불법이 흥융興隆한 절이라는 뜻의 '법흥사'로 부르게 되었다고 한다.

아스카데라의 역사는 『일본서기』와 『원흥사가람연기』라는 고문서에 잘 나타나 있다. 두 기록은 고대 사원의 조영 과정을 이해하는 데 좋은 참고가 되고, 백제나 신라의 사원을 연구할 때도 비교할 수 있기 때문에 정리해 두는 것이 좋다. 중요한 내용을 연대순으로 정리하면 다음과 같다.

① 587년 7월 소아노 우마코蘇我馬子가 아스카데라 조영을 발원하다.
② 588년 백제에서 은솔 수신·덕솔 개문·나솔 복부미신 등을 보내왔다. 아울러 불사리와 승려 영조·영위·혜총·혜숙·도엄·영개 등 6명과 함께 사공 태량미태·문가고자, 노반박사 장덕 백매순, 와박사 마

나문노·양귀문·능귀문·석마제미, 화공 백가 등을 보낸다.

③ 590년 10월 산에 들어가 절을 세우는 데 필요한 재료를 구해 오게 하다.

④ 592년 10월 법흥사의 불당과 보랑步廊(회랑)을 세우다.

⑤ 593년 1월 불사리를 법흥사 찰주刹柱의 초석 속에 모시고 찰주를 세우다.

⑥ 595년 12월 법흥사를 완성했다. 고구려의 승려 혜자, 백제 승려 혜총을 머물게 했다.

⑦ 605년 동銅·비단繡의 장육불 각 1구를 만들 것을 발원했다. 구라쓰쿠리노 도리鞍作止利를 조불공造佛工으로 삼았다. 고구려 대흥왕(영양왕)이 황금 300량을 바쳤다.

⑧ 606년 동·비단 2구의 장육불이 완성되었다. 장육동상을 원흥사 금당에 안치했다.

헌 간고지 지붕에 남아 있는 아스카데라 창건 당시의 기와 모습 일본 고대 사원들은 천도에 따라 사원이 옮겨갈 때 기존에 사용하던 목재나 기와를 재활용하는 경우가 많았다. 나라 간고지의 기와지붕에 남아 있는 붉은색 기와가 백제 와박사들이 아스카데라를 창건할 때 만든 기와들이다.

당시의 유력 귀족 소가씨의 강력한 재정적 지원을 받아 건립된 아스카
데라는 발원부터 22년이라는 오랜 기간이 걸려 완성되었다. 710년 도읍을
헤이조쿄로 옮기면서 이 절도 이전하게 되었는데 그 뒤 간고지元興寺로 불
리고, 기존의 절은 모토간고지本元興寺로 불렸다. 한편 헤이조쿄로 이전할
때 기존 건물의 목재와 기와를 해체하여 재활용했는데, 나라의 간고지 고
쿠라쿠호極樂坊 지붕에는 지금도 백제 와박사가 만든 아스카시대의 기와가
지붕에 남아 있다(322쪽 오른쪽 사진 참조).

아스카데라에 관한 조사는 1956년과 1957년 나라문화재연구소에서
모두 세 차례에 걸쳐 실시되어 중금당과 목탑, 서금당, 서문, 강당, 동금당,
동회랑, 중문, 남회랑, 남문, 북회랑 등이 확인되었다. 회랑으로 둘러싸인
가람 중심부는 목탑을 중심에 두고 동·서·북쪽에 금당을 둔 소위 일탑삼
금당 형식이었다. 그 밖에도 검출된 건물지 초석의 간격을 기준으로 할 때

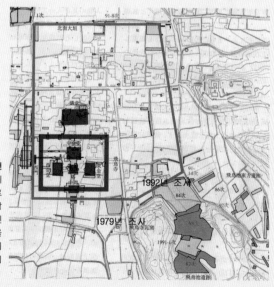

**현재까지 발굴된 아스카데라의 주요 건
물과 사역** 아스카데라가 1956·57년에
조사된 후 더 이상 조사되지 않은 것으로
오해하는 사람들이 많다. 그렇지만 가람
주변부에 대해서도 지속적인 발굴이 진
행되어 약간 특이한 모양의 사역(寺域)을
추정할 수 있게 되었다. 백제 사원 중에
서 아직까지 사역을 추정할 수 있는 사례
가 없기 때문에 참고할 필요가 있다.

이 사원의 조영척이 고구려척(35.1센티미터)으로 복원된다는 것도 알게 되었다.

1950년대 이후에도 아스카데라 주변에 관한 발굴이 드문드문 이어져, 1977년과 1982년에는 사원의 북쪽 경계와 동북쪽 경계를 알 수 있는 담장 시설이 발견되었고, 1992년 조사에서는 목탑에서 동쪽으로 140미터 떨어진 곳에서 동남선원東南禪院이 확인되었다. 동남선원은 견당사와 함께 당나라에 들어가 현장 삼장에게 배우고 귀국해서 일본 법상종法相宗을 열었던 도쇼道昭라는 승려가 창건한 선원이다.

아스카데라는 일본 최초의 사원이기 때문에 고고학이나 미술사, 건축사 등 다양한 분야에서 많은 연구가 축적되었다. 고고학과 건축사 분야에서는 일탑삼금당 형식의 가람배치나 건물의 기단 형식 및 축조 방법, 지붕

아스카데라 목탑에서 출토된 각종 사리장엄구　목탑의 심초석에서 발견된 사리장엄구 중에는 12세기 말에 새로 제작되어 들어간 것도 있지만 수많은 옥제품과 금은제품, 청동과 철제품들은 모두 아스카시대에 만들어진 것이다. 이 유물들은 일본의 후기 고분 부장품들과 매우 비슷한 것으로, 당시 조사자들은 '마치 고분을 발굴하는 것 같았다'고 그 인상을 술회한 바 있다.

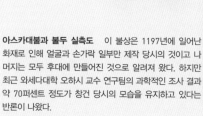

아스카대불과 불두 실측도 이 불상은 1197년에 일어난 화재로 인해 얼굴과 손가락 일부만 제작 당시의 것이고 나머지는 모두 후대에 만들어진 것으로 알려져 왔다. 하지만 최근 와세다대학 오하시 교수 연구팀의 과학적인 조사 결과 약 70퍼센트 정도가 창건 당시의 모습을 유지하고 있다는 반론이 나왔다.

에 사용한 기와의 특징 등이 주로 다루어졌다. 미술사 분야에서는 606년에 완성된 장육불의 계통에 관한 문제가 논란이 되었다. 최근 부여 왕흥사지와 익산 미륵사지 석탑이 조사되면서부터는 사리를 안치하는 방법이나 사리공양구의 특징 등 백제 사원과의 연관성에 대한 문제에도 관심이 높아지고 있다.

현재 아스카데라에 가면 창건 당시의 건물은 한 채도 남아 있지 않다. 중금당 자리에만 일본 에도시대에 건립한 안고인安居院이라는 건물 한 채가 남아 있고, 그 안에 아스카대불로 알려진 금동석가여래좌상이 남아 있을 뿐이다.

일본에 건너간
백제의 와박사들

경주 흥륜사지 기와에 대한 논고가 끝나자마자 일본에 갈 때부터 관심을 가지고 있던 아스카데라에 대해 본격적으로 검토하기 시작했다. 먼저 검토한 것은 와박사瓦博士의 원류에 관한 문제였다. 와박사는 말 그대로 '기와를 전문적으로 만드는 기술자'를 높여 부르는 말이다. 백제에서는 특정 분야에 전문적인 기술을 가진 사람을 박사로 부르며 대우해 주었다.

석사 논문에서 백제 기와를 소재로 다루면서부터 오랫동안 이 문제에 관심을 가지고 있었다. 그러나 이미 너무도 많은 사람들의 뛰어난 논문이 있었기 때문에 내가 감히 와박사를 주제로 글을 쓸 수 있을지 용기가 나지 않았다. 물론 그래서 더욱 더 써 보고 싶은 주제이기도 했다.

아스카데라 창건와의 원류

『일본서기』나 『원홍사연기』 등 일본의 문헌 기록에 따르면 588년 백제에서 고위 관료들이 여섯 명의 승려와 함께 불사리를 가지고 일본으로 건너갔다. 그때 사공 2인, 노반박사 1인, 와박사 4인, 화공 1인이 함께 파견되었다. 이때의 사공은 사원 건축 기술자, 노반박사는 금속공예 전문가, 와박사는 기와 제작 전문가, 화사는 화가나 디자인 전문가로 추정된다. 오늘날 국가적인 프로젝트를 수행하기 위해 다른 나라에 특정 분야의 전문 기술자를 파견하는 경우가 있는데 그것을 연상하면 좋을 것이다.

아스카데라에 대해서는 1956년과 1957년 나라문화재연구소에 의해 세 차례 발굴이 실시되어 모두 565점의 수막새가 수집되었다. 그중 아스카시대의 수막새는 319점으로 모두 10형식으로 분류할 수 있다. 우선 아스카시대의 창건기 기와는 수막새의 문양과 제작 기법에 의해 크게 두 그룹으로 나눌 수 있다. 연꽃잎 모양이 하트형을 이루는 '하나구미花組'와 연꽃잎 끝이 점으로 표현된 '호시구미星組'가 그것이다.

두 계통의 창건와는 단순히 연꽃잎의 문양뿐 아니라 제작 기법, 출토 위치에서도 차이가 있었다. 전자는 하트형 연꽃잎에 무단식 수키와가 결합되어 목탑이나 금당 부근에서 주로 발견되는 데 반해, 후자는 유단식 수키와와 결합되어 중문과 회랑에서 주로 발견되었다. 이러한 차이는 아스카데라를 창건할 때 백제에서 계통을 달리하는 두 개의 기와 제작 집단이 건너와서 기와 생산에 참여했다는 사실을 보여 주는 것으로 이해되고 있다. 아스카데라 창건와에 대한 이상의 정리는 이

유적이 발굴된 후 수십 년 동안 많은 기와 연구자들이 연구해서 밝혀진 가장 기초적인 정보다.

그렇다면 아스카데라 창건와의 원류는 무엇일까? 백제 기와 중에서 아스카데라와 가장 비슷한 기와는 어떤 것일까? 이 단순한 질문에 답하기 위해 지난 한 세기 동안 많은 일본인 연구자들이 부여의 유적들을 찾아 헤맸다. 가장 먼저 답변을 내놓은 사람은 가메다 슈이치 선생으로 하나구미는 부소산성, 호시구미는 구아리사지에서 그 원형을 찾을 수 있다고 했다. 시미즈 아키히로 선생은 호시구미의 수막새 문양이나 제작 기법이 대통사식 수막새와 가장 유사하고, 그것이 서천 금덕리 가마터에서 생산되었기 때문에 그곳에서 활동하던 공인 집단이 관여했을 것이라고 보았다. 하나구미의 원류에 대해서는 아직 확실

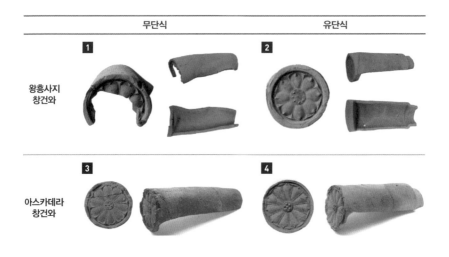

왕흥사지 창건와(1·2)와 아스카데라의 창건와(3·4) 　하트형 연꽃잎을 가진 수막새는 무단식 수키와와 결합(하나구미, 1·3번)하고, 끝이 뾰족한 연꽃잎을 가진 수막새는 유단식 수키와와 결합(호시구미, 2·4번)한다. 연꽃잎의 차이는 단순한 문양의 차이뿐 아니라 제작 기술이나 공방의 차이, 제작 시기의 차이를 반영했을 가능성이 높다고 한다.

한 유적이 발견되지 않았지만, 대통사식 수막새와 호시구미가 밀접한 관련이 있다는 것은 시미즈 선생의 연구에 의해 거의 확실해졌다.

그런데 최근 부여 왕흥사지 발굴에서 하트형 연꽃잎에 무단식 수키와가 결합된 A그룹과 점주상의 연꽃잎에 유단식 수키와가 결합된 B그룹의 수막새들이 발견되었다. A그룹은 하나구미, B그룹은 호시구미와 대응될 수 있다. 그 때문에 일본의 많은 연구자들이 부여 왕흥사지의 발굴에 더 주목하고 있다. 왕흥사지와 아스카데라는 건립된 시기가 10여 년밖에 차이가 나지 않기 때문에 상호 유사도가 높은 것은 어쩌면 당연한 것인지도 모른다.

그러나 이러한 노력에도 불구하고 왕흥사지를 비롯한 백제의 수막새 중에서 아스카데라와 똑같은 기와는 단 한 점도 발견되지 않았다. 비슷하기는 해도 결코 똑같지는 않았다. 이것은 어쩌면 당연한 결과다. 왜냐하면 아스카데라에서 기와를 만드는 일은 단순히 물건을 수출하거나 수입하는 정도의 일이 아니었기 때문이다. 그것은 외국의 기술자가 다른 나라에 가서 현지의 사람들을 가르치거나 그들과 협력해서 이루어 낸 결과였기 때문에 필연적으로 변형될 수밖에 없다. 문헌 기록에 나오는 와박사 네 사람이 아스카데라의 지붕에 올리는 모든 기와를 만들었다고 생각할 수는 없지 않은가.

기와 제작 기술 전수의 흔적

이 같은 기술 전수의 모습을 구체적으로 보여 주는 자료가 남아 있다. 백제의 통쪽와통으로 제작된 암키와인데 도면의 아래쪽을 보면 작은 동심원이 반복적으로 찍혀 있는 것을 발견할 수 있다. 이것은 암키와를 만드는 과정에서 우연하게 생긴 흔적으로, 대형 토기를 제작할 때 사용하는 내박자內拍子의 흔적이다. 암키와를 성형한 다음 건조시킬 때 중력에 의해 아랫부분이 두툼해지자 이를 평평하게 만들기 위해 마무리 손질을 하는데 그때 한쪽에는 내박자를, 다른 한쪽에는 판자를 이용해서 두드린다. 그 결과 이러한 문양이 남게 된 것이다.

그런데 이때 사용한 내박자의 동심원 문양이 아스카데라나 일대

아스카데라(1)와 흥륜사의 암키와 조정 흔적(2,3) 1번 도면은 암키와 내면의 모습으로 마포흔과 함께 5센티미터 내외의 나무판을 이어서 제작한 흔적이 확인된다. 도면 아래쪽의 둥근 형태가 반복되어 있는 것이 내박자 흔적이다. 오른쪽 도면 하단에도 두드림판으로 두드린 흔적이 관찰된다. 흥륜사 출토 암키와 사진에도 내박자 흔적과 나무판으로 표면을 두드린 흔적이 희미하게 남아 있다.

에서 발견된 대형 항아리의 내박자 문양과 똑같았다. 이것은 무슨 의미일까? 백제 와박사들이 처음 아스카데라의 기와를 만들 때 일본에서 대형 항아리를 만드는 기술을 가진 토기 제작 공인들을 데려다가 기술을 가르쳐서 함께 만들었다는 뜻이다.

기와와 토기는 모두 점토를 이용해서 만들기 때문에 토기 공인들은 다른 사람보다 빨리 기와 제작 기술을 습득할 수 있었을 것이다. 아스카데라 주변에서 발견된 가마터에서는 기와와 토기의 파편이 함께 발견되었다. 이는 하나의 가마에서 기와와 토기를 함께 생산했다는 뜻으로 기와와 토기를 제작하는 공인이 함께 활동했다는 또 다른 증거가 된다.

아스카데라 기와와 관련된 많은 논문을 읽었지만 이 사실을 알게 되었을 때 가장 큰 감동을 받았다. 서로 언어도 잘 통하지 않았을 고대 사회에서 외국의 기술자가 다른 나라 사람들에게 어떻게 신기술을 전해 주었는지를 보여 주는 가장 직접적인 자료였기 때문이다. 토기를 전공한다고 해서 토기만 보고, 기와를 전공한다고 해서 기와만 봐서는 도저히 알 수 없는 새로운 경지라고 느꼈다.

그런 감동이 있어서인지 나도 비슷한 자료를 찾는 행운을 얻었다. 바로 앞서 말한 경주공고 출토품을 조사할 때였다. 보고서에 수록된 자료 중에 백제계 통쪽와통으로 제작된 암키와를 찾는 과정에서 특이한 형태의 기와 한 점이 눈에 들어왔다. 이 암키와는 아래쪽이 움푹움푹 들어가 있었다(330쪽 2번 사진 참조). 보고서 본문을 찾아보니 '통쪽, 청해파문青海波文 타날'이라는 설명이 부가되어 있었다. 아마 통쪽와통으로 만들어졌고, 물결치는 듯한 문양이 타날된 것을 그렇게 표현한 것 같다. 그런데 이 흔적은 아스카데라 암키와에서 확인된 것과 동일한 맥락에서 남겨진 것으로, 토기 내박자의 흔적과 다름없었다.

보고서에는 암키와의 안쪽 사진밖에 게재되지 않았지만 실물을 관찰했을 때 표면에는 평행선문의 흔적을 찾을 수 있었다(330쪽 3번 사진 참조). 안쪽에 내박자를 대고 바깥쪽을 판자로 두드렸다는 얘기다.

결국 백제에서 신라 흥륜사의 창건와를 만들기 위해 공인이 파견되었을 때도 경주 현지에 있는 토기 공인들을 데려다가 기와를 만들었음을 확인할 수 있었다. 이것은 아주 작은 발견이지만 백제의 영향을 받은 신라나 일본에서 매우 비슷한 방식으로 기와 제작 기술의 전수가 이루어졌다는 것을 확인한 의미 있는 순간이었다.

백제에서 다른 나라에 기와 제작 기술을 전해 줄 정도로 높은 수준의 기술력을 가지고 있었다는 백제사 연구자로서의 자부심은 그리 오래가지 않았다. 그렇다면 '백제는 어떤 방식으로 그런 기술을 수용했을까'라는 데에 생각이 미쳤기 때문이다. 앞서 말한 대로 대통사식 수막새는 중국 남조의 영향을 받아 성립된 기술이다. 현재 남아 있는 자료 중에서 두 나라 기술자들의 접점을 보여 주는 것은 아직 발견되지 않았다. 그러나 백제가 신라나 일본에 기와 제작 기술을 전해 주었던 방식을 참고하면 백제도 거의 동일했음을 유추할 수 있다. 조만간 이를 증명하는 자료가 나타날 것이라 믿는다.

백제사의 맥락에서 와박사를 설명하는 일

부여나 공주, 익산 지역에서 아스카데라 창건와들과 똑같은 형태의 수막새를 발견할 수 없다면 와박사의 문제를 어떻게 설명해야할까? 지금까지 와박사를 다룬 논문들을 정리해 보면 모두 '아스카데라 창건 와의 원류가 무엇인가'처럼 일본의 입장에서, 일본 고대사나 일본인들이 궁금한 내용을 중심으로 검토되어 왔다.

그러나 와박사는 '백제'에서 파견한 기와 제작 전문가다. 한국에서 백제 기와를 연구하는 사람이라면 일본 연구자와는 다른 관점이나 질문을 던질 필요가 있다. 일본에서 활동한 와박사의 원류라는 문제가 중요하지 않은 것은 아니지만, 백제에서 그러한 기술자들을 파견한 이유나 백제사 자체의 의미를 설명하는 것이 빠져 있었다. 그래서 나는 와박사 문제를 일본 고대사의 입장이 아니라 백제사의 맥락에서 어떻게 설명할 수 있을지를 고민하게 되었다.

이때 떠오른 생각이 '백제의 왕궁과 사원의 기와가 같을까, 다를까'라는 의문이다. 내가 이 질문을 던지게 된 것은 약간 엉뚱한 데서 시작된다. 일본의 기와 논문 중에 하나타니 히로시花谷浩 선생이 쓴 「사원의 기와 만들기와 왕궁의 기와 만들기」라는 글이 있다. 7세기 아스카·후지와라 지역에서 발견된 왕궁과 사원의 기와 제작 기술과 생산 체제를 비교한 뛰어난 논문이다. 나는 이 논문을 독파하기 위해 여러 차례 시도했지만 결국 끝까지 읽는데 실패했다. 유적의 위치나 개요, 수막새의 분류 기호 등 기초적인 지식이 부족했기 때문이다. 대신 논문의 제목을 약간 비틀어 보았다. 만약 일본에서 사원과 왕궁의 기와 만들기가 달랐다면 백제는 어떨까라는 의문이 떠오른 것이다.

정말 백제의 왕궁과 사원의 기와는 문양이나 제작 기술, 생산 시스템에 차이가 없는 것일까? 백제 사비기의 기와를 다룬 많은 논문 중

왕궁 구역에서 발견된 수막새의 문양 변천　　부여 관북리를 중심으로 한 왕궁 구역에서 발견된 수막새들은 하트형 연꽃잎을 공통적으로 가지면서도, 한가운데 중방에는 1+8이었던 연자의 수가 1+7+16 등으로 점점 많아지고 연자가 서로 연결되면서 돌출된 형태로 바뀌는 것이 확인된다. 나무로 만든 거푸집에서 수막새를 찍어낼 때 쉽게 마모되는 중방과 연자를 계속해서 고쳐 사용하면서 나타난 현상으로, 하나의 거푸집이 개범(改范)을 통해 계속해서 변형돼 사용되는 모습을 잘 보여 주고 있다.

에서 왕궁의 기와와 사원의 기와가 어떤 공통성과 차별성이 있는지를 다룬 글은 그전까지 한 편도 없었다. 그래서 일단 정림사지와 능산리사지, 군수리사지, 왕흥사지 등 부여의 주요 사원에서 출토된 수막새의 전개 과정과 부소산성, 관북리유적, 구아리유적, 쌍북리유적 등 사비기 왕궁으로 추정되는 지역에서 출토된 수막새의 양상을 비교하기로 했다. 다만 백제 사비기의 왕궁이 어디인지 아직 확정되지 않았기 때문에 관북리유적을 중심으로 한 주변 유적들을 '왕궁 구역'이라는 좀 더 포괄적인 용어를 사용해 포함시켰다.

　먼저 정림사지와 능산리사지, 군수리사지, 왕흥사지 등 사비기 백제 사원에는 다른 유적에서는 보이지 않는 독특한 문양과 기술을 가진 수막새가 사용되고 있는 것을 알게 되었다. 그리고 하나의 사원을 새로 건립할 때 반드시 새로운 문양과 특징을 가진 수막새가 만들어지는 현상을 관찰할 수 있었고, 이는 7세기대에 건립된 익산 제석사지나 미륵사지에서도 동일하게 나타났다.

이에 반해 왕궁 구역에서 출토된 수막새들은 하나의 문양이 장기간에 걸쳐 지속적으로 사용되는 현상이 확인되었다. 익산 왕궁리유적과 부여 관북리유적에서는 서로 지역적으로 떨어져 있지만 똑같은 하트형 문양을 가진 연화문수막새가 오랜 기간에 걸쳐 동일하게 사용되는 현상이 관찰되었기 때문이다.

정리하자면 사비기의 주요 사원들은 새로운 사원이 창건될 때마다 새로운 수막새 형식을 만들어 신축 건물에 사용했지만, 왕궁 구역에서는 특정 문양과 제작 기술로 만들어진 수막새들을 오랫동안 사용한 차이를 보였다. 왕궁 구역은 사원과 달리 많은 전각들이 계속해서 신축되거나 개축되기 때문에 문양을 통일하거나 기와 제작 도구의 관리가 필요했을 것이다. 그리고 왕궁 구역에서 특정 문양을 지속적으로 사용함으로써, 하트형 연꽃잎 같은 경우는 그 자체가 왕궁을 상징하는 문장紋章과 같은 역할을 했을 것이다.

백제 왕궁과 사원의 수막새가 가진 차이를 이렇게 정리하고 나니 아스카데라에서 백제와 다른 새로운 문양이 사용된 이유를 어느 정도 설명할 수 있게 되었다. 아스카데라는 사원이기 때문에 백제 기술자들의 입장에서는 새로운 문양을 가진 창건와를 따로 만드는 것이 당연한 일이었다. 따라서 아스카데라 창건와가 백제에 없는 전혀 새로운 문양을 사용했기 때문에 일본에서 매우 주체적인 입장에서 기술을 수용했다고 말하는 것은 잘못이다.

그런데 일본에서는 아스카데라가 완성된 후 하나구미 계열과 호시구미 계열이 각자의 고유한 문양과 기술적인 특징을 고수하면서 별개로 활동하게 되었다. 이것은 백제 왕궁 구역의 기와 사용 모습과 유사하다. 흥미로운 것은 백제의 왕궁 구역에서는 호시구미의 조형으로 생각되는 대통사식 수막새와 하나구미의 조형으로 생각되는 하트형 연판을 가진 수막새가 함께 출토되었다는 사실이다. 아스카데라의 하나구미나 호시구미에서 이러한 문양을 채택한 이유는 발원자인 소가씨의 의도가 반영된 것으로 볼 수 있다. 그는 아스카의 기념비적 건조물인 사원을 처음 세우면서 백제에서 사용하는 가장 최신의 문양, 그것도 왕궁 구역에서 사용하는 수막새의 문양을 채택해 자신의 권위를 더욱 과시하고자 했을 것이다. 건물을 발원한 사람의 취향에 맞게 수막새의 문양을 바꾸는 일은 그다지 어려운 일이 아니었기 때문이다.

나는 이러한 분석 결과를 바탕으로 아스카데라의 창건와를 만든 백제 와박사를 6세기 중후반 백제의 왕궁과 사원의 전각에 사용된 기와를 생산하던 '관영공방의 기와 제작 집단이나 기술계 관료'였다고 정리했다. 하나구미의 경우 생산지를 알 수 없지만 부여 구아리·관북리·쌍북리유적 및 부소산성·왕궁리유적 등 왕궁 관련 유적에서 출토되는 수막새를 조형으로 하고, 호시구미의 경우 금덕리 가마터나 왕흥사지 가마터에서 활동하던 기와 제작 집단과 관련이 있으며 대통사식 수막새를 조형으로 한다고 할 수 있다.

나는 와박사 문제를 다루면서 그들이 백제 관영공방에 속하는 기술계 관료였다는 점을 강조했다. 와박사의 '박사'라는 용어 자체에 이미 국가의 관료라는 의미가 내포되어 있는데도 망각되는 경우가 많다. 이것은 백제사의 맥락에서 와박사가 차지하는 위치를 재인식시킬 필요가 있었기 때문에 의도적으로 끄집어 낸 결론이기도 하다.

문헌 기록에는 백제의 중앙행정 조직으로 22부사제가 실시된 것으로 나오고, 그중에서도 특히 공덕부功德部나 사공부司空部에서 건물의 신축이나 기와 생산과 관련된 업무를 수행한 것으로 보고 있다. 하지만 여태까지 개별 유적에서 발견된 기와나 건물지를 보면서 관영공방의 문제를 끄집어 낸 사람은 없었다. 그런 점에서 나는 백제 기와에 관한 연구가 단순히 문양이나 제작 기술의 문제만 다뤄서는 안 되고, 궁극적으로는 백제의 수공업 체계나 관영공방에 관한 연구로 확대되어야 한다고 생각한다. 나는 그 단초를 열었을 뿐이다.

백제,
일본 최초의 사원을 세워 주다

    아스카데라가 일본 '최초의 사원'이라고 했을 때 그것이 어떤 의미를 갖는지 선뜻 와닿지 않을지도 모르겠다. 이는 근대사회에서 처음으로 고층의 철근 콘크리트 건물이 세워진 것 이상으로 큰 의미를 갖는 일이다. 왜냐하면 이 절이 세워지면서 일본에서는 처음으로 초석 위에 기와를 얹은 말 그대로 대궐 같은 기와집이 세워졌고, 이를 기점으로 해서 아스카 문화 또는 아스카시대로 불리는 새로운 시대가 열렸기 때문이다. 아스카데라에 세워진 금당과 목탑의 높은 기와지붕들은 기존에 볼 수 없던 새로운 경관을 연출하는 기념비적인 건축물이자 랜드마크였다.

    그런데 아스카데라가 발굴된 후 가장 논란이 되었던 것은 가람배치가 탑을 중심으로 중금당과 동금당, 서금당을 품品자형으로 배치한 일탑삼금당을 이루고 있다는 점이었다(아래 왼쪽 도면 참조). 이 사원에 미친 백제의 .영향력을 생각했을 때 백제 사원에서 일반적으로 나타나는 일탑일금당식 가람배치일 것이라고 예측했는데 그것이 빗나갔기 때문이다. 그래서 과연 아스카데라 삼금당이 어떤 계통의 영향을 받았는지가 일찍부터 논란이 되었다.

아스카데라 삼금당은 고구려의 영향일까

불탑을 중심으로 세 개의 금당을 배치하는 것은 그때까지 고구려

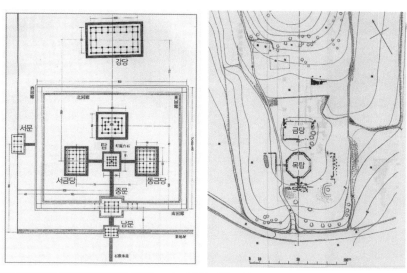

아스카데라(좌)와 청암리사지(우)의 가람배치도　아스카데라는 방형 목탑을 중심으로 세 동의 건물이 배치되고, 청암리사지는 중앙에 팔각형의 목탑을 중심으로 세 동의 건물이 배치되었다.

청암리사지에서밖에 볼 수 없는 형식으로 백제에서는 확인되지 않았다(339쪽 오른쪽 도면 참조). 이에 따라 일본 학계에서는 595년에 일본으로 건너간 고구려 승려 혜자가 백제 승려 혜총과 함께 아스카데라에 주석駐錫했다는 기록이나 고구려의 영양왕이 황금 300량을 보냈다는 기록을 근거로 아스카데라의 건립에 고구려의 영향이 함께 있었다고 주장했다. 아스카데라의 가람배치는 백제뿐 아니라 고구려의 기술이나 정보가 복합적으로 수용된 결과라는 것이다. 1958년 나라문화재연구소에서 아스카데라 발굴조사보고서를 간행한 이후 이 학설은 일본뿐 아니라 우리나라 학계에도 거의 정설로 받아들여졌다.

그러나 아스카데라 삼금당의 고구려 기원설은 이 절터에서 삼금당이라는 가람배치의 '플랜'말고는 고구려와 비슷한 것이 전혀 발견되지 않아 문제가 된다. 더욱이 고구려 사원에 남아 있는 목탑은 팔각형으로 이 사원에 보이는 사각형과는 달랐다. 이러한 모순을 해결하기 위해 몇 가지 대안이 제시되기도 했지만 큰 반향은 없었다. 만약 백제 지역에서 아스카데라 삼금당과 유사한 가람배치가 확인되면 이 문제는 쉽게 풀릴 것이다. 그러나 약 100년 동안 다양한 유적들을 대규모로 발굴했지만 그런 흔적들은 발견되지 않았고 앞으로도 그럴 가능성은 높지 않다.

그렇다면 앞서 언급한 아스카데라 창건와의 원류에 관한 문제를 상기해 보자. 이 사원을 건립할 때 사용한 기와의 제작에 백제에서 파견된 와박사가 직접적으로 관여했다는 문헌 기록과 실물 자료가 있음에도 불구하고 결코 똑같은 기와는 발견되지 않았다. 나는 기와만이 아니라 가람배치도 비슷할 것으로 예상하고 있다.

아스카데라의 건립에 백제의 많은 기술자들이 참여한 것은 단순히 값비싼 '물건'을 전달하기 위한 것이 아니라 다양한 방면에 걸친 고도의 '기술'을 전수하는 일이었다. 고도의 기술을 전수하고 습득하는 과정은 일방적인 것이 아니라 다양한 형태의 상호작용과 변용이 일어날 수 있기 때문에 그 결과물들은 결코 똑같은 모습으로 나타나지 않고 다른 형태로 '변형'되기 마련이다.

중국 양나라 기술자들의 도움으로 축조된 공주 송산리 6호분이나 무령왕릉 벽돌무덤의 경우도 난징 지역의 벽돌무덤과 비슷하기는 해도 똑같지 않은 것과 마찬가지다. 그런 점에서 볼 때 아스카데라 삼금당의 원류에 관한 문제도 한반도나 중국에서 그것과 똑같은 것을 찾기보다는 미묘한 차이를 인정하면서 맥락적으로 유사한 것을 찾는 방식으로 접근해야 한다. 앞서 검토한 와박사의 원류에 대한 논의와 같은 것이다.

아스카데라 삼금당에 관한 논의는 단순히 가람배치의 원류나 유사성에 대한 문제 이상의 중요한 의미를 내포하고 있다. 일본의 일부 연구자들은 아스카데라의 가람배치가 고구려와 유사하다는 것을 근거로 이 사원을 건립할 때 한반도 각지의 문화나 기술이 아스카에 결집되었다는 주장을 펼치고 있다. 더 나아가 이러한 시각은 아스카데라를 조영할 때 건너온 백제 공인의 이름 중에 중세 페르시아어와 동일한 인명이 섞여 있기 때문에, 한반도뿐 아니라 페르시아 등 서아시아를 포함한 다양한 문화와 기술이 구사되었다는 주장으로까지 이어진다. 결국 일본 고대 문화의 원형을 이루는 아스카 문화는 처음부터 이러한 국제성을 가진 문화에서 출발했다는 강한 내셔널리즘이 반영된 주장으로까지 확대되고 있다.

그러나 고분을 축조할 때보다 기술 상호 간의 의존이나 결합도가 높은 사원을 조영하면서, 그것도 외국 전문 기술자들의 도움을 받아 처음으로 사원을 만들면서, 기술을 전해 주는 나라들의 개성적인 문화 요소를 미리 알고 그것을 선택적으로 수용하는 것이 정말 가능한 일이었을까? 나는 결코 있을 수 없는 일이라고 생각한다. 특히 이러한 시각은 백제 안에서도 고구려 문화 요소가 폭넓게 수용되고 있었다는 사실을 간과하고 있다. 일본 연구자들은 간혹 남북이 대치하고 있는 현재 한반도의 정치 상황을 고대사에 투영해서 고대의 삼국이 전혀 교류하지 않은 것으로 생각하곤 한다. 하지만 백제는 중국의 여러 나라뿐 아니라 고구려나 신라, 가야, 일본 등과 활발하게 교류하면서 다양한 문화가 수용되어 용해되는 문화의 용광로였다.

6세기대 백제 유적에서는 기층문화뿐만 아니라 지배층의 문화에서도 고구려의 영향이 폭넓게 수용되었던 현상이 확인된다. 예를 들어 부여 지역에서는 고구려 계통의 토기가 많은 유적에서 출토되고 있으며 난방을 위한 온돌이나 연통형토기도 자주 발견되고 있다. 특히 능산리고분군의 동하총에서는 고구려 계통의 사신도 벽화가 발견되었는데 이 무덤은 위덕왕릉으로 추정되고 있다. 위덕왕은 588년 아스카데라 건립에 백제의 승려와 기술자들을 파견한 장본인이었다.

이것을 보면 백제 지역에서 비록 삼금당과 똑같은 요소가 확인되지 않더라도 고구려 사원의 요소가 백제를 경유하여 일본에 전해졌을 가능성도 충분히 상정할 수 있다.

백제 사원과 아스카데라 삼금당

　백제의 절터에서는 아직까지 아스카데라 삼금당과 똑같은 가람배치가 발견되지 않았지만 비슷한 형태를 가진 절터가 없는 것은 아니다. 초기에는 군수리사지가 그 대안으로 제시되었고 최근에는 왕흥사지가 새롭게 주목 받고 있다(아래 왼쪽 도면 참조). 군수리사지의 경우 동회랑지 동쪽에서 '동방기단'으로 불리는 건물지가 있었는데 그것이 아스카데라 동금당에 해당하지 않을까 추정하는 사람도 있다. 왕흥사지의 경우 동서회랑지 북쪽의 소위 부속건물지가 아스카데라의 동·서금당으로 변형되었을 것이라는 추정이 나왔다. 그중에서도 왕흥사지 부속건물지는 많은 사람들의 주목을 받았다.

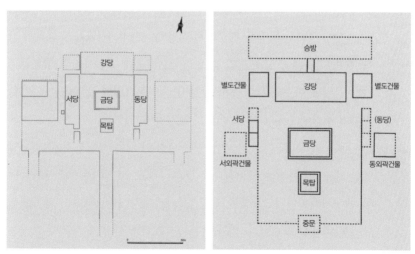

왕흥사지(좌)와 군수리사지(우)의 가람배치도　왕흥사지와 군수리사지는 중문과 목탑, 금당, 강당이 일직선상에 배치하면서도 동서 회랑지 외곽에 또 다른 건물지의 흔적이 관찰된다. 왕흥사지는 서쪽, 군수리사지는 동쪽밖에 발굴되지 않았지만 백제 사원이 기본적으로 좌우대칭으로 조영된 것을 감안하여 위와 같이 복원하였다.

왕흥사지 부속건물지는 동서너비 13미터 내외, 남북길이 44미터 내외의 남북으로 긴 장방형 건물지다. 이 사원의 가람 중심부에 중문과 목탑, 금당, 강당이 남북 일직선상에 배치된 상태에서 이처럼 커다란 건물이 나왔을 때 과연 어떤 성격의 건물인지가 논란이 되었다. 그때 일본의 사가와 마사토시佐川正敏 교수는 연대적으로 가장 가까운 아스카데라의 가람배치를 참고하여, 이 건물지가 바로 삼금당 중 동·서 금당지에 해당할 것이라는 기발한 주장을 펼쳤다. 일본의 많은 연구자들이 깜짝 놀란 것은 당연하다. 그때까지 아스카데라 삼금당의 가람배치만은 고구려에서 왔을 것이라고 모두들 암묵적으로 동의하고 있었기 때문이다.

그런데 왕흥사지의 동서회랑지 북쪽에서 발견된 부속건물지는 앞서 언급한 바 있는 능산리사지의 불명건물지2와 공방지1에 해당하는 곳이다. 나는 능산리 출토 목간에 대한 글을 쓰면서 소위 부속건물지라는 것이 그러한 목간을 제작해서 사용하다가 버린 공적인 성격이 강한 '승방'이라는 주장을 펼친 바 있다. 그 때문에 왕흥사지의 부속건물지가 곧바로 아스카데라 동서 금당지로 변형되었을 것이라는 사가와 교수의 주장에 대해 곧바로 반론을 제기할 수 있었다.

나는 와세다대학의 나라미술연구소에서 처음 정림사지에 대해 발표할 때도 이 문제를 집중적으로 부각시켰고, 그 뒤 일본에 체류하면서 메이지대학이나 가시하라연구소, 나라여자대학 등 여러 장소에서 유사한 내용을 발표했다. 내가 왕흥사지를 비롯한 백제 사원에 보이는 부속건물지들이 결코 아스카데라 삼금당과 비슷한 성격의 건물이 될 수 없다고 말하자, 많은 일본 연구자들은 대단히 흡족해 하는 것 같았다. 어떤 노학자는 발표가 끝난 뒤 뒤풀이 자리에서 발표 내용대로 부속건물지는 금당이 될 수 없으니 아스카데라 삼금당은 고구려에서 왔다고 봐야 한다고 말하며 안도의 한숨을 쉬었다.

　그런 모습을 지켜보면서 나는 일본 연구자들이 가진 내셔널리즘이라는 것이 어떤 것인지를 처음으로 알게 되었다. 그래서 아스카데라 삼금당의 원류에 대해 뭔가 새로운 관점을 제시해야겠다고 다짐했다. 그리고 크게 두 가지 측면에서 검토를 시작했다. 하나는 앞서 언급한 백제 내부에도 고구려적인 문화 요소가 있었음을 밝히는 것이고, 다른 하나는 백제에서 아스카데라와 똑같지는 않지만 삼금당과 비교될 수 있는 새로운 요소들을 밝히는 것이었다.

　그런데 이러한 관점은 나 혼자만 가진 생각이 아니었다. 일본에서 불교사를 연구하는 하야미 다스쿠速水侑라는 학자가 이미 그러한 견해를 밝힌 바 있었다. 그는 아스카데라 3금당에 대해 백제와 고구려 사이에도 기술 교류가 있었기 때문에 고구려의 영향을 받은 백제의 기술자들이 일본에 건너와 삼금당을 축조했을 것이라는 견해를 밝혔다. 신라 황룡사도 처음에는 일탑일금당식으로 건립되었지만 584년 중건가람重建伽藍이 만들어지면서 동·서금당이 추가되었고, 640년대에 다시 백제로부터 아비지를 초빙하여 목탑을 만들었다(347쪽 오른쪽 도면 참조). 이러한 사실은 삼국이 정치적·군사적인 행동과는 별개로 문화나 기술 면에서 교류한 것을 보여 주며 백제도 고구려의 영향을 받았을 가능성을 시사한다. 따라서 아스카데라에 보이는 여러 계통의 조영 기술이나 사원의 플랜은 한반도에서 개별적으로 일본에 전해진 것이 아니라 백제 기술자들에 의해 종합적으로 실시된 것으로 보아야 한다는 것이다.

하야미 선생의 주장은 구체적인 논증이 없어 아쉽지만, 매우 짧은 문장 속에서 고대 동아시아의 문화 전파 루트나 수용 과정에 대한 깊은 통찰력이 배어 있음을 느낄 수 있었다.

　내가 백제 사원에서 새로운 요소로 주목한 것은 동서회랑 외곽에 보이는 또 다른 건물지의 흔적이다. 왕흥사지의 경우 서회랑지 바깥쪽에서 동서 33미터, 남북 35미터 크기의 대규모 성토대지가 발견되었고, 그러한 서편대지의 북쪽에 동서 23미터, 남북 14미터 크기의 초석 건물지를 비롯한 여러 동의 건물지가 발견되었다. 백제 사원은 기본적으로 좌우 대칭으로 만들어졌기 때문에 아직 발굴되지 않았지만, 동회랑 바깥쪽에도 유사한 시설이 있었을 것으로 추정한다. 왕흥사지의 이러한 가람배치는 앞서 언급한 군수리사지의 가람배치와도 유사하다. 이사다 모사쿠의 조사에서는 군수리사지 동회랑지 바깥에서 동방기단 건물지가 확인된 바 있기 때문이다.

　그렇다면 백제 사원에 보이는 동서회랑 바깥쪽의 이러한 건물들을 어떻게 보아야 할까? 이를 직접적으로 보여 주는 자료는 없다. 그러나 그보다 한 단계 늦게 건립된 익산 미륵사지를 통해 어느 정도 유추가 가능하다. 미륵사지는 세 개의 중문과 불탑, 금당이 동서로 나란히 배치된 삼원三院 병렬식 가람배치를 하고 있다(347쪽 왼쪽 도면 참조). 미륵사지는 한가운데 중원을 두고 동원과 서원을 나란히 배치한 특이한 형태를 보여 주는데 이러한 가람배치는 정림사지 이래로 백제 사원에서 유행하던 가람배치 형식을 계승하면서도 미륵사상을 반영하여 일정하게 변형시킨 결과였다. 나는 부속건물지의 성격을 고민할 때 미륵사지의 강당지 남쪽 좌우측에 배치된 승방지를 참고해서 승방으로

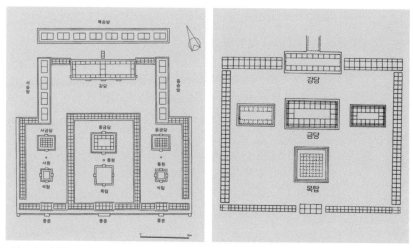

미륵사지(좌)와 황룡사지(우) 가람배치도 아스카데라의 삼금당은 비록 시기가 약간 늦고 형태는 다르지만 익산 미륵사지와 경주 황룡사지에서도 확인된다. 백제나 신라에서 이러한 삼금당이 발견된다는 것은 두 나라에서 이미 삼금당의 존재에 대해 알고 있었다는 반증일 것이다.

부를 것을 제안한 적이 있다. 따라서 왕흥사지나 군수리사지의 회랑지 바깥에 있는 외곽 건물지들은 그다음 단계인 미륵사지의 동원이나 서원과 유사한 점이 있다는 추론이 가능했다.

동서회랑 바깥의 외곽 건물지들은 독립된 영역에서 중심적인 위치를 차지하면서 단독으로 배치되어 있기 때문에 단순히 승려의 침식을 위한 거주 공간으로 생각되지는 않는다. 나는 이러한 건물지의 성격을 중국 남북조시대부터 수당대까지 유행했던 소위 다원식多院式 사원에 해당하지 않을까 추정하고 있다. 중국에서는 종파의 분립이나 숭배 대상이 많아지면서 사원이 대형화되고 그에 따라 많은 불전과 원락을 필요로 하게 되면서 다원식 사원이 유행했다.

이러한 검토를 바탕으로 나는 아스카데라의 가람배치가 백제에서 연원한 것이라 주장했다. 군수리사지나 왕흥사지에서 보이는 다원식 사원에서 동서회랑지 북쪽의 부속건물지를 철거한 다음 품品자형으로 배치한 것이 아스카데라 삼금당의 가람배치라고 본 것이다. 6세기대 백제는 고구려 문화를 폭넓게 수용하고 있었다. 따라서 백제 사원에서 아스카데라와 똑같은 가람배치가 발견되지 않더라도 고구려 문화가 백제를 경유하여 일본에 전해졌을 가능성은 충분하다고 생각한다.

아스카데라 삼금당의 고구려 기원설은 6세기 후반 고구려와 왜의 대외 관계를 생각했을 때도 문제가 있다. 고구려와 일본은 570년 처음 사신이 왕래한 이후, 595년 고구려 승려 혜자가 일본에 도착할 때까지 외교 관계가 단절되어 있었기 때문이다. 593년 정월에 불사리를 목탑 의 초석에 안치하는 불교 의식이 거행될 때 '소가노 우마코 등 100여 명이 모두 백제의 복식을 입었다'는 문헌 기록은 이러한 모습을 상징 적으로 보여 준다.

지금까지 아스카데라 삼금당의 원류에 관한 논의에서 간과된 것 이 있다. 그것은 당시 백제에서 파견된 기술자들이 개인적으로 일본에 건너간 것이 아니라 국가에서 조직된 하나의 프로젝트 팀과 같은 형태 로 파견되었다는 점이다. 만약 백제에서 기술계 관료들을 임시적인 프 로젝트 팀으로 조직하여 파견했는데, 당초 1동의 금당을 만들려고 한 것을 외부적인 요인에 의해 3동으로 만들게 됐다면 그에 수반되는 기 와나 목재, 석재, 금속 등 다른 공사 부분의 업무량도 똑같이 늘어나야 한다. 따라서 삼금당만 고구려에서 받아들였다는 것은 도저히 상정하 기 어렵다. 아스카데라의 조영 작업은 전적으로 백제 기술자들에 의해 계획되어 실행되었다고 보아야 한다.

격변하는 국제 정세 속의
백제

나는 아스카데라 삼금당의 백제 기원설을 데쓰카야마대학과 와세다대학에서 두 차례에 걸쳐 발표했다. 데쓰카야마대학에서는 유명한 기와 전문가인 오와키 기요시大脇潔 선생께서 나의 발표를 들으시고 지난 수십 년 동안 진행된 일본의 고대 사원 연구를 단칼에 부숴 버린 것으로, 앞으로 일본 고대 사원 연구에 많은 고민과 과제를 던져 주었다고 말씀해 주셨다. 와세다대학의 경우 오하시 가즈아키 선생님의 정년 퇴임 전, 마지막 학술 대회 자리에서 발표하게 되어 더욱 각별했다. 오하시 선생님께서는 내 발표가 끝나자 '지금까지 이 선생의 발표를 종종 들었지만 오늘의 발표가 가장 많은 노력과 힘이 들어간 것 같다'며 칭찬해 주셨다. 또한 당신께서 첫 논문으로 아스카데라 문제를 다룬 후 지금까지 아무런 반론이나 의견이 없었는데 다행히 정년 퇴임 전에 한국에서 온 백제 연구자로부터 새로운 이야기를 듣게 돼서 다행으로 생각한다며 좋아하셨다. 사실 선생님께서는 단 한 번도 언급하지 않으셨지만 해마다 나를 초청했던 이유가 '백제 사원에서 본 아스카데라 삼금당의 문제'를 발표해 주었으면 하는 기대가 있다는 것을 잘 알고 있었다. 그래서 비록 많은 시간이 걸리고 늦어졌지만 조금이나마 나의 생각을 발표할 수 있게 되어 무척이나 다행으로 생각했다.

백제사에서 아스카데라가 갖는 의미

아스카데라를 건립할 때 백제의 와박사를 비롯한 많은 기술자들이 일본에 파견되었다거나 삼금당까지도 모두 백제 기술에 의해 만들어졌다는 것은 어떤 의미가 있을까? 백제에서 다른 나라에 선진 기술을 전해 주었다는 것이 정말 자랑할 만한 일인가? 세키노 다다시를 비롯한 일본의 많은 연구자들은 그 때문에 백제가 단순히 일본에 선진 문물을 전해 주는 매개자에 불과하다고 평가하지 않았던가. 몇 차례 발표가 끝나고 나서도 학술지에 투고하지 않고 발표문을 묵혀 두고 있을 때 갑자기 그런 의문이 떠올랐다. 그래서 '백제가 일본 아스카데라의 건립에 기술자 집단을 파견한 이유는 무엇일까'라는 질문을 다시금 던지게 되었다.

일본에서는 587년 숭불파와 폐불파의 내전이 종식되었다. 불교를 적극적으로 수용하자는 숭불파의 소가씨 집단이 승리하면서 외부로부터 불교를 수용할 여건이 조성된 것이다. 그렇지만 이것은 어디까지나 일본 측 사정이다. 백제 내부에서도 그에 상응하는 필요나 사정이 있었을 것이다. 그때 주목해야 할 것이 570년대 고구려·신라·백제의 대일본 외교의 변화와 581년 문제에 의한 중국 수나라의 개국과 같은 동아시아의 국제 정세의 변화다.

6세기 후반 신라의 부상과 중국 수나라의 등장에 따라 백제와 고구려는 일본과의 외교 관계를 재정립할 필요가 있었다. 고구려가 수나라를 의식한 군사 협력을 생각했다면 백제는 신라를 상대로 하는 군사 협력을 생각했을 것이다. 그 과정에서 불교는 매우 유용한 수단이었다. 신라 최초의 사원인 흥륜사를 건립하면서 이미 자국의 기술자를 파견한 경험을 가지고 있던 백제로서는 일본에 대해서도 불교와 관련된 문물을 적극 활용하려고 했던 것이다.

백제 위덕왕은 577년에 불교 경전을 비롯한 승려와 조불공造佛工, 조사공造寺工을 일본에 파견하고, 584년에 미륵석상을 보내 주는 등 불교를 매개로 일본과의 외교 관계를 지속시키고 있었다. 그 뒤 일본의 숭불과 폐불 논쟁이 끝나자 곧바로 사원 건립에 필요한 기술을 지원하기 위해 자국의 기술자들을 파견함으로써 일본과의 외교 관계를 더욱 공고히 하고자 했다.

백제는 554년 관산성전투를 전후하여 일본에 오경박사와 의박사 등 전문가를 보내고, 그 대가로 많은 무기와 구원병을 지원받은 경험이 있다. 따라서 백제는 6세기 후반 격동의 동아시아 국제 정세 속에서 일본에 관한 외교적인 주도권을 보다 더 적극적으로 행사하기 위한 목적으로 아스카데라의 건립에 자국의 기술자들을 파견했다고 할 수 있다. 예나 지금이나 국제 외교 무대에서 일방적인 지원은 상상할 수 없기 때문이다.

학제간의 통섭을 시도한 박사 논문

신라 흥륜사를 비롯해서 백제 와박사와 아스카데라 삼금당에 관한 논문 초고가 완성되자마자 가장 먼저 든 생각이 '이제 박사 학위논문을 쓸 때가 되었구나'라는 자각이다. 하지만 여전히 영어능력 검정시험인 TEPS 점수를 따야 하는 난관이 기다리고 있었다. 서울대는 박사 논문을 쓰기 전에 TEPS 시험을 쳐서 일정 점수를 받아야만 했다. 귀국 후 한 달 만에 강남의 영어 학원에 다시 등록했다. 사실 일본에 연수를 떠나기 전에도 수개월에 걸쳐 영어 학원을 다녔지만 실패한 경험이 있다. 그런데 이번에는 한 달을 채우지 못하고 그만둘 수밖에 없었다. 영어 독해와 듣기가 전혀 되지 않았고, 오히려 일본어가 먼저 튀어나왔기 때문이다. 나의 일본어 실력도 형편없지만 내 머릿속에 이미 외국어는 일본어라고 각인되어 버린 것 같았다. 누구에게도 하소연할 수 없었고, 우울해질 수밖에 없었다.

2012년 봄, 이성시 선생님께서 여러 선생님들을 모시고 한국에 답사를 오시게 되었다. 나는 휴가를 내서 공주와 부여의 주요 절터와 박물관 답사에 동행했다. 짧은 시간이었지만 정림사지와 능산리사지, 왕흥사지, 부여박물관 등 내가 그동안 논문에서 다루었던 주요 유적이나 유물들을 직접 설명하는 즐거운 시간이었다.

모든 답사가 끝나고 선생님이 일본으로 귀국하실 무렵 한 통의 전화가 걸려왔다. 이번 여행에서 많은 편의를 봐주어 고맙다는 이성시 선생님의 전화였다. 그리고 내가 없는 자리에서 여러 선생님들과 상의했다면서 갑자기 와세다대학에 박사 학위논문을 제출하는 것을 어떻게 생각하느냐는 말씀을 하셨다.

2009년 여름, 서울로 돌아오는 자동차에서 박사 논문을 제출하기 위해 영어 점수가 필요하다고 말했던 게 떠올랐다. 다시 그 이야기를 들으니 감사하기도 하고, 약간 당황할 수밖에 없었다. 그 일 이후로 단 한 번도 선생님께 그런 이야기를 꺼낸 적이 없기 때문이었다. 그 뒤 여러 선배들에게 조언을 구한 다음, 지도 교수인 노태돈 선생님을 찾아가 저간의 사정을 말씀드렸다. 선생님께서는 의외로 담담하게 격려해 주셨다.

2012년 한 해, 그동안 써 두었던 백제 사원과 관련된 논문들을 모아서 「백제 불교사원의 특성 형성과 주변국가에 미친 영향-와당·소상·가람배치를 중심으로」라는 다소 긴 제목의 박사 학위논문을 제출했다. 박사 학위논문을 작성하고 제출하는 과정에서도 많은 일이 있었지만, 충분히 웃어넘길 수 있는 소소한 것들이다. 그리하여 마침내 2013년 초에 문학박사 학위를 받게 되었다.

박사 논문을 정리하면서 그간 알지 못했던 새로운 것을 배우기도 했다. 이미 써 둔 논문이었지만 그것들이 백제사나 고대 동아시아사에서 어떤 의미를 갖는지 스스로 평가하고, 의미를 부여할 수 있어야 한다는 작은 깨달음을 얻었다. 연구자라면 자신이 쓴 논문이 현대를 살아가는 우리들에게 어떤 의미를 주는지 스스로 말할 수 있어야 한다.

내 경우 그것이 매우 일반적인 이야기가 되고 말았지만 어쩌면 이처럼 짧막한 이야기를 하기 위해서 그처럼 먼 길을 돌아왔는지도 모르겠다.

　　백제의 불교 사원은 중국의 남조나 북조뿐 아니라 고구려의 영향을 함께 받았고, 백제에서는 그것을 일본뿐 아니라 신라에 전수했다. 신라는 백제뿐만 아니라 고구려를 통해서 불교를 적극 수용했다. 이처럼 6세기대 한반도는 '불교'를 매개로 하나의 문화공동체가 형성되어 갔다고 볼 수 있다. 고구려, 백제, 신라는 정치적·군사적인 대결 구도 속에서도 다양한 방면의 문화 교류를 통해 중국이나 일본과 다른 정체성을 확립해 나갔다. 그 과정에서 불교나 불교 사원은 사상체계뿐만 아니라 기술 문명의 공유라는 측면에서도 크게 기여했다. 그리고 백제 멸망 이후에는 대다수의 주민이 통일신라의 체제 안에 흡수되어 통일신라의 문화를 형성하는 데 기여했다. 따라서 백제 불교 사원의 연구는 동아시아 교류사라는 측면뿐만 아니라 그 자체로 한국 고대사 연구에서 중요한 의미를 갖는다.

　　나는 박사 논문에서 백제에 불교문화가 어떻게 수용되어 전개되었고, 어떻게 백제적인 특성을 형성했으며, 그것이 신라나 일본에 어떻게 전파됐는지를 논증하고자 했다. 백제가 불교를 매개로 하여 주변 국가들과 교류·협력하는 모습을 통해 현대 동아시아 국가들이 나아가야 할 방향을 모색해 볼 수 있다. 정치·경제·군사적인 경쟁과 갈등 관계에 있는 현대 동아시아의 외교 관계에서, 백제 불교사원의 전개와 그 영향에 관한 논의는 '문화'를 통한 교류 협력의 중요성과 가능성을 구체적으로 보여 주었다는 점에서 일정한 교훈을 얻을 수 있다.

나는 박사 논문에서 백제 사원에서 출토된 기와나 소조상, 가람배치, 목간 등을 분석했다. 내가 하나의 논문에서 이렇게 다양한 소재를 분석했다고 하면 대부분의 사람들이 나를 약간 이상한 시각으로 보곤 한다. 왜냐하면 기와는 고고학, 소조상은 미술사학, 가람배치나 건물지는 건축사, 목간은 문헌사에서 전문적으로 다루는 소재들인데 그것을 혼자 검토했기 때문이다. 좋은 말로 하면 학제 간 연구를 하면서 융합이나 통섭을 시도했다고 할 수 있을지 모르지만, 다른 말로 하면 나만의 확실한 전공이 없다는 것이 된다. 점차 세분화되고 전문화되는 요즘의 학문적 풍토에 비추어 보면 확실히 역주행에 가깝다. 그러나 고대 사원이나 도성은 오늘날 우리가 분류하는 기준과 상관없이 하나의 공간에서 여러 가지 소재들이 공존하고 있다. 그 때문에 점차 세분화되는 연구 속에서도 거시적 관점의 조망과 역사적 맥락에 대한 설명이 반드시 필요하다. 나의 연구가 그러한 새로운 시도의 하나로 평가받을 수 있다면 더 이상 바랄 것이 없겠다.

지금까지의 백제,
앞으로의 백제

나는 자랑을 좋아한다. 다른 사람과 이야기할 때도 깔때기처럼 자꾸 자랑만 늘어놓고 있는 나를 발견하고 놀랄 때가 한두 번이 아니다. 그리고 수다를 떨더라도 내가 새로 찾은 백제 관련 자료나 새로 쓰고 있는 글에 대해 말하는 것을 좋아한다. 그런 이야기를 불편해하는 사람도 있고, 어려워하는 사람도 많다. 그것을 알면서도 여전히 백제와 관련된 다양한 아이디어를 늘어놓는다. 이 책은 그런 경험을 바탕으로 써 내려간 나의 백제 자랑이자 백제에 대한 일방적인 사랑 고백이다. '나'를 주어로 쓴 첫 번째 책이기 때문에 솔직함이 지나쳐 불편을 끼쳤다면 너그러이 용서해 주길 바란다.

누군가는 나에게 고구려나 신라, 가야도 있는데 왜 굳이 백제만 고집하느냐고 물을지도 모르겠다. 나는 겸손하지 못하고 아직은 편협해서 그런지 백제 말고는 다른 것에 그다지 관심이 없다. 경주에 가서 새로운 유물을 보아도, 중국이나 일본에 가서 새로운 곳을 다녀도, 백제와 관련된 것만 보이고 그것을 어떻게 백제와 연관시킬 수 있는지만 생각한다. 병이라면 중병인 게 분명하다. 하지만 나의 백제에 대한 짝사랑이 다른 사람들에게도 알려져 조금이라도 더 많은 사람들이 백제에 대해 관심을 가진다면 더 바랄 게 없다. 우리 아버지나 어머니, 할아버지나 할머니의 삶을 이야기하듯 편하게 역사 이야기를 하는 사람들이 많아졌으면 좋겠다는 것이 내 바람이다.

박물관에서 글을 쓴다는 것

국립박물관의 큐레이터이자 역사학자로서 글을 쓰면서 어느 순간 내가 쓴 글이나 논문에 사회적 책임을 져야 한다는 것을 깨닫게 되었다. 일제강점기의 지적도에 근거해 부여 구아리 일대에 백제의 왕궁이 있었을 것이라는 논문을 쓴 적이 있었다. 세계유산으로 지정된 부여 관북리유적이 적어도 사비기의 왕궁은 아니기 때문에 이를 설명할 수 있는 새로운 가설을 제시한 것이다. 그런데 나의 이 가설에 근거해서 관북리유적 남쪽 일대의 토지를 국가에서 매입하고 발굴 작업이 이루어지는 일이 벌어졌다. 최근에는 아예 구아리 일대 전체를 고도보존지구로 확대 지정해서 개발 전에 반드시 조사를 받도록 하는 조치가 취해졌다는 이야기도 들었다. 그밖에 달리 추정할 만한 자료가 없었기 때문에 불가피하게 내 글이 인용되었을 것이다. 아이디어나 작업가설 차원에서 제시한 논문인데도 불구하고 나의 논문 때문에 누군가는 생존권이나 재산권 행사에 제약을 받게 되었다. 그 일로 연구자로서 강한 사회적 책임을 느끼게 되었다.

이러한 문제는 국립박물관에서 상설전시나 특별전을 열 때, 보고서를 간행했을 때도 비일비재하게 일어난다. 익산 쌍릉의 무덤 주인공을 무왕이나 선화공주가 아니라고 발표했을 때 지방자치단체와 지역주민들이 보인 반응에서 잘 나타난다. 연구자가 학문 외적인 환경에 휘둘려서는 안 되겠지만 적어도 자신의 이야기가 어떤 방식으로 소비될지를 미리 예견하고 배려하는 자세가 필요할 것이다.

나는 대학에서 역사를 연구하거나 가르치는 사람이 아니다. 일류를 지향한다고 했지만 국제 학계에서 인정받을 수 있는 독창적인 이론이나 국제적인 안목, 그것을 감당할 수 있는 외국어 능력도 결여되어 있다. 하지만 나는 문헌 사료보다 더 구체적이고 가시적이라 할 수 있는 유적과 유물을 다룬 풍부한 경험을 가지고 있다. 나는 그것을 바탕으로 백제를 연구했고, 나만의 방식으로 백제 이야기를 써 보고 싶었다.

때로 박물관에서 열심히 공부한다는 것이 나의 발목을 잡을 때도 있었다. 다른 사람들이 일할 때 혼자 공부만 한 것이 아니냐는 오해를 받는 일도 많았다. 그러나 박물관이 좀 더 성장하기 위해서는 다양한 분야에서 전문성을 가진 우수한 연구자들이 더 많아져야 한다. 특별전 한두 번 했다고 결코 그 분야의 전문가가 되는 것은 아니다. 무엇이 좀 더 박물관을 발전시키고 자신의 가치를 높이는 것인지 항상 성찰하고 노력하는 수밖에 없다.

약 20년 동안 국립박물관에서 일하다 보니 더 많은 사람들이 편하게 읽고 이해할 수 있는, 재미있는 글을 써야 한다는 의무감 같은 것을 가지게 되었다. 특별전 도록이나 전시실 패널을 논문처럼 어렵게 쓸 수는 없지 않은가. 그래서 가능한 재미있게 쓰고, 재미가 없으면 새로운 것이 생길 때까지 묵혀 두려고 했다.

과거 국립박물관에서 일했던 선배들은 신문이나 잡지에 칼럼과 같은 짧은 글을 기고하는 방식으로 학계나 대중과 소통해 왔다. 최순우 전 관장님의 『무량수전 배흘림기둥에 기대서서』는 그러한 글을 모은 대표적인 책이다. 그러나 이미 문화유산에 대한 관심이 높아진 오늘날 여전히 예전 방식의 글을 쓸 수는 없다. 변화된 시대에 맞게 더 전문적이면서도 쉽게 읽히는 글쓰기를 시도할 필요가 있다. 대학이나 학계에서 원하는 전문성과 일반인들의 눈높이에 맞춘 그런 글쓰기 말이다. 나는 이 책을 통해 나의 방식으로 그것을 드러내고 싶었다. 그것이 내가 이 책을 쓰려고 마음먹은 이유 중 하나다. 어떤 방식의 글쓰기가 더 바람직한지는 좀 더 시간을 두고 지켜봐야겠지만, 이 책을 통해 조금이라도 더 많은 사람들이 백제에 관심을 갖고, 백제를 사랑하게 됐으면 좋겠다. 지금 내놓는 나의 백제 이야기가 다른 사람들에게 조그만 즐거움이나 재미를 줄 수 있기를 진심으로 바란다.

난징, 부여, 그리고 아스카

나는 부여만큼이나 일본의 아스카를 좋아한다. 두 지역은 나에게 아직 만개하지 않은 꽃봉오리 같은 이미지로 남아 있다. 부여에서 살아 보고 싶었던 만큼이나 아스카에서 살아 보고 싶었고, 아스카데라에 관한 글도 꼭 한번 써 보고 싶었다.

백제의 기술자들이 일본에 건너가 사원을 세워 주고, 아스카 문화를 이루는 데 크게 기여했다는 이야기는 일제강점기 이래 꾸준히 강조되어 온 이야기다. 해방 이후 진단학회에서 처음 출판한 한국사 개설서인 『한국사-고대편』에도 '삼국시대 문화의 동류東流'라는 항목이 있다. 그중 백제와 일본의 문화 교류에 대해 "일본의 아스카시대 문화는 전적으로 백제인의 사물賜物이요, 백제 문명의 연장이라 해도 과언이 아닐 것이다"라는 구절이 나온다. '사물'이란 윗사람이 아랫사람에게 하사하는 선물이라는 뜻이다. 오늘날 일본에 한류韓流가 유행하기 1,400년 전부터 이미 백제 문화의 동류가 있었다는 이야기다. 이 이야기를 들으면 많은 사람들이 문화적 자긍심을 느끼고 좋아할 것이다. 그러나 여기서 놓쳐 버린 것이 바로 백제로부터 불교를 수입한 일본이 얼마 지나지 않아 일본화된 불교문화를 완성했다는 점이다. 한국인들에게 일본 천황가의 보물 창고로 알려진 정창원에서 발견된 많은 유물들이 이를 잘 보여 주고 있다. 외부로부터 문화를 수입해서 자기 나라의 실정에 맞게 변형하고 발전시켜 나가는 것은 예나 지금이나 어쩌면 당연한 일이다. 백제도 그렇고, 신라도 그렇게 성장하고 발전해 왔으며 현재의 대한민국도 마찬가지다.

그렇다면 백제는 어디서 불교문화를 수입했을까? 백제사를 연구하는 몇몇 선생님들은 처음 중국 난징에 갔을 때 엄청난 충격을 받았다고 한다. 난징시박물관에 전시된 도자기나 금속공예품들이 공주 무령왕릉 출토품과 너무도 흡사했기 때문이다. 나도 대여섯 차례 중국 난징에 가 보았기 때문에 어떤 기분인지 충분히 공감할 수 있었다. 그 뒤 백제에서 자체적으로 제작한 것으로 생각했던 많은 유물들이 메이

드 인 차이나, 곧 수입품으로 바뀌게 되었다. 그래서 나중에는 아예 중국 난징의 대학이나 박물관에서 활동하는 중국인 고고학자들을 국내로 초청해서 직접 발표를 듣는 경우가 많아졌다. 나는 중국 학자들의 발표나 논문을 공부하면서 미묘한 감정의 변화를 느꼈다. 중국 연구자들은 자신이 소개하거나 주장하는 이야기가 백제사 연구에서 어떤 파장을 미칠지 전혀 모르는 상태에서 자료를 소개하고 있는 것처럼 여겨졌다. 그것을 보면서 나는 백제 문화의 원류가 중국에 있다는 것은 알면서도 뭔가 부정하고 싶은 반발심 같은 것을 느꼈다. 일본 연구자들 앞에서 내가 발표할 때 어쩌면 그들도 나와 비슷한 감정을 느끼지 않았을까 하는 생각이 들었다. 일본에서 발견된 유물이나 유적에서 백제의 영향을 부정할 수 없지만 학문적으로 뭔가 한 수 가르쳐 주고 싶은 약간의 우월감 같은 것도 함께 가지고서 말이다.

중국과 한국, 일본 세 나라의 연구자들은 아스카에서 백제를 보듯, 백제에서는 중국 남조를 바라보면서 연구를 진행하고 있다. 특별히 우월감을 가질 필요도 없고, 콤플렉스를 가질 필요도 없다. 그러한 상호 교류를 통해 자료에 대한 이해는 심화되고, 그 속에서 새로운 관점이 싹트게 될 것으로 믿기 때문이다. 1,400년 전 동류가 한류로 바뀌듯 역사는 계속해서 변형되면서 반복될 테니까.

한편 최근 중국 남조와 백제, 일본의 문화 전파 루트에 관한 논의에서 새롭게 부상하고 있는 것이 베트남에 대한 관심이다. 중국 남조는 한반도나 일본 열도뿐만 아니라 동남아시아의 여러 나라들과도 활발하게 교류하고 있었다. 그리고 최근 베트남에서 중국의 직접적인 영향을 받아 성립된 남조계 수막새를 비롯해서 남조에서 직수입한 것으로 보이는 금동불 등이 새롭게 소개되고 있다. 흥미로운 것은 그러한 유물들이 백제 유적에서 나온 유물들과 매우 닮았다는 점이다. 향후 중국 남조와 백제, 베트남의 여러 유물들을 상호 비교 검토한다면 중국 남조의 영향을 받은 주변 나라들의 유물에서 보이는 공통성과 차별성이 좀 더 명확해 질 것이다. 특히 중국과 다른 각 나라들의 문화적 특성이 무엇인지가 분명해질 것으로 기대한다. 이러한 시도는 동북아시아에 한정되어 온 우리의 시야를 넓혀 주어 거시적인 관점에서 한국사를 조망하는 새로운 계기가 될 수 있을 것이다.

다시 열린 백제 특별전

2016년 가을, 중앙박물관에서는 백제역사유적지구가 세계유산으로 등재된 것을 기념하는 특별전이 열렸다. 부여·공주·익산에 흩어져 있는 웅진·사비기의 백제 유물을 한데 모아 좀 더 많은 사람들에게 선보이기 위해 기획된 전시회였다. 세계유산으로 지정된 백제역사유적지구는 공주의 공산성과 송산리고분군, 부여의 부소산성과 나성, 관북리유적, 정림사지, 능산리고분군, 익산의 왕궁리유적과 미륵사지 등으로 백제 후기의 도성과 능묘, 사원을 대표한다. 그중 공주의 두 유적을 제외한 다른 유적들은 모두 내가 적어도 한 번은 논문에서 다뤘던 곳들이다. 게다가 이번 전시는 내가 입사해서 처음으로 준비했던 1999년의 특별전 '백제' 이후 오랜만에 열리는 비교적 큰 규모의 백제 관련 특별전이었기 때문에 나로서는 감회가 남다를 수밖에 없었다.

세계유산 백제 특별전 모습   백제역사유적지구가 세계유산으로 등재된 1주년을 기념하는 특별전이 서울과 경주에서 열리게 되었다. 1999년 백제 특별전 이후 오랜만에 열린 대규모 특별전으로 나는 그간 박물관에서 일하면서 갈고닦은 성과를 조금이나마 선보이고 싶었다.

이 전시회의 성공을 위해 그동안 잘 알려지지 않았거나 '구구단 목간'처럼 나와 인연이 깊은 유물 목록을 따로 정리해서 전시 담당자에게 알려 주는 등 나름대로 도움을 주려고 애썼다. 처음 석사 논문을 쓸 때만 해도 사람들이 무관심했던 백제의 도성과 사원이 세계유산으로 등재되었으니, 그것을 공부한 사람으로서 모종의 책임감을 느꼈다고 해야 할까. 그래서 현재 몸담고 있는 미륵사지유물전시관의 직원과 함께 힘들어도 특별전 도록의 편집과 출판을 맡기로 했다. 개인적으로는 1999년 이후 성장한 나의 모습을 조금이나마 담고 싶은 욕심이 있었다. 기대가 모두 채워지지는 않았지만, 그래도 전시회 중간에 도록이 재판을 찍는 등 나름대로 호응을 얻었다.

전시회가 열리고 도록이 출판된 후 예전에 노태돈 선생님께서 하신 말씀을 다시금 떠올렸다. "그래, 그처럼 많은 백제 유물을 모아 놓고 보니 이제 백제가 어떻게 보이던가?"라는 질문 말이다. 이번 전시회에는 내가 논문에서 주로 다루었던 유물들이 대거 출품되었다. 그 때문에 이전과 똑같은 유물이라 해도 예전과 달리 보이는 게 어쩌면 당연했다. 하지만 이제 다른 관점의 질문이 필요하다는 것을 깨달았다. "그 좋은 백제 유물을 다 모아 놓으니 이제 사람들이 백제를 다르게 보던가?"라고 말이다. 전시를 준비할 때 더 중요한 것은 나의 시각이 아니라 일반인들에게 '백제가 다르게 보이고, 백제 유물이 달리 보이도록' 하는 것이다. 좋은 특별전이 되려면 당연히 그 점을 더 고민해야 한다는 것을 뒤늦게나마 깨달았다.

하지만 특별전시실의 진열장에 놓여 있는 수많은 백제 유물들은 여전히 많은 복원과 추정, 설명 없이는 이해하기 어려웠다. 세련된 디자인과 산뜻한 조명으로 한껏 분위기를 살린 명품 전시를 기대하고 전시회를 찾았다면 결코 아무런 감동을 받지 못했을 것이다. 백제는 여전히 부서지고 찌그러진 파편들 속에서, 백제의 진면목을 찾으려고 애쓰는 몇몇 사람들에게만 겨우 그 일단을 보여 주고 있을 뿐이다. 백제의 역사와 문화유산에 관심이 있는 사람이라면 처음부터 단단히 각오를 해야 할 것이다. 사전에 공부하고 준비하지 않으면 아무리 좋은 유물이나 유적을 봐도 그림자만 쳐다보고 돌아가게 될 테니까 말이다.

나는 그런 사람들을 위해서 박물관에서 더 열심히 일하고, 부지런히 공부할 것이다. 이 책에서 내가 다룬 백제 이야기는 끝이 아니라 새로운 시작을 위한 밑거름이 될 수 있기를 바란다. 명품만이 감동을 주는 것은 아니다. 조그만 유물 파편 하나를 보더라도 그 의미를 알고, 사람 사는 이야기를 끄집어냈을 때 더 큰 감동을 받을 수 있다. 백제 사람들이 남긴 삶의 흔적을 보면서 상상력을 키우고, 백제에 대한 애정이 늘어나기를 진심으로 바란다. 그리고 언젠가는 세계의 다른 나라 사람들과 함께 백제의 문화유산을 즐길 날이 오기를 기대한다.

새로운 시작을 기약하며

나의 백제사 연구는 이제 그 첫 번째 매듭을 지었을 뿐이다. 내가 자라 온 환경이나 학력, 자질 등을 되돌아봤을 때 과연 내가 다시 그런 상황에 처한다면 역사 공부를 계속할 수 있을까라는 의문이 든다. 그럼에도 불구하고 국립박물관에서 백제 공부를 연명할 수 있었던 이유가 어디에 있을지를 생각해 보았다. 자료에 대한 열정과 호기심, 모험정신이 무엇보다 중요할 것이다. 그러나 그것만으로는 부족하다. 많은 것을 언급했지만 오히려 주변의 많은 사람들의 얼굴이 가장 먼저 떠오른다. 현재 박물관에서 함께 근무하고 있기 때문에 이름을 밝힐 수 없었지만, 이 글에 등장하지 않은 국립박물관의 수많은 선후배들은 내가 방황하거나 힘들어 할 때면 항상 나의 이야기를 진지하게 들어 주었다. 또 대학과 대학원, 학회에서 만난 많은 선후배들과 선생님들은 항상 나를 자극하고 가르침을 주는 스승이 되어 주셨다. 공부라는 것도 결국 사람이 사는 삶의 방식 중 하나이기 때문에 어떤 사람을 만나 어떻게 관계를 맺는지가 무엇보다 중요했던 것 같다. 그런 인연에 감사하며 불혹의 나이를 온몸으로 절감하고 있다.

전공과 관련된 단행본과 번역서를 출판하고, 몇몇 중요한 전시 도록이나 보고서를 발간했음에도 불구하고 결과물이 가져다 준 만족감은 그리 오래가지 않았다. 어느 순간부터 '이제 다시 무엇을 하고, 무엇을 꿈꿔야 할까?'라는 또 다른 초조함이 나를 짓누르기 시작했다. 매일 출근하면서 오늘 당장 읽고 싶은 논문이나 쓰고 싶은 글이 없다는 것이 얼마나 사람을 힘들게 하는지. 하루에 열 가지 일을 한다면 단 하나라도 정말 내가 하고 싶은 일을 하면서 살고 싶은데 그렇게 하지 못하는 것이 얼마나 사람을 불행하게 하는지.

고백건대 나는 아직 백제사나 한국 고대사, 더 나아가서는 역사학을 위해 새롭게 무엇을 해야 할지 비전을 갖고 있지 못하다. 그래서 무작정 이 책을 쓰기 시작했다. 일기나 편지를 쓰듯 내 방식대로 돌파구를 마련해 보고 싶었다. 쓰다 보니 길어졌고, 이렇게 마무리되고 있다. 다른 사람이라면 정년 퇴임 무렵에야 쓰게 되는 글을 이렇게 빨리 내놓은 이유가 있다. 그때 하는 약속은 결코 미래를 기약할 수 없기 때문이다. 지금까지 내가 만들어 온 백제 이야기를 갈무리하고, 새로운 미래로 나아가는 모멘텀을 설정하고 싶었다. 나는 여전히 백제에 대한 간절함과 열정이 사그라들지 않기를 꿈꾸고 있다. 10년 뒤에는 좀 더 새롭고 알찬 나의 백제에 대한 사랑 이야기를 들려줄 것을 기약한다.

익산 미륵사지에 내려온 지 벌써 2년이 되어 간다. 내가 일하는 이곳 전시관은 백제 최대의 절터인 미륵사지 바로 옆에 자리하고 있다. 구멍가게 수준의 작은 박물관이지만 기존 전시실을 바꾸고 몇몇 교육 프로그램을 운영하는 데다가 새 박물관 건립까지 준비해야 해서 부담이 적지 않다. 그래도 가족과 떨어져 혼자 내려와 살다 보니 아침저녁으로 주변을 산책하고, 가끔은 외로움을 느낄 정도의 여유가 생겼다. 이런 나의 생활을 아는 몇몇 지인들은 '미륵사 주지'가 됐다며 놀리곤 한다. 그래서 정말 도 닦는 심정으로 나를 가라앉히고 지나온 시간을 차분히 되돌아보기로 했다. 이 책은 그 과정에서 나온 작은 결과물이다.

지금은 누구나 책을 쓰고 출판할 수 있는 시대가 되었다. 고대사의 경우 누구나 마음만 먹으면 잘 번역된 사료와 전공 논문을 구할 수 있고, 다양한 매체를 통해 세간의 평가까지 쉽게 얻어들을 수 있다. 오랫동안 한 분야만 연구해 온 전문가들이 쓴 '어려운 대중서'보다는 넓고 얕은 지식을 쉽게 풀어쓴 소위 '지식 소매상'의 책들이 훨씬 더 인기를 끄는 것을 부정할 수 없다. 논문이라는 딱딱한 형식의 글만 써 온 사람들에게는 기대하기 어려운 적절한 비유와 현실 풍자, 공감 능력을 가지고 있기 때문이다.

이런 엄중한 현실 속에서 학술 논문을 주로 써 온 내가 갑자기 일반인을 대상으로 한 글을 쓰려니 여간 쉬운 일이 아니었다. 글을 쓰고 책을 내는 데도 많은 용기가 필요했다. 그럼에도 불구하고 이렇게 책을 내는 것은 사람들이 결코 보이는 대로 보지 않고 자신이 보고 싶은 대로 사물을 본다는 것을 깨달았기 때문이다. 나 역시 예외는 아니지만, 보통 연구자들은 다른 사람의 논문이나 주장을 자신이 필요한 부분만 인용하거나 자신의 구미에 맞는 것만 멋대로 활용하는 경우가 많다. 나는 이 책을 통해 내가 왜 그런 질문을 던지고, 그것을 밝히기 위해 어떤 고민과 방법을 동원했는지 최대한 솔직하게 밝히려고 했다. 비록 내 밑천이 다 드러난다고 해도 그래야 좀 더 나은 내일이 열릴 것이라고 생각했다.

책을 마무리하면서 내가 몸담고 있는 박물관의 큐레이터가 '과연 지식의 소매상일까'라는 질문을 던지게 된다. 최근 박물관에서 강조되는 '전시'라는 행위는 전문 지식을 대중에게 전달하고 소통한다는 측면에서 소매상에 가깝다. 하지만 도록이나 패널의 용어를 쉽게 바꿔 쓴다고 갑자기 대중성이 확보되는 것은 아니다. 소장품에 관한 깊이 있는 이해와 체계적인 자료 조사가 반드시 뒤따라야 한다. 전시는 결코 명품의 나열이 아니기 때문이다. 자료 조사와 연구 과정에서 비로소 큐레이터의 전문성이 발휘되고, 그렇게 얻어진 지식이 전시로 승화된다. 이 때문에 큐레이터는 지식 생산자로서의 자격도 갖춰야 한다.

어느 것 하나 잘하기가 쉽지 않다. 하지만 그러한 양면성이야말로 큐레이터라는 직업이 가진 묘미가 아닐까. 이루 다 말할 수 없는 많은 현실적인 어려움 속에서도, 큐레이터들은 항상 유물을 옆에 끼고 진리를 탐구하면서 대중과 소통하는 소임을 맡고 있다. 나는 이 책을 통해 조금은 투박하고 거칠더라도 내가 박물관에서 직접 경험하면서 얻은 백제사와 백제 유물에 관한 살아 있는 이야기를 함께 나누고 싶었다. 이 책을 읽는 사람들에게도 그 마음이 전해져 조금이나마 공감할 수 있기를 진심으로 바란다.

이 책을 출간하기까지 많은 사람들의 도움이 있었다. 먼저 본문에서 일일이 나열하지 못했지만 함께 동고동락한 국립박물관의 많은 선후배들에게 진심으로 감사드린다. 그들의 많은 도움과 격려가 있었기에 지금처럼 일하면서 공부를 계속할 수 있었다. 특별히 추천사를 써 주신 이건무 전 관장님께서는 국립박물관 연구직이 나아가야 할 모범을 보여 주셨다. 일본 와세다대학의 이성시 선생님께서는 그 존재만으로도 나태해지기 쉬운 공무원 생활을 반성하는 거울이 되어 주셨다. 두 분 선생님께 진심으로 감사드린다.

부족한 나를 믿고 따라와 준 미륵사지유물전시관의 한승호 주무관과 최경환, 송현경, 신민철 연구사 등 동료들에게도 고마운 마음을 전하고 싶다. 초고를 읽고 유익한 조언을 해 준 국립박물관의 김혜원, 양성혁, 정명희 연구관에게도 고마움을 표한다. 이 책에 출간 기회를 준 다산북스 김선식 대표와 세심하고 꼼꼼한 교정으로 완성도를 높여 준 임경진 편집자를 비롯해 유미란 디자이너에게 큰 은혜를 입었다. 좋은 책은 결코 저자 혼자만의 노력으로 이루어지지 않는다는 것을 여실히 보여 주었다.

마지막으로 가장 큰 감사는 아내 정세정이 받아 마땅하다. 아내가 아니었다면 이런 작업을 시도조차 못했을 것이고 여기까지 오지도 못했을 것이다. 건강하게 자라고 있는 운교, 현교, 예교 세 아들에게는 항상 미안하고 고맙다. 개구쟁이 외손자들을 정성으로 키워주시는 장인장모님, 고향에 계시는 아버지 어머니께도 감사드린다. 이 책이 이들의 삶에 작은 위로가 되었으면 좋겠다.

2017년 동짓달,
용화산 아래 미륵사 옛 터에서

| 읽을거리 |

※ 이 책을 읽는 데 도움이 될 만한 논문과 도서 목록

프롤로그

「저문 백마강에 오명을 썼고-삼천궁녀의 전설에 묻힌 의자왕」, 『왕조의 마지막 풍
　경』, 동녘, 2008

2장

국립중앙박물관 편, 『특별전 백제』, 통천문화사, 1999
「백제 사비도성의 조영 과정」, 《한국사론》47, 서울대 국사학과, 2002
「백제 사비도성의 구조와 운영」, 『한국의 도성: 도성 조영의 전통』, 서울학연구소, 2003
「백제 사비시기의 도성과 지방도시」, 《지방사와 지방문화》6-1, 역사문화학회, 2003

3장

「부여 정림사지 출토 소조상의 제작 기법과 봉안장소」, 《미술자료》72·73합, 국립중앙
　박물관, 2005*
「부여 정림사지 출토 소조상의 제작시기와 계통」, 《미술자료》74, 국립중앙박물관,
　2006*
「부여 정림사지의 창건 배경과 도성 내 위상」, 『백제와 금강』, 서경문화사, 2007*
「백제 정림사식 가람배치의 전개와 일본의 초기사원」, 《백제연구》54, 충남대 백제연
　구소, 2011*
「고대 동아시아 소조상의 전개 과정과 부여 정림사지」, 《백제 정림사, 북위 영녕사》,
　국립부여박물관, 2015

4장

「부여 능산리 출토 목간의 성격」, 《목간과 문자》창간호, 한국목간학회, 2008*
「부여 능산리사지 출토 와당의 재검토」, 《한국고대연구》51, 한국고대사학회, 2008*

「부여 능산리사지 가람중심부의 변천 과정」,《한국사연구》143, 한국사연구회, 2008*

5장

「조선총부박물관 부여분관」,『한국 박물관 100년사』, 사회평론, 2009
「일제강점기 백제 고지에 대한 고적조사사업」,《한국고대사연구》61, 한국고대사학
　　회, 2011*
「식민지기 부여 지역 폐사지 조사와 일본인 고고학자」,《한국고고학보》98, 한국고고
　　학회, 2016
「부여 동남리사지의 성격」,《선사와 고대》48, 한국고대학회, 2016.

6장

「경주 출토 백제계 와당의 도입 과정」,《한국고대사연구》69, 한국고대사학회, 2013*
「아스카데라에 파견된 백제 와박사의 성격」,《한국상고사학보》81, 한국상고사학회,
　　2013*
「백제사원과 아스카데라 삼금당의 원류」,《백제연구》57, 충남대 백제연구소, 2013*

에필로그

국립중앙박물관 편,『세계유산 백제』, 비에이디자인, 2016

---

* 표시한 논문은 수정 보완하여 아래 저서에 나누어서 수록함.
『백제 불교 사원의 성립과 전개』, 사회평론, 2014
『百濟寺院の展開と古代日本(백제 사원의 전개와 고대 일본)』, 塙書房, 2015(일본 출간)

부여 지역의
주요 유적 분포도

백제의 옛 절터에서 잃어버린 고대 왕국의 숨결을 느끼다
내가 사랑한 백제

초판 1쇄 인쇄 2017년 11월 23일
초판 1쇄 발행 2017년 11월 29일

지은이 이병호
펴낸이 김선식

경영총괄 김은영
기획·편집 임경진 **크로스교정** 김대한 **디자인** 유미란 **책임마케터** 이보민
콘텐츠개발5팀 이수정, 유미란, 임경진, 김대한, 박보미
마케팅본부 이주화, 정명찬, 이보민, 최혜령, 김선욱, 이승민, 이수인, 김은지, 배시영, 유미정, 기명리
전략기획팀 김상윤
저작권팀 최하나
경영관리팀 허대우, 권송이, 윤이경, 임해랑, 김재경, 한유현

펴낸곳 다산북스 **출판등록** 2005년 12월 23일 제313-2005-00277호
주소 경기도 파주시 회동길 357, 3층
전화 02-702-1724(기획편집) 02-6217-1726(마케팅) 02-704-1724(경영지원)
팩스 02-703-2219 **이메일** dasanbooks@dasanbooks.com
홈페이지 www.dasanbooks.com **블로그** blog.naver.com/dasan_books
종이 한솔피앤에스 **출력·제본** 갑우문화사

사진 제공
국립경주박물관, 국립공주박물관, 국립문화재연구소, 국립미륵사지유물전시관, 국립부여문화재연구소,
국립부여박물관, 국립중앙박물관, 백제세계문화유산센터, K-art 스튜디오, 飛鳥資料館

ISBN 979-11-306-1505-9 (03910)

다산북스(DASANBOOKS)는 독자 여러분의 책에 관한 아이디어와 원고 투고를 기쁜 마음으로 기다리고 있습니다.
책 출간을 원하는 아이디어가 있으신 분은 이메일 dasanbooks@dasanbooks.com 또는 다산북스 홈페이지
'투고원고'란으로 간단한 개요와 취지, 연락처 등을 보내주세요. 머뭇거리지 말고 문을 두드리세요.